人间有情 宁养疗护系列丛书

安宁疗护社会工作

Hospice Social Work

〔美〕多娜·J. 瑞思（Dona J. Reese）● 著

刘晓芳 方 洁 林卫珊 ● 译

社会科学文献出版社
SOCIAL SCIENCES ACADEMIC PRESS (CHINA)

谨以此书献给，

我的儿子 Christopher，他给我的生命带来无法估量的意义；

我的丈夫 Henry，他让我们成为一个家庭；

我的父母 Donald 和 Joy Reese，我是他们组合的结晶；

我在安宁疗护社会工作领域的学生和同事——噢，我们曾经一起经历的旅程！

以及，更多的是我在马里兰州索尔兹伯里（Salisbury）滨海安宁疗护中心（Coastal Hospice）曾经服务的对象，我从他们身上所学到的，远比我教给他们的要多得多。

致　谢

　　我要感谢陪伴我一起成长、帮助我策划并且最终完成这本书的我的学生、同事、合作者以及业界前辈。他们包括我在南伊利诺伊大学的学生 Sarah Cox、Andrea Curtis、Jessica Davis、Paula Ford、Claudette Henderson 和 Eugene Kepner，我在阿肯色大学的学生 Charlotte Butler、Karen Ciaravino、Elizabeth Melton、Jolanda Nally、Michelle Smith 和 Michele Wise-Wright，我在伊利诺伊大学的学生 Robin Ahern、Dean Brown、Shankar Nair、Joleen O'Faire 和 Claudia Warren，以及我在北达科他州大学的学生 Chris Rosaasen、Jennifer Schlinger 和 Diane Wiersgalla。

　　感谢我在香港的合作伙伴陈丽云教授和陈智豪博士，以及我的前任——美国安宁疗护与纾缓治疗协会（National Hospice and Palliative Care Organization）社会工作部门负责人 Mary Raymer。通过协会的平台，在 Samira Beckwith、Susan Gerbino、Ruth Huber、Stacy Orloff、Joan Richardson 和 Mary-Ann Sontag 这些美国安宁疗护社会工作前辈的支持下，我们的工作得以大幅迈进。此外，我有幸与美国安宁疗护工作的前辈 Stephen Connor、Kathy Egan、Donna Kwilosz 以及 Dale Larson 一起工作，共同探索如何发展一个高效的跨专业团队。

　　感谢 Larry Braden，阿肯色州 Camden 的一位有远见的安宁疗护中心医疗主任；感谢伊利诺伊州 Champaing 和 Carbondale 以及阿肯色州 Fayetteville 多元文化社区组织的领袖们，他们和我并肩为所在社区的非洲裔及拉丁裔美国人提供更可及的安宁疗护服务。感谢我在南伊利诺伊大学的学术同事 Connie Baker、Sarah Buila、Elaine Jurkowski 和 Judy McFadden，在波特兰州立大学的同事 Mark Kaplan，以及在北达科他州大学的同事 David Perry。感谢哥伦比亚大学出版社安宁疗护系列丛书的编辑 Virginia Richardson，她邀请我参与这个项目，并给予我持续的鼓励和信任。最后，感谢我的研究生助理 Liz Garrett，她帮助我把这本书的各部分整合在一起。和你们所有人一起工作是一次愉快的经历，给我的生命带来了巨大的意义。

目 录
CONTENTS

第一章　临终关怀在美国

这一章主要讨论美国临终关怀服务方式的发展历史。首先，介绍美国向维生治疗（life-sustaining treatment）发展的趋势，临终关怀理念在20世纪70年代的发展，对末期疾病由治愈性治疗向纾缓治疗（palliative care）的转变。接着，讨论医疗开支、联邦医疗保险（Medicare）和联邦医疗补助计划（Medicaid）对临终关怀的覆盖，相关政策的利弊及实施过程中的障碍，特别是不同种族群体使用临终关怀服务所遭遇的阻碍。然后，讨论纾缓治疗的发展、围绕积极和消极安乐死或医生协助自杀等问题的伦理考量，以及预先医疗指示如何协助病人阐明愿望和支持病人自主决策。最后，以对政策的讨论和建议作为总结。

从在家中死亡到在医院中死亡

在20世纪上半叶的美国，人们通常在家中接受亲人照顾和离世。亲人的逝去是所有人都会经历的。死亡被视为生命中自然的一部分，宗教信仰中关于死后世界或者来世的描述帮助人们应对自己和亲人的死亡。医生们和自己的病人保持长期、亲密的关系，并且为他们做出临终照顾的决定（Harper，2011）。

20世纪下半叶，医疗技术的进步让人们认为生命可以被无限期地延长。一些主要的传染性疾病可以通过药物得以控制，外科手术技术的发展可以控制其他威胁生命的疾病。心脏停止跳动的病人可以复苏。对病人比较了解的家庭医生让路给那些病人并不认识的其他医生，由他们在医院内为病人提供侵入式的临终治疗（Reith & Payne，2009；Silverman，2004）。

这些进步所带来的后果是，将人类的平均寿命从1900年的47岁提高至2004年的男性74岁、女性79岁（Social Security Online，2004）。在这种文化的支配下，宗教信仰让路给另外的信念——由医生来掌控生死。与此同时，家人感觉背负道德义务去寻找各种现有的医疗方法，甚至不顾成效、不计成本

（Blacker, 2004；Buckey & Abell, 2010；Forbes, Bern-Klug & Gessert, 2000）。

因此，在今天，只有38%的死亡发生在安宁疗护中心（hospice，国内亦译为姑息治疗中心等。——译者注）（Jennings et al. , 2003），其他的也大多发生在医院或护理院，而非逝者家中（*Quality of Life Matters*, 2004；Silverman, 2004）。病人被现代科技而非亲人所环绕。无论病人是否有可能从威胁生命的情形中康复，医生都尝试通过高科技和维持生命治疗来挽救或延长病人的生命。甚至在病人被诊断为临终期（预期病人不会康复，而且会在6个月内离世），直至即将离世，也没有提供纾缓治疗（一种以舒适和症状控制而非治愈为目标的治疗方法）（Blacker, 2004；Silverman, 2004）。

临终照顾的生命质量

很多被现代科技所延长的生命未必体验好的生命质量，反而造成越来越多的人生活在一种危险、虚弱的状态。很多病人得不到足够的疼痛控制，希望但是却无法联系到医生，而且也无法得到足够的情感支持（Peres, 2011；Silverman, 2004）。此外，病人可能在缺乏尊重的环境下接受治疗（*Quality of Life Matters*, 2004）。在濒死过程中失去尊严通常会带来心理及症状上的痛苦，提高依赖需求，失去生存的意愿（Chochinov et al. , 2002）。

被抢救复苏后的临终病人可能必须依赖维生系统生存，如呼吸机、人工营养及水分补充等。这样一来，被维持的生命可能会在手术或者痛苦的治疗中度过，而且病人生存状态得到改善的机会非常渺茫。与此同时，这些状况无法改善的病人会被医疗团队视为失败，回避谈论（Silverman, 2004）。此外，医生们可能不会告知病人他们的预后，以及关于治愈性和纾缓性治疗的所有选择（Arons, 2004）。由于不知晓预后及治疗选择，病人无法行使知情同意。这损害了病人的自我决定权。出于这些原因，很多作者认为目前美国的临终关怀做得并不够好（Kramer, Hovland-Scafe & Pacourek, 2003）。

医疗开支的相关问题

医疗开支一直是美国几十年来面临的主要问题。无效治疗的开支对个人、家庭及国家都有不利影响（Baily, 2011）。在病人的濒死过程中，很多家庭花光了所有的积蓄（Reith & Payne, 2009）。美国三分之一的医疗开支花费在病人最后两年的医疗照顾上面（Goldberg & Scharlin, 2011）。由于将雇员的健康保险开支计入生产成本，突飞猛涨的支出已经影响到美国公司在世界市场上的竞争力。很多文章讨论这一问题给国家带来的负面影响，认为从选择治愈性治疗的权利角度过分强调病人的自主决定权，会对公共利益带来损害（Baily，2011）。当医生们还没有做出回应时，管理式医疗保险公司已经开始改变方式，趋向拒绝支付"无效医疗"费用。

临终关怀运动的兴起

临终关怀哲学的发展

1960 年代在英国由西西里·桑德斯（Cicely Saunders）女士发起的临终关怀运动，掀起了一股新的价值观，并在 1970 年代流传至美国，通过库伯勒·罗斯的工作得以继续发展。桑德斯女士于 1967 年在伦敦创立了圣克里斯多福安宁疗护中心（www. stchristophers. org. uk）。作为一名接受过专业训练的社会工作者、护师和医生，桑德斯女士推广由跨专业团队合作提供的全人照顾模式（a holistic model of care）。

这种模式的侧重点不是目的为根治疾病的治愈性治疗，而是纾缓治疗，目标在于"帮助病人平安离开人世，以及帮助病人充分享受生命直至死亡"（Dame Cicely Saunders，摘自 Ascribe Newswire，2005）。纾缓治疗的重点在于控制症状，而非治愈疾病。

作为一个新兴的医学视角，纾缓治疗的基石是尊严死亡和病人自决。在末期疾病面前，病人选择纾缓治疗或症状纾缓而带来的舒适，而非根治疾病。目标是享受生命中余下的时光，以及在法律、情感和灵性层面为死亡做好准备，接受死亡是生命的一个自然阶段。在美国，临终关怀理念主要以在家中辞世为导向，按照病人的意愿来布置环境，并且在亲人的陪伴下离开。跨专业团队为病人及其身边重要的人提供生理、心理、社会及灵性层面的全面照顾（Black，2007）。即便有时家人或医生的意见和病人不同，也侧重于倡导尊重病人的个人意愿。病人有权知道和自己预后有关的资讯，并且在这些资讯的基础上对自己的临终照顾安排做出决定。桑德斯女士于 2005 年在圣克里斯多福安宁疗护中心辞世，在此之前，她一直坚持不懈地推广临终关怀的价值理念。作为一种引导全世界临终照顾服务改变的创新观念，临终关怀服务被日益推广。

定义

美国社会工作者协会（The National Association of Social Workers，NASW）于2011年提供一些定义，用于区分各种不同形式的临终照顾。临终关怀（end-of-life care）被定义为"提供多角度的评估与介入以协助处于生命末期阶段的个人及其家人"。临终关怀决策的涵盖范围可以有较大差异，可以包括选择治愈性或纾缓性治疗，可以有或者没有事先预立医疗计划。临终关怀决定可能由病人做出，或者留给病人家属决定。这些过程都会受到社会、心理、灵性和文化因素的影响。临终关怀可能包括安宁疗护（hospice care）或纾缓治疗。

美国社会工作者协会2011年将纾缓治疗定义为通过预防和缓解生理、社会心理及灵性痛苦而侧重于生命质量的方法。当疾病不可能被治愈时，纾缓治疗主要提供症状纾缓。纾缓治疗被应用于长期慢性疾病，也被应用于末期疾病。安宁疗护是专门提供给末期疾病患者的一种纾缓治疗形式（Reith and Payne，2009）。

安宁疗护在美国的发展

在圣克里斯多福安宁疗护中心成立后不久，专门批评对于末期患者实施不人道治疗的伊丽莎白·库伯勒罗斯博士成为美国临终关怀运动的领导者之一。她的开创性著作《论死亡与濒死》（*On Death and Dying*，1970）成为畅销书，并且影响了美国乃至全球的公众舆论。

耶鲁大学一支由护士、两名儿科医生和一名院牧组成的队伍，于1971年在康涅狄格州的Branford创立了美国第一间安宁疗护中心。1972年，库伯勒罗斯博士在参议院见证了第一波推广临终关怀理念的尝试。

此外，在1972年，美国医院协会还推出了《病人权利法案》（*Patient Bill of Rights*）。这个法案阐明，病人拥有选择自己所接受治疗的权利，包括拒绝治疗、拒绝维持生命的措施以及终止治疗的权利。而且该法案也确认了病人接受舒适治疗的权利，以及最后强调了病人有权知道自己真实病情的权利。

该法案的推出令安宁疗护倡导者有机会展示居家照顾比机构照顾成本更低的优势，因此在1982年，根据"税收公平与财政责任法案"（Tax Equity and Fiscal Responsibility Act），联邦医疗保险开始支付安宁疗护的费用（Harper，2011）。这个决定在很大程度上影响了美国濒死照顾的模式，因为美国每年大约 85% 的死亡病例是由联邦医疗保险支付诊疗费（Werth and Blevins，2002）。

联邦医疗保险安宁疗护照顾计划（Medicare Hospice Benefit）将临终关怀理念引入联邦法规，要求配置一支跨专业团队，其中包括医生、护士、家居护理员、社会工作者以及灵性照顾人员。该计划涵盖处方药物、医疗用品及设备、短期住院照顾（例如疼痛及其他症状控制，或者喘息照顾），以及病人去世后给家人提供的哀伤辅导。安宁疗护中心如果为享受该计划的临终病人提供服务，会得到联邦医疗保险所给付的每天一定数额的补助。

根据规定，联邦医疗保险安宁疗护照顾计划受益人必须是罹患末期疾病，并且由一位医生证实预期生存期不超过 6 个月。受益人可以随时取消服务，并且可以在生存期不超过 6 个月的情况下再次入院。而且病人在安宁疗护中心的入住时间可以超过 6 个月，前提条件是医生仍然确认其生存期不超过 6 个月。虽然罹患任何末期疾病都可以提出申请，目前癌症患者仍然是安宁疗护的主要服务对象，其主要原因是癌症预后诊断有更大的确定性。

由于联邦医疗保险安宁疗护照顾计划的重点是节约开支，所以其资格限制得比较严格。当病人接受安宁疗护时，必须同意放弃其他治愈性治疗或维生治疗，在家中由亲人或重要他人照顾。

1986 年，美国各州可以选择是否在联邦医疗补助计划中纳入安宁疗护，由此护理院入住者也可以受益于安宁疗护。由于美国有 35% 的长者在生命中的最后一年入住护理院，所以这个政策带来重大影响（Werth and Blevins，2002）。医疗补助计划为低收入个人（包括因病致贫）提供健康和长期照顾。但并不是所有的州都将安宁疗护纳入医疗补助计划给付范围。1995 年，军队开始为军人家属提供安宁疗护项目。

临终关怀运动正在美国持续发展。根据每年对全美国范围内安宁疗护中心数量增长的统计报告，2008 年美国全国共有 4850 家安宁疗护中心，为 145 万名临终者提供服务。据此，全美国大约有 38.5% 的死亡个案发生在安宁疗护中心（NHPCO，2009）。

临终关怀的专业标准

强调患者的生命质量已经逐渐被认定为医疗服务提供者的道德义务，而且专家们也发展出相应的服务标准。2001 年，美国医学研究所（Institute of Medicine）根据临终关怀理念，对临终关怀服务质量进行了描述。其中对于"好死"（good death）的评价标准包括：病人、家属和照顾者无须经历可以避免的痛苦，遵照病人和家属的意愿，与临床、文化和伦理标准合理地保持一致（Roff，2001）。与此相近，Robert Wood Johnson 于 2003 年发展了一套反映临终关怀理念的质量评估指标，涵盖情感、灵性与实际支持以及症状控制等方面。

Singer 和他的同事（Singer, Martin and Kelner, 1999）在这个领域也做出了贡献。基于病人及其家人的视角，他们发展出一套体系，确定"临终关怀服务质量"的五个重要方面：接受充分的疼痛及症状控制，避免不适当的拖延死亡，具有掌控感，减轻负担，以及增进与所爱之人的关系。Farber、Egnew 和 Farber（2004）也提出另外一个替代名词"受到尊重的死亡"，并非将照顾者所理解的"好死"标准强加于病人，而是尊重病人自己的意愿和个人体验。如何从这个角度对照顾进行诠释，并在临终关怀模式中得到体现，在后面的章节中会进行阐述。

临终关怀的模式

当医疗科技无法治愈疾病，病人被预期在 6 个月内死亡时，病人被纳入安宁疗护项目，接受临终关怀服务。病人在接受服务之初就了解自己的预后，并且同意选择以舒适为目的的纾缓治疗而非治愈性治疗。让病人舒适的目标被严格重视，安宁疗护团队具备良好的症状控制专业能力。接受安宁疗护，并不意味着病人不能接受一些治疗，如放疗、化疗等。如果这些治疗是以保持舒适为目的的，也可以成为安宁疗护的一部分。例如，化疗和放疗也可以应用于疼痛控制，而且也有一些其他治疗模式可以用于末期病人的症状控制。不过，由于已经确认疾病处于末期而且不可能被治愈，所以临终关怀所采用的治疗都不是以治愈为目的的。

在美国，大多数病人在自己家中接受安宁疗护。此外，很多安宁疗护中心也为家中没有照顾人手的病人提供住院服务或者是签约提供的服务设施；在护理院中提供的安宁疗护也日益增多（Reith and Payne, 2009），但是缺乏充分利用（Chapin et al., 2007）。安宁疗护项目通过跨学科团队及全人照顾模式，为病人提供医疗照顾、社会心理和灵性照顾。跨学科团队中为病人制订服务方案，并提供服务的专业人员，包括社会工作者、护师、家居护理员、牧师、医生、志愿者（义工）、管理人员及其他专业人员。每位团队成员都有自己的专业特长，所有的成员与病人及其家人一起，合作完成各个不同方面的照顾任务。

临终关怀起源于志愿服务运动，并且一直保持这个传统。志愿者在安宁疗护及管理的各个层面提供协助。当家人或照顾者需要休息或完成其他工作时，志愿者为病人提供陪伴。此外，志愿者还可以在很多方面提供协助，包括帮忙采购、载运病人、提供哀伤辅导，或者在安宁疗护中心协助文书工作等。为病人提供免费临终关怀服务的传统至今仍旧得到尊重，很多安宁疗护中心依然为没有支付能力的临终病人提供免费服务。

临终关怀服务成效

研究表明，与在终末期接受其他形式照顾的病人相比，接受临终关怀服务的末期病人体验更多的正面成效。相对于那些接受积极抗癌治疗的病人（Harper，2011），接受临终关怀服务的病人呈现焦虑和哀伤症状的概率更低，这理论上可能是因为病人所接受的社会心理照顾帮助缓解其负面感受。由 Teno 及其同事所进行的研究发现，接受家居安宁疗护的病人家属相比那些在机构中去世或者仅接受普通居家医疗照顾服务后去世的病人家属的满意度更高。未接受安宁疗护的病人有更多需求未被满足，例如症状控制、与医生的沟通、情感支持以及被医疗专业人员尊重地对待等（Teno et al.，2004）。另一项针对接受过和没有接受安宁疗护的两组非洲裔美国人进行的比较研究也报告了类似的发现（Reese et al.，2004）。其他研究表明，在护理院接受安宁疗护的病人相对于非安宁疗护病人得到更好的疼痛控制，而且比那些具有同样诊断却没有选择安宁疗护的病人要生存时间更长（Reith and Payne，2009）。

安乐死及协助自杀安乐死

消极安乐死

消极安乐死是不为末期疾病患者提供治愈性治疗或维生治疗。在认定协助自杀为非法的美国几个州，消极安乐死被用于描述临终关怀或安宁疗护的特征。在实施消极安乐死时，医疗人员允许死亡自然发生，不采取维生治疗或者"无谓的努力"来延长病人的生命。

但是对于一些接受生命支持治疗，却没有希望提高生命质量的病人，消极安乐死还包括撤除治疗。法庭和哲学家并没有对"不提供维生治疗"和"撤除维生治疗"进行区分。但是就像一些具有里程碑意义的法庭案例一样，撤除维生治疗更加备受争议。撤除治疗，例如移除生命支持系统，被很多人认为与协助自杀一样，比不提供治疗更为残酷（Altilio，2011）。

1975 年发生在 21 岁的 Karen Ann Quinlan 以及 1983 年发生在 Nancy Cruzan 身上的案例推动了公众对于消极安乐死的接受。Quinlan 女士在摄入过量酒精和镇静剂后失去意识，医生通过急救让其复苏，但是她却由于脑损伤而陷入植物人状态。她的家人通过法律起诉，最后赢得了移除她身上维生系统的权利。

Nancy Cruzan 在一次意外车祸中陷入持久的植物人状态，仅靠一根饲管维生。为了争取移除饲管的权利，Cruzan 女士的家人一直将这个案件上诉到美国最高法院，最后被判决其家人没有办法提供"清晰且具有说服力的证据"可以证明 Nancy Cruzan 不希望自己靠人工维持生命。家人稍后向密苏里州法院提供证据证明 Cruzan 女士的意愿，最后于 1990 年判决可以移除其身上的维生系统。

积极安乐死与协助自杀

积极安乐死涉及故意采用医疗手段造成病人死亡。在协助自杀案例中，通常是根据病人自己的要求，并且对病人的自主决定能力进行评估后，提供可致死剂量的药物；病人自我给药，从而完成自杀。根据 1997 年盖洛普民意调查，大部分美国人当时支持将协助自杀合法化。

支持者认为有意通过提供医疗手段协助病人自杀相当于积极安乐死，反对者则持不同意见。他们指出在协助自杀过程中，可以致死的药物是由病人自我给药。这一点令协助自杀与积极安乐死有所区别，因为积极安乐死是医生提供致死性治疗（Reith and Payne，2009）。

在疾病导致生理功能丧失、自我意识丧失，或者对未来充满恐惧的情况下，病人会提出协助自杀的要求（Reith and Payne，2009）。即便如此，也有一些证据表明躯体疼痛并不像情绪痛苦及孤独那样带来强烈的负面影响以致让病人请求协助自杀（Schroepfer，2008；Van Baarsen，2008）。抑郁、缺少社会支持及希望是请求协助自杀的决定性因素。而其他研究则发现，抑郁不是主要影响因素，协助自杀的主要动因是缺少控制与自主（Reith and Payne，2009）。有证据显示，当病人的担忧被意识到并且得到重视时，病人一般会撤回协助自杀的请求（van

Baarsen，2008）。

1997 年，美国最高法院宣判心智健全的末期病人不具备要求医生协助自杀的宪法权利，将这个问题留给各个州来做决定。根据 1995 年俄勒冈州通过的尊严死法案，安宁疗护病人接受协助自杀是合法的。回应俄勒冈的法律，司法部部长 John Ashcroft 签署一项认定医生协助自杀为非法的指令。然而，这项指令于 2004 年被联邦法院推翻。俄勒冈州法案的通过引发其他州开展类似尝试，蒙大拿州和华盛顿州于 2008 年确认医生协助自杀为合法。

相反，另外一些州通过法案，认定医生协助自杀为违法。1996 年美国巡回上诉法院驳回了纽约州的该项立法。此外，国会通过立法禁止使用纳税人的钱资助医生协助自杀。2001 年，Roff 建议设立联邦标准来取代各州在该问题上的自主权，这样也许有助于解决争论。毫无意外地，除了法律争议之外，服务对象和医疗服务提供者也面临伦理困境。

伦理困境

伦理困境出现于不同的价值体系之间存在冲突的时候。专业伦理准则、社会规范、宗教信仰、法律和家庭传统之间可能彼此存在冲突。有时在同一个价值体系内部也可能存在冲突。

在消极安乐死和积极安乐死之间存在很多伦理困境。案主自决是临终关怀理念及美国社会工作者协会伦理守则所共同遵从的价值观，同时也被包含在病人权利法案和病人自决法案当中。在一个病人拒绝维生治疗或请求协助自杀的案例中，案主自决的价值观与医疗专业的行善及不伤害伦理原则相冲突。希波克拉底誓言使医生承诺不伤害病人并且做出令病人受益的决定。假设医生判断如果告知预后可能会加重对病人的伤害，医生可以援引"医师具有医疗特权"而不与病人商议便做出决定。同样情形下，重视生命质量的价值观以及知情同意的法律规定可能与生命神圣的宗教价值观相冲突。这些伦理原则是我们都赞同的，但问题是如何在实践中适当地应用这些原则。

可以从两个主要的角度来将这些价值观排序，并且决定其在所处情境下的重要性。一个角度是义务论原则，即依赖责任、法律、规则，基于对关键事实的先验协议。其支持者认为重要的考量因素不是行为的结果，而是什么是该做的以及行为的内在道德。从这个角度来看，一个末期病人应该被抢救和使用生命支持系统，因为抢救生命是正确的，不管病人会因此而受苦或者会给社会带来经济上的影响。

　　另外一个角度是功利原则。这个观点侧重于行动的结果，将社会作为一个整体而非从单独个体的角度来进行考量。其支持者目的在于为更多人创造更大的利益。从这个角度来看，基于对生命质量和无效治疗成本的考虑，最好不要对末期病人进行抢救。通过不实施无效治疗而节约的经费可以用于提高所有美国人民的基本医疗照顾水平。对于那些提出请求的病人可能不给予治疗，保险公司也不会支付无效治疗的费用，同时一些医生也不认为提供无效治疗是适当的。这个观点的弊端在于缺少对于什么是对社会最好的的共识，虽然有必要选择大多数人的意见，但是也会忽略对少数群体意见的尊重。

　　一些伦理学家试图寻找两个不同视角的中间地带，主张必须对最终目标和行动的内在道德同时进行考量。医院成立伦理委员会来解决这些价值观的冲突。这些决定曾经是法庭论战的主题以及头条新闻的标题。正如之前所讨论的，在这个可以忽视生命质量而继续维持病人生存的时代，我们的文化对临终关怀难以接受，解决这个问题的一个方式是尝试设立预先医疗指示（Advance Directives）。

预先医疗指示

　　当病人丧失能力并且不能表述自己意愿的时候，出现伦理决定的困难情境。1990年，联邦政府在病人自决法案中涉及这个问题。根据此项法案，凡是参与联邦医疗保险和医疗补助计划的医院、专业护理机构、居家健康照顾机构、安宁疗护项目以及医疗保健组织都被要求制定一系列政策和程序，保存医疗文件，告知并教导病人、病人家属和工作人员根据该州法律规定准备预先医疗指示的权利。

　　预先医疗指示包括生前预嘱（Living Wills）、医疗授权书（Medical Powers of Attorney）和不急救医嘱（Do Not Resuscitate Order，DNR）。生前预嘱是由病人准备的法律文件，用于说明病人关于维生治疗的自我意愿。医疗授权书赋予指定的医疗代理人在病人生理或精神上丧失能力时替代其做出医疗决策的合法权利。不急救医嘱表达了病人不希望在濒死时接受心肺复苏抢救的意愿。根据病人自决法案，医疗服务提供者必须询问病人是否已经完成预先医疗指示，以及在病例中记录下病人是否表达了自己的意愿。

预先医疗指示政策的思考

尽管有病人自决法案存在，但实践中很多病人却是在没有自主决定临终照顾意愿的情形下去世的。这项法律引发争议，实际上其强制实施还是个问题（Arons，2004；Werth and Blevins，2002）。总体而言，只有不到25%的美国人设立了预先医疗指示（Arons，2004）。在年轻人、男性、少数族裔和贫困群体中，这个比例更低（Galambos，1998）。

医疗照顾提供者试图寻找方法遵从这项法律，但他们所能做的也只局限于在接诊时询问病人是否有预先医疗指示并提供相应的资讯。即使由社会工作者来进行接诊面谈，也并没有导致签署预先医疗指示的人数显著提升（Happ et al.，2002）。医疗照顾提供者会遵照规定提供相关资讯并制定相应的政策，但是可能并没有在病历中记录病人的意愿或者在临床上遵从病人的意愿（Galambos，1998）。

设立预先医疗指示的阻碍

如果病人没有设立预先医疗指示，医生可能害怕承担责任（Reith and Payne，2009）并觉得有责任提供维生治疗。各个州可能会规定，除非提供病人预先医疗指示否则必须对病人进行抢救（Keigher，1994）。设立预先医疗指示的阻碍包括低效率的推广方式、医患之间以及病人和家属之间缺少沟通等（Bombay，Morrissey and Leven，2011）。

低效率的推广方式

在接诊时询问病人是否具有预先医疗指示已被证明并非有效的推广方式。相反，一种被证实绝对有效的方式是，通过居家服务项目让社会工作者参与家访，并针对临终照顾事宜与病人进行讨论。参与某实验项目的94位服务对象中有83位在家中完成了自己的预先医疗指示，其中很多病人在此之后接受了安宁疗护（Ratner，Norlander and McSteen，2001）。社会工作者与服务对象进行多次会谈，并根据其个人价值观对会谈方式进行调整（Reith and Payne，2009）。Galambos于1998年建议，要在个体尚且年轻和健康时就开始有关预先医疗指示的公众教育；Aron于2004年倡导社会工作者应该参与这个领域的政策实施。Bomba、Morrissey和Leven于2011年发展并测试了一项有关人文关怀照顾的社区对话项目，发现该项目可以有效促进个体完成预先医疗指示。

缺少医患沟通

由于医生未能告知病人及其家人有关疾病的自然进程以及可以保证相应的生命质量（Zilberfein and Hurwitz, 2004），所以病人不能够做到"知情"同意。这种医患之间关系的不平等营造了一种医生不愿去探寻病人意愿的氛围（Aron, 2004）。医生不和病人讨论便在病历上写下有关治疗的医嘱（Levin et al., 1999），这种情况部分程度上反映了医生权威凌驾于病人自决权利之上的价值观。

病人与家人之间缺乏沟通

病人与其家人和朋友之间也缺乏有关临终照顾意愿的沟通（Bomba, Morrissey and Leven, 2011）。很多时候，临终照顾决定不被提早考虑，而是在患病时才开始制定（Keigher, 1994）。病人也趋向于让亲人做决定而非与他们沟通自己的意愿。医疗照顾提供者曾经对医疗代理人是否可以准确反映病人的真实意愿表示过疑惑（Neuman and Wade, 1999）。Sutton 和 Liechty 在 2004 年提出，支持团体可能有助于促进病人与亲人之间就临终照顾意愿的沟通。

实施预先医疗指示的阻碍

即便设定了预先医疗指示，也未必会得到医疗照顾提供者和病人家属的支持（Reith and Payne, 2009）。实施预先医疗指示的阻碍包括缺乏医患沟通、病人和医疗服务照顾提供者之间的价值观冲突，以及病人及其家人意愿之间的冲突。

缺少医患沟通

大部分完成预先医疗指示的病人却没有做到让自己的医生知晓（Galambos, 1998）。Bomba、Morriessy 和 Leven 在 2011 年发展了一个项目，目的在于促进医生知晓并且实施病人预先医疗指示。

病人和医疗照顾提供者之间的价值观冲突

Reese 博士及其同事发现，相对于其他医疗照顾专业人员而言，医生对纾缓治疗的倾向性更低。医生和社会工作者的训练和价值观有明显差异，这一点可能会导致冲突（Nadicksberned, Thornberry and von Gunten, 2011）。违背病人的意愿可能存在两种不同情形，或者未经病人和家属同意便撤除维生治疗，或者不顾病人和家属的意愿继续提供治疗（Galambos, 1998）。

病人及其家人意愿之间的冲突

Reese 博士于 2000 年进行的一项研究显示，导致家人罔顾病人不依赖维生系统和在家中离世的意愿反而将病人送入医院治疗的最重要影响因素是对末期疾病的否认。如果家人意愿与病人意愿相冲突，医生可能会选择遵从家人的意愿（Galambos，1998）。重要的一点是要和病人及家属沟通拨打 911 急救电话或者采取侵入性治疗可能带来的后果，特别是在病人已经签署了不急救医嘱的情况下（Gerbino and Henderson，2004）。

很显然，这些法律和伦理问题目前尚未得到妥善解决，从而引发政策和实践层面的问题。本章后面的内容将介绍美国临终关怀的现状，并且就该领域的发展提出有益建议。

美国临终关怀发展现状

有关临终关怀的争论一直比较热烈，观点也因地域、种族、文化和宗教而各不相同。临终关怀理念已经扎根于美国文化，大多数美国人希望在疾病末期接受纾缓治疗而非治愈性治疗，以及在家中去世（National Hospice and Palliative Care Organization，2002）。那些来自主流文化人群、接受重症特别护理的患者表示，为了在生命末期得到更好的照顾，他们甚至准备好了缩短健康生存的时间（Bryce et al.，2004）。在俄勒冈州进行的一项研究发现，2000～2002 年去世的大部分人都完成了预先医疗指示并曾接受安宁疗护（Tilden et al.，2004）。

即使美国人倾向临终关怀的理念，但从全美国范围来看，仍然有大概一半人口在医院去世。各个州的情况不同，例如在首都华盛顿大概有 73% 的死亡发生在医院，而在俄勒冈州这个比例则仅有 32%（Hansen，Tolle and Martin，2002）。在 2008 年，平均仅有 38.5% 的美国人是在接受临终关怀后离世的（National Hospice and Palliative Care Organization，2009）。

此外，病人在临终时才被转介至安宁疗护中心。根据美国审计总署的报告，1998 年病人平均接受安宁疗护时长仅有 19 天。而根据美国联邦医疗保险及医疗补助中心 2008 年的报告，这个时长仅有 14 天。在疾病的终末期阶段才接受安宁疗护，导致主要目标限于减少躯体疼痛和症状控制，却没有足够时间来处理病人的社会、心理和灵性痛苦（Kovacs，Bellin and Fauri，2006）。

限制使用安宁疗护的因素

与影响制定预先医疗指示的因素相似，限制使用安宁疗护的因素包括低效率的推广方式，病人、医生和家属之间缺乏沟通及存在价值观冲突。联邦医疗保险有关6个月以下生存期的规定也是一个阻碍。限制少数族裔群体接受安宁疗护的特别因素包括医疗照顾提供者的财务考量以及联邦医疗保险的规定，其中包括必须有一名医生转介，必须有一名主要照顾者（居住在病人家中并且同意承担主要照顾责任的重要他人），以及缺少对住院服务和治愈性治疗的保险支付。最后，一个限制使用安宁疗护的因素是跨文化及宗教的理念差异。在少数族裔群体中，很多具有较坚定宗教信仰的人希望在疾病末期时能够延长生命，并且反对医生协助自杀。

联邦医疗保险对于安宁疗护的支付虽然对这个领域的发展很有助益，但同时也导致临终关怀服务偏离了以全人照顾和志愿服务为导向的本质。安宁疗护的专业主义和医疗系统文化的融入，最终导致过度强调医护人员的照顾，随之而来的是缺乏对社会心理及灵性需求的重视（Parker Oliver et al.，2009）。因此，另外一个阻碍安宁疗护使用的因素——病人、病人家属和医生自身对于末期疾病事实的否认，没有得到应有的重视。

联邦医疗保险要求病人必须有一名医生签署证明处于疾病末期阶段方可被纳入安宁疗护照顾计划。这项规定给少数族裔群体接受安宁疗护带来阻碍，因为相对于主流文化群体而言，少数族裔群体较少有医疗保险（Reese et al.，1999）。此外，临终关怀还不是医学教育的常规内容，因此很多医生并不熟悉安宁疗护的选择。对于预立医疗指示而言，医生可能更倾向于采用治愈性治疗而非遵照病人的价值观，这可能阻碍他们采用纾缓治疗（Reese et al.，2005）。

此外，医生们对于病情告知感到很为难，倾向于向病人和家属传递过度乐观的预后（Werth and Blevins，2002）。医生们也缺乏与病情告知和治疗决策相关的沟通技巧。因此，医患之间关于末期疾病的对话不够充分，或者根本不存在（Reith and Payne，2009）。

医生缺乏沟通技巧，加上通常缺少跨专业团队，造成医疗团队没有及时向病人提供安宁疗护的选择。很多病人通常直到生命最后几周，当处于疾病终末期的事实非常明显而且治愈性治疗已经被无所不用其极的时候，才被转介至安宁疗护（Teno et al.，2007）。笔者所进行的一项研究发现，很多被护士认为已经处于终末期的居家照顾病人却没有从医生那里得到相应的诊断。大多数医生很快将这些病人转介至安宁疗护，但基本上他们在很短的时间内就去世了。

尽管如此，由于缺乏对于临终关怀的公众教育，医生转介仍然是很多病人了解安宁疗护的主要途径。特别是在少数族裔群体中，错误信息比比皆是，包括安宁疗护所提供的照顾不充分，甚至给病人提供积极安乐死等。更常见的是病人从未听说过安宁疗护。这种研究发现为大多数美国人倾向于临终关怀理念但事实上却只有少数人获得安宁疗护提供了解释（National Hospice and Palliative Care Organization，2002）。

联邦医疗保险要求仅为预期生存期不超过6个月的病人提供安宁疗护也造成一定障碍。医生通常很难做出这种决定，因为癌症的预后可能比较明显，但是其他疾病却不易预测生存期，或者通常死亡的过程比较漫长【Center for Bioethics，University of Minnesota（明尼苏达大学生物伦理中心），2005】。1998年，安宁疗护接收的非癌症病人比例显著下降，反映出由决定病人生存期少于6个月而带来的问题。

多年来医疗财务管理中心【Health Care Financing Administration，HCFA。现在的联邦医疗保险和医疗补助中心（Centers for Medicare and Medicaid Services）】进行的调查令这个问题更加恶化。1994年，医疗财务管理中心公布了一项有疑问的安宁疗护病人医生证明的备忘录。他们针对转介病人接受安宁疗护但病人却没有在6个月内死亡的医生开展了一次调查。自此以后，医生因为害怕自己转介的病人生存期长于6个月而受到惩罚，所以都对转介安宁疗护有所迟疑（Werth and Blevins，2002）。因此联邦医疗保险制定了一项新政策，允许为生存期超过6个月的病人再次开具证明。不过很重要的是，要针对这项政策给医疗团队提供教导。

医疗团队的财务考量也是安宁疗护转介的另外一个阻碍。在安宁疗护发展的初期，照顾提供是建立在志愿服务的基础上，因此对于那些没有支付能力的病人，服务大多数是免费的。这个传统至今一直在很多安宁疗护项目中得以沿袭。然而，没有医疗保险确实为接受安宁疗护带来阻碍，特别是对那些少数族裔群体。除此之外，一些学者主张，病人仅仅选择纾缓治疗可能会不利于医疗照顾者重视不遗余力地充分利用医疗科技（Finn，2002）。

联邦医疗保险的一些其他规定也对少数族裔群体接受安宁疗护形成阻碍。例如，联邦医疗保险要求病人家中要有一名主要照顾者。研究表明，很多少数族裔群体的家庭成员必须外出工作，不可能留在家中照顾病人（Werth and Blevins, 2002）。同时，联邦医疗保险要求病人必须签署一份知晓末期病情和放弃维生治疗的知情同意书，而且缺乏对安宁疗护住院服务和治愈性治疗的保险涵盖，这些对相信接受死亡是缺乏信仰的表现的部分文化群体构成接受安宁疗护的阻碍（Reese et al., 1999）。

很多具有强烈宗教信仰的群体，包括一些少数族裔群体，希望在末期阶段延长自己的生命（Reese et al., 1999）。重视保守基督教原则的共和党的权利的提升，最近已经助长在末期阶段提供维生治疗的导向。一个绝对主义的观点认为，应该不顾个体在理念和价值观上的差异，通过法律来强制遵守这些原则；该观点推动了这种趋势。

一个例子是 2005 年发生在佛罗里达州一间安宁疗护中心的脑损伤患者 Terri Schiavo 的案例。她的丈夫替她签署了纾缓治疗的同意书，声称妻子曾经向自己表达过如果长期处于植物人状态，不想通过人工方式维持生存的意愿。在 1990 年心跳停止后，Schiavo 女士已经持续接受了 15 年的人工营养支持。2005 年接受法庭判决后，她的饲管一度被移除，但她的父母经过长期的法庭抗争又重新给她插入饲管。政治家们介入了这一案例，通过紧急立法命令医生重新插入饲管或者要求联邦法院重新审理这一案件 ——包括州长、美国众议院和参议院都涉入其中，甚至当时的美国总统布什在半夜里签署了法令。然而，最后上升到美国最高法院层面的一系列法庭裁决都支持 Schiavo 女士死亡的权利。公众的情绪反映并可能影响了政治家们的行动（Branford, 2005）。民众举行游行示威，一位加利福尼亚的企业家为 Terri Schiavo 的丈夫提供了一百万美元以维持他妻子的生命（不过被拒绝了）。

纾缓治疗成长为一个独立的实践领域

临终关怀和安宁疗护是纾缓治疗的一种形式，目的是在疾病无法被治愈时，缓和症状而非治愈疾病。安宁疗护特别为末期病人提供治疗。纾缓治疗则是在安宁疗护以外，为长期慢性病人提供照顾。比如，HIV 无法被治愈，但是目前的治疗可以缓解症状，并且将病程发展延迟数年。这类不被认定为将在 6 个月内面临死亡的末期病人，可以在非临终关怀的"纾缓治疗"部门接受门诊观察。

没有选择安宁疗护的末期病人也可以在纾缓治疗部门接受症状控制。部分原因是缺少安宁疗护的外展服务，另外部分原因是之前所描述的转介安宁疗护遭遇的阻碍。在过去几十年里，为末期病人提供的纾缓治疗已经从临终关怀中脱颖而出，发展成为一项独立的服务。

在美国提供纾缓治疗也遇到一些安宁疗护转介同样面临的阻碍。不过，联邦医疗保险有关安宁疗护的规定不适用于纾缓治疗。而且，由于病人不需要签署末期病情的知情同意书，医生不需要进行有关预后的谈话，所以也不涉及对末期疾病的否认。病人可以在接受纾缓治疗的同时接受治愈性治疗，因此与医疗照顾者和家人的价值观冲突也相应减少。联邦医疗保险有关 6 个月以下生存期的要求也不适用于纾缓治疗，医生不必证明病人身处末期阶段，也没有对主要照顾者的要求。但没有医疗保险的病人还是缺少相应的服务，这一点对于少数族裔群体仍然构成接受纾缓治疗的阻碍。

纾缓治疗在与临终关怀的竞争中得到发展，但并没有借鉴临终关怀发展过程中的经验教训。纾缓治疗项目不是全部提供跨专业团队照顾，因此有可能无法充分满足服务对象在社会心理及灵性层面的需求。

处理安宁疗护使用阻碍的有关建议

处理安宁疗护使用阻碍的有关建议包括：采用跨专业团队服务模式，由社会工作者为病人及其家人提供咨询服务。临终关怀服务及其理念应该与其他服务相整合；从诊断初期直至病人死亡，临终关怀团队应该为医疗人员提供顾问和咨询服务以及为病人提供照顾。照顾应该是持续性的：从诊断到纾缓治疗/治愈性治疗，然后到临终关怀。联邦医疗保险应该涵盖并支付这些咨询费用，临终关怀社会工作者应该在咨询服务中扮演主要角色。

此外，安宁疗护团队应该为服务使用者提供通识教育。安宁疗护团队在接收病人之前提供咨询面谈所产生的费用，应该由联邦医疗保险支付。在提供公众教育时，需要意识到少数族裔群体是否会获得相关信息。那些无法使用医疗服务的群体可能没有机会接触到有关死亡和拒绝治疗的权利的公众教育（Keigher，1994）。此外，也特别需要重视消除那些少数族裔群体对于临终关怀服务的误解（Werth and Blevins，2002）。

联邦医疗保险的相关规定应更加灵活，从疾病严重性而非预后的角度来重新定义临终关怀服务（Werth and Blevins，2002）。服务可及性亦亟待提高，特别是针对少数族裔群体，允许病人在接受安宁疗护的同时，也持续接受针对疾病的改善性治疗。

对纾缓治疗领域的有关建议

根据临终关怀理念，病人知晓自己处于终末期对于其在濒死阶段拥有良好的生命质量非常有必要。这也是在自决原则下病人可以做出知情选择的前提，包括做出与病人文化和宗教信仰相一致的临终照顾决定，以及与病人沟通其个人对照顾环境的偏好。病人知情同样是处理一系列社会心理问题的前提，如自杀倾向、死亡焦虑、社会支持、财务安排、安全及舒适、预期哀伤和自我否认等。此外，病人知情也是处理一系列灵性问题的前提，包括生命意义，受苦，末了心愿，澄清宗教信仰、与神的关系，孤立以及超个人体验等。

对于终末期的否认可能是一种积极的应对技巧。在很多案例中，病人根据当时自己的情感资源，对自己末期病情的认知忽进忽退。当他们处于一种可以处理知晓病情的情绪状态时，需要和别人沟通以处理社会心理及灵性问题。因此，我们建议纾缓治疗团队应该与临终关怀团队之间发展一种合作关系，借鉴其处理此类问题的技巧，尤其是社会工作者和灵性照顾者应该在这个问题上发挥作用。这种合作应该在诊断初期就开始，在病人需要处理终末期问题的很早之前就有所准备。

病人可能会在治愈性治疗和纾缓治疗中经常转换，并因此而获益。对于那些自身宗教信仰阻止他们向末期疾病妥协的病人，这可以创造获得纾缓治疗服务的机会。而那些因为没有医疗保险而无法享有服务的群体需要被考虑到，也许可以设立一个基金会帮助他们获得纾缓治疗服务。

临终关怀政策问题

联邦医疗保险对安宁疗护保险的支付不足造成一系列问题。由于大部分安宁疗护病人享有联邦医疗保险支付，形成了影响安宁疗护财务状况的一个重要因素。联邦医疗保险按照服务天数给安宁疗护项目提供相应补贴，如果治疗花费超过保险支付标准，安宁疗护项目必须自行消化损失（Werth and Blevins, 2002）。通常，病人接受安宁疗护第一周和最后一周的开支最高，所以如今比较常见的病人接受安宁疗护周期较短的现象更加剧了财务困难。这些财务问题会导致安宁疗护项目难以为病人提供最有效的（或最昂贵的）抑制疼痛药物。相关建议包括提高保险的每日支付数额，调整给予接受昂贵治疗的病人的保险支付，提供一个14天服务的最低支付额度，允许向护士或者医生助理提供保险支付，为潜在的支出设立一个最高额度，以及允许社会工作者为服务单独收费（Goldberg and Scharlin，2011）。

位于郊区的安宁疗护项目面临收支相抵的困难。即便这些服务可能需要额外的交通开支，联邦医疗保险给予郊区安宁疗护项目的支付比例仍然较低。一项提交给国会的计划书建议设立安宁疗护示范项目，允许郊区居民接受比安宁疗护法规规定时间更长的住院式安宁疗护和喘息照顾（respite care）。另外也有建议给郊区安宁疗护项目的保险支付比例提高10%，以及调整为其提供的交通开支（Werth and Blevins，2002）。

另外一个政策问题涉及营利性安宁疗护项目所提供的服务。1994～2004年，营利性安宁疗护项目的数量增长了四倍。研究表明，接受营利性安宁疗护的病人所享受的服务范围明显地小于接受非营利性安宁疗护的病人（Carlson，Gallo，and Bradley，2004）。

还有一个问题涉及健康维护组织（Health Maintenance Organizations，HMOs）鼓励接受安宁疗护的问题。一些专家指出，健康维护组织鼓励接受安宁疗护的原因是为了节省开支。这引发了病人在生命末期治疗选择自主权方面的问题。

最后，由于目前过度强调生物医学照顾模式，安宁疗护领域由医生和护士主导也是一个值得考虑的问题。最初由西西里·桑德斯女士创立的全人照顾的模式被忽视，非医疗团队成员被称为"辅助人员"。在第二章中，我们将继续讨论目前社会工作在临终关怀领域的现状。

连续照顾

美国纾缓治疗及临终关怀协会倡导"连续照顾"，目的在于处理安宁疗护转介、应用与财政支付过程中遇到的阻碍。目前，联邦医疗保险和医疗补助中心规定安宁疗护保险支付仅限于由一位医生证明生存时间不超过6个月的病人。如果提供证明，联邦医疗保险和医疗补助中心将只支付纾缓治疗的费用，而不支付治愈性治疗的费用。为了接受安宁疗护，病人必须签署知晓末期诊断的同意书。这项规定给那些罹患慢性疾病且很难给予末期诊断的病人（如充血性心力衰竭）造成接受安宁疗护的阻碍。同时，那些病人或者家人不愿意或者在心理及精神上没有准备好放弃治愈性治疗的病例，也无法享受安宁疗护。

美国的纾缓治疗服务没有如上所说的限定，但是纾缓治疗服务经常没有运用从临终关怀服务发展而来的知识。例如，可能没有通过包括社会工作者在内的跨专业团队来提供全人照顾（即使这已经很普遍）。因此，很多有关末期疾病的社会心理及灵性问题没有得到处理。

连续照顾的理念包括两种方式：① 将纾缓治疗作为现有安宁疗护的补充，同时整合非临终照顾机构，形成一个连续的照顾体系，安宁疗护是其中的一部分；② 扩展安宁疗护的范围和使命，服务更多预期生存期更长或者在不同医疗机构接受照顾的病人（Jenning et al.，2003）。这两种方式有助于满足病人及其家人的社会心理和灵性需求，帮助他们接受末期疾病的诊断并且为临终照顾决定做准备。从得知罹患威胁生命疾病的诊断开始，贯穿治愈性治疗、纾缓治疗和临终关怀服务阶段，服务对象都会得到由跨学科专业团队提供的持续性照顾（Schumacher，2003）。

这一章讨论了美国临终关怀的发展历史。从在家中由亲人围绕平静离世的传统，我们过渡到大多数病人在医院中死亡。这些死亡经常在接受维持生命治疗的同时发生。临终关怀理念最初由英国发源然后由伊丽莎白·库伯勒罗斯博士在美国推广，在生命末期阶段鼓励接受纾缓治疗而非治愈性治疗，视病人的生命质量和自决权利为最高价值。即使住院式安宁疗护机构发展得非常完善，美国的临终关怀服务通常在病人家中提供。

医疗开支成为近几十年来美国一个主要的社会问题，自从安宁疗护被发现比维持生命治疗更加节约经费，联邦医疗保险和联邦医疗救助开始支付所有的安宁疗护开支，包括药物和仪器设备，使其成为令濒死病人及其家人绝对受益的服务。医疗保险对于临终关怀服务的支付导致了服务标准的设立，包括要求具备社会工作服务、教育技术等，很大程度上协助扩展了临终关怀服务领域。

虽然如此，医疗保险支付同时也导致了一系列政策问题，包括规定医生提供末期诊断——换句话讲，就是病人将在6个月内离世。此外，病人必须签署知晓末期诊断和放弃治愈性治疗的声明。对于一个医生而言，做出准确的预后诊断是非常困难的，甚至基本不可能。而且，对于病人而言，在没有社会工作者协助准备的情况下要签署仅接受纾缓治疗的同意书也是非常困难的。对于那些曾经有被医疗体系误诊或不正确对待的经历，或者依靠家人和长辈而非病人本人做医疗决策的少数族裔群体而言就更加困难。这些问题成为使用安宁疗护的阻碍，并在某些程度上促进了纾缓治疗的发展，令那些并非处于末期阶段或者处于末期阶段但没有准备好或者没有足够认识到预后从而不能接受安宁疗护的病人也可以得到适当的照顾。

另一种情况是，与那些影响末期病人接受安宁疗护的阻碍形成对照，曾经有社会运动倡导医生协助自杀。虽然需要排除病人患有抑郁或者其他痛苦症状但没有得到控制等原因，促成这项运动的主要动机是病人对控制自身疾病和死亡进程的渴望。在这一章我们讨论了临终关怀涉及的包括医生协助自杀在内的伦理问题。

我们也讨论了预先医疗指示，这是一个支持病人自决权利并帮助他们表述临终照顾意愿的工具。我们通过对临终关怀相关政策的讨论和建议对这一章进行总结，包括在治愈性治疗和纾缓治疗之间发展持续性照顾。第二章将重点关注临终关怀领域中的社会工作。我们将介绍临终关怀跨学科团队中社会工作专业的发展历史、各种努力以及目前状态。

（刘晓芳　译）

参考文献

Altilio, T. 2011. "Palliative Sedation：A View Through the Kaleidoscope." In Terry Altilio and Shirley Otis-Green, eds., *Oxford Textbook of Palliative Social Work*, pp. 661 – 669. New York：Oxford University Press.

Arons, S. 2004. "Current Legal Issues in End-of-Life Care." In J. Berzoff and P. Silverman, eds., *Living with Dying：A Handbook for End-of-Life Practitioners*, pp. 730 – 760. New York：Columbia University Press.

AScribe Newswire. 2005. "Hospice Community Mourns Death of Dame Cicely Saunders：Pioneer in Field of Hospice Changed End-of-Life Care." Online news article, retrieved July 20, 2005, from http：//www. ascribe. org/cgi-bin/behold. pl？ ascribeid = 20050714. 122258andtime = 14％2043％ 20PDTandyear = 2005andpublic = 1.

Baily, M. 2011. "Futility, Autonomy, and Cost in End-of-Life Care." *Journal of Law, Medicine and Ethics* 39, no. 2：172 – 182.

Black, K. 2007. "Advance Care Planning Throughout the End-of-Life：Focusing the Lens for Social Work Practice." *Journal of Social Work in End-of-Life and Palliative Care* 3, no. 2：39 – 58.

Blacker, S. 2004. "Palliative Care and Social Work." In Joan Berzoff and Phyllis Silverman, eds., *Living with Dying：A Handbook for End-of-Life Healthcare Practitioners*, pp. 409 – 423. New York：Columbia University Press.

Bomba, P. A. , M. Morrissey, and D. C. Leven. 2011. "Key Role of Social Work in Effective Communication and Conflict Resolution Process: Medical Orders for Life-Sustaining Treatment (MOLST) Program in New York and Shared Medical Decision Making at the End of Life." *Journal of Social Work in End-of-Life and Palliative Care* 7, no. 1: 56 – 82.

Branford, B. 2005. "U. S. Courts and Politicians Collide." BBC News: UK Edition. March 31, 2005. Retrieved July 20, 2005 from http://news. bbc. co. uk/1/hi/world/americas/4368055. stm.

Bryce, C. L. , G. Loewenstein, R. M. Arnold, J. Schooler, R. S. Wax, and D. C. Angus. 2004. "Quality of Death: Assessing the Importance Placed on End-of-Life Treatment in the Intensive-Care Unit." *Medical Care* 42, no. 5: 423 – 31.

Buckey, J. W. , and N. Abell. 2010. "Life-sustaining Treatment Decisions: A Social Work Response to Meet Needs of Health Care Surrogates." *Journal of Social Work in End-of-Life and Palliative Care* 6: 27 – 50.

Carlson, M. D. , W. T. Gallo, and E. H. Bradley. 2004. "Ownership Status and Patterns of Care in Hospice: Results from the National Home and Hospice Care Survey." *Medical Care* 42, no. 5: 432 – 438.

Center for Bioethics, University of Minnesota. 2005. *End of Life Care: An Ethical Overview.* Center for Bioethics, University of Minnesota. Retrieved from: http://www. ahc. umn. edu/bioethics/prod/groups/ahc/@ pub/@ ahc/documents/asset/ahc_75179. pdf.

Centers for Medicare and Medicaid Services. 2008. "Conditions of Partici-pations." Retrieved from https://www. cms. gov/CFCsAndCoPs/05_ Hospice. asp#TopOfPage.

Chapin, R. , T. Gordon, S. Landry, and R. Rachlin. 2007. "Hospice Use by Older Adults Knocking on the Door of the Nursing Facility: Implications for Social Work." *Journal of Social Work in End-of-Life and Palliative Care* 3, no. 2: 19 – 38.

Chochinov, H. M. , T. Hack, T. Hassard, L. J. Kristjanson, S. McClement, and M. Harlos. 2002. "Dignity in the Terminally Ill: A Cross-sectional, Cohort Study." *Lancet* 360 (December 21/28): 2026 – 2030.

Farber, S. , T. Egnew, and A. Farber. 2004. "What Is Respectful Death?" In J. Berzoff and P. Silverman, eds. , *Living with Dying: A Handbook for End-of-Life Healthcare Practitioners*, pp. 102 – 127. New York: Columbia University Press.

Finn, W. 2002. "The Evolution of the Hospice Movement in America." *Revija za Socijalnu Politiku* 9, nos. 3/4: 271 – 279.

Forbes, S. , M. Bern-Klug, and C. Gessert. 2000. "End-of-Life Decision Making on Behalf of Nursing Home Residents with Dementia." *Image: Journal of Nursing Scholarship* 20: 251 – 258.

Galambos, C. 1998. "Preserving End-of-Life Autonomy: The Patient Self-Determination Act and the Uniform Health Care Decisions Act." *Health and Social Work* 23, no. 4: 275 – 281.

General Accounting Office (GAO). 2000. "Medicare: More Beneficiaries Use Hospice, but for Fewer Days of Care." GAO/HEHS Publication no. 00 – 182. Washington, DC: General Accounting Office.

Gerbino, S., and S. Henderson. 2004. "End-of-Life Bioethics in Clinical Social Work Practice." In Joan Berzoff and Phyllis R. Silverman, eds., *Living with Dying: A Handbook for End-of-Life Healthcare Practitioners*, pp. 593 – 608. New York: Columbia University Press.

Goldberg, J., and M. Scharlin. 2011. "Financial Considerations for the Palliative Social Worker." In Terry Altilio and Shirley Otis-Green, eds., *Oxford Textbook of Palliative Social Work*, pp. 709 – 718. New York: Oxford University Press.

Hansen, S. M., S. W. Tolle, and D. P. Martin. 2002. "Factors Associated with Lower Rates of In-hospital Death." *Journal of Palliative Medicine* 5, no. 5: 677 – 685.

Happ, M. B., E. Capezuti, N. E. Strumpf, L. Wagner, S. Cunningham, L. Evans, and G. Maislin. 2002. *Journal of the American Geriatrics Society* 50, no. 5: 829 – 835.

Harper, B. C. 2011. "Palliative Social Work: An Historical Perspective." In Terry Altilio and Shirley Otis-Green, eds., *Oxford Textbook of Palliative Social Work*, pp. 11 – 20. New York: Oxford University Press.

Jennings, B., T. Ryndes, C. D'Onofrio, and M. A. Baily. 2003. "Access to Hospice Care: Expanding Boundaries, Overcoming Barriers." *Hastings Center Report Special Supplement* 33, no. 2: S3 – S59.

Keigher, S. 1994. "Patient Rights and Dying: Policy Restraint and the States." *Health and Social Work* 19, no. 4: 298 – 303.

Kovacs, P. J., M. H. Bellin, and D. P. Fauri. 2006. "Family-Centered Care: A Resource for Social Work in End-of-Life and Palliative Care." *Journal of Social Work in End-of-Life and Palliative Care* 2, no. 1: 13 – 27.

Kramer, B., C. Hovland-Scafe, and L. Pacourek. 2003. "Analysis of End-of-Life Content in Social Work Textbooks." *Journal of Social Work Education* 39, no. 2: 299 – 320.

Kubler-Ross, E. 1970. *On Death and Dying.* New York: Macmillan.

Levin, J. R., N. S. Wenger, J. G. Ouslander, G. Zellman, J. F. Schnelle, J. L. Buchanan, S. H. Hirsch, and D. B. Reuben. 1999. "Life-Sustaining Treatment Decisions for Nursing Home Residents: Who Discusses, Who Decides and What Is Decided?" *Journal of the American Geriatrics Society* 47, no. 1: 82 – 87.

Nadicksbernd, J. J., K. Thornberry, and C. F. von Gunten. 2011. "Social Work and Physician Collaboration in Palliative Care." In Terry Altilio and Shirley Otis-Green, eds., *Oxford Textbook of Palliative Social Work*, pp. 471 – 476. New York: Oxford University Press.

National Association of Social Workers. 2011. *NASW Standards for Social Work Practice in Palliative and End of Life Care.* Washington, DC: National Association of Social Workers.

National Hospice and Palliative Care Organization. 2002. *Delivering Quality Care and Cost-Effectiveness at the End of life*: *Building on the Twenty-Year Success of the Medicare Hospice Benefit*. National Hospice and Palliative Care Organization. Retrieved from: http://nhpco. org/files/public/delivering_ quality_ care. pdf.

——. 2009. "NHPCO Facts and Figures: Hospice Care in America. " Retrieved from www. nhpco. org/files/public/Statistics_ Research/NHPCO_ facts_ and_ figures. pdf.

Neuman, K. , and L. Wade. 1999. "Advance Directives: The Experience of Health Care Professionals Across the Continuum of Care. " *Social Work in Health Care* 28, no. 3: 39 – 54.

Parker Oliver, D. , E. Wittenberg-Lyles, K. T. Washington, and S. Sehrawat. 2009. "Social Work Role in Hospice Pain Management: A National Survey. " *Journal of Social Work in End-of-Life and Palliative Care* 5: 61 – 74.

Peres, J. R. 2011. "Public Policy in Palliative and End-of-Life Care. " In Terry Altilio and Shirley Otis-Green, eds. , *Oxford Textbook of Palliative Social Work*, pp. 753 – 769. New York: Oxford University Press.

Quality of Life Matters. 2004. "Home Hospice Care Receives Highest Family Rating Among End-of-Life Care Sites. " *Quality of Life Matters* 6, no. 1: 1 – 2.

Ratner, E. , L. Norlander, and K. McSteen. 2001. "Death at Home Following a Targeted Advance-Care Planning Process at Home: The Kitchen Table Discussion. " *Journal of the American Geriatrics Society* 49, no. 6: 778 – 781.

Reese, D. 1995. "Physician Failure to Predict Terminality in Home Health Care Patients. " Unpublished MS.

——. 2000. "The Role of Primary Caregiver Denial in Inpatient Placement During Home Hospice Care. " *Hospice Journal* 15, no. 1: 15 – 33.

Reese, D. , R. Ahern, S. Nair, J. O'Faire, and C. Warren. 1999. "Hospice Access and Utilization by African Americans: Addressing Cultural and Institutional Barriers Through Participatory Action Research. " *Social Work* 44, no. 6: 549 – 559.

Reese, D. , L. Braden, C. Butler, and M. Smith. 2004. "African American Access to Hospice: An Interdisciplinary Participatory Action Research Project. " Paper presented at the Clinical Team Conference, National Hospice and Palliative Care Organization, March, Las Vegas, Nevada.

Reese, D. , C. L. W. Chan, D. Perry, D. Wiersgalla, and J. Schlinger. 2005. "Beliefs, Death Anxiety, Denial, and Treatment Preferences in End-of-Life Care: A Comparison of Social Work Students, Community Residents, and Medical Students. " *Journal of Social Work in End-of-Life and Palliative Care* 1, no. 1: 23 – 47.

Reith, M. , and M. Payne. 2009. *Social Work in End-of-Life and Palliative Care*. Chicago: Lyceum.

Roff, S. 2001. "Analyzing End-of-Life Care Legislation: A Social Work Perspective." *Social Work in Health Care* 33, no. 1: 51 – 68.

Schroepfer, T. 2008. "Social Relationships and Their Role in the Consideration to Hasten Death." *Gerontologist* 48, no. 5: 612 – 621.

Schumacher, J. D. 2003. "The Future of Hospice Leadership—How Do We Go from Good to Great?" Opening plenary of the Eighteenth Management and Leadership Conference, National Hospice and Palliative Care Organization, Phoenix.

Silverman, P. R. 2004. "Dying and Bereavement in Historical Perspective." In Joan Berzoff and Phyllis Silverman, eds., *Living with Dying: A Handbook for End-of-Life Healthcare Practitioners*, pp. 128 – 149. New York: Columbia University Press.

Singer, P. A., D. K. Martin, and M. Kelner. 1999. "Quality End-of-Life Care: Patient's Perspectives." *Journal of the American Medical Association* 281: 163 – 168.

Social Security Online. 2004. Retrieved October 11, http://www. ssa. gov/OACT/STATS/table4c6. html.

Sutton, A. L., and D. Liechty. 2004. "Clinical Practice with Groups in End-of-Life Care." In Joan Berzoff and Phyllis Silverman, eds., *Living with Dying: A Handbook for End-of-Life Healthcare Practitioners*. New York: Columbia University Press.

Teno, J., B. Clarridge, V. Casey, L. Welch, T. Wetle, R. Shield, and V. Mor. 2004. "Family Perspectives on End-of-Life Care at the Last Place of Care." *Journal of the American Medical Association* 291: 88 – 93.

Teno, J. M., J. E. Shu, D. Casarett, C. Spence, R. Rhodes, and S. Connor. 2007. "Timing of Referral to Hospice and Quality of Care: Length of Stay and Bereaved Family Members' Perceptions of the Timing of Hospice Referral." *Journal of Pain and Symptom Management* 34, no. 2: 120 – 125.

Tilden, V. P., S. W. Tolle, L. L. Drach, and N. A. Perrin. 2004. "Out-of-Hospital Death: Advance Care Planning, Decedent Symptoms, and Caregiver Burden." *Journal of the American Geriatric Society* 52, no. 4: 532 – 539.

van Baarsen, B. 2008. "Suffering, Loneliness, and the Euthanasia Choice: An Explorative Study." *Journal of Social Work in End-of-Life and Palliative Care* 4, no. 3: 189 – 213.

Werth, J., and D. Blevins. 2002. "Public Policy and End-of-Life Care." *American Behavioral Scientist* 46, no. 3: 401 – 417.

Zilberfein, F., and E. Hurwitz. 2004. "Clinical Social Work Practice at the End of Life." In Joan Berzoff and Phyllis R. Silverman, eds., *Living with Dying: A Hand book for End-of-Life Healthcare Practitioners*, pp. 297 – 317. New York: Columbia University Press.

第二章　临终关怀社会工作发展现状

这一章将回顾在跨专业团队中社会工作专业的发展历史与现状以及如何战胜困难获得成功，其中包括多学科合作带来的障碍、探索记录社工服务成效所遭遇的挑战及取得的进步，以及在发展社会工作课程、临终关怀社会工作者资格证书和实务标准过程中的努力。最后，将展示一些研究成果，说明这些努力给临终关怀社会工作带来的深远影响。

在跨学科团队中缺乏对社会工作者的充分利用

在美国临终关怀运动的初期，社会工作就是临终关怀服务必不可少的一部分，而且这一点在联邦医疗保险安宁疗护项目资格认定中有明确要求。此外，研究显示，社会心理及灵性问题是影响病人在生命末期生命质量和医疗决策的关键（Reese，2011b；Soltura and Piotrowski，2011）。然而，一项由 Kulys 和 Davis 在 1986 年所进行的经典研究发现，很多安宁疗护项目负责人并不认同社会工作者特别有资格从事社会心理照顾。在安宁疗护项目中，除了为病人寻求经济协助外，社会工作者并没有扮演其他特别的角色。他们仅仅在两项服务中比护士扮演更加积极的角色：经济协助方面的咨询及公民法律援助。而且，社会工作者被认为仅仅比护士更有资格提供以下三项服务：运用社区资源、转介病人接受社区服务，以及提供经济协助方面的资讯。相反地，护士被认为最有资格，而且事实上提供了大部分的社会心理照顾。

多年来的研究持续显示，社会工作者的专业特长并没有在临终关怀服务中得到充分运用（Reese and Raymer，2004；Reith and Payne，2009；Sontag，1996b）。由于同事被裁员，或者职位没有人接替，美国国内很多领域社会工作者的手头处理案例数都在增长（Parker Oliver and Peck，2006）。安宁疗护项目雇用了大概有社会工作者人数四倍的护士（National Hospice and Palliative Care Organization，

2002；Reith and Payne，2009）。目前护士的负荷案例数远低于社工；护士的平均手头案例数大概是 13.3 件，但社工是 24.2 件（National Hospice and Palliative Care Organization，2009）。所以并不奇怪，病人接受的护士探访要多于社工探访（Parker Oliver and Peck，2006）。事实上，记录体现，一个安宁疗护病人所接受社工探访次数的中位数是 2 次，而对于护士来说，这个数字是 10 次（Reese and Raymer，2004）。

很多社工仅仅是在由护士决定病人"有需要"时才去探访病人。但特别是自从研究发现护士经常没能准确辨识一些社会服务的需要后，这种方式被认为存在问题（Dyeson and Hebert，2004；Reith and Payne，2009）。非社工人员常规性地提供社会心理照顾，反而社工只是主要参与一些评估工作。社工可能在接触病人和家庭方面存在困难（Dyeson and Hebert，2004），安宁疗护项目可能在病人及其家庭的问题发展到危机程度之前，不愿承认需要社工的介入。社工经常觉得缺乏来自管理层的支持（Parker Oliver and Peck，2006；Reith and Payne，2009）。此外，社工经常被指派本职以外的工作；例如很多社工在本职工作之外，还要担任哀伤辅导协调员的角色（Reese and Rayner，2004）。对社工服务价值的低估也可能反映在薪水上面——安宁疗护项目的社工经常比具有同等教育水平的护士所拿的收入要低（Goldberg and Scharlin，2011；Reese and Raymer，2004）。

社工服务没有得到充分利用的原因

社工服务没有得到充分利用的原因之一是临终关怀领域目前注重医疗照顾【National Association of Social Workers，Social Work Policy Institute（美国社会工作者协会，社会工作政策研究学院），2010】。服务提供和国家政策首先侧重生理层面的濒死。这种背离临终关怀全人照顾理念的实践，在主要基于医疗模式考量的医疗卫生财政背景下更加渐行渐远（Reith and Payne，2009；Sontag，1996a）。此外，医疗保险报销比例不足也迫使安宁疗护项目管理者取消或大幅度减少被认为不必要的预算项目（Goldberg and Scharlin，2011）。安宁疗护团队中社工服务应用不足，说明了安宁疗护项目管理者认为社工贡献的重要性要小于护士。

为什么管理者认为社工服务不重要？其中存在一些原因。首先，大部分安宁疗护项目管理者是护士（Goldberg and Scharlin，2011；Reese and Beckwith，2005），而且在临终关怀领域，护士与社工之间存在竞争（Corless and Nicholas，

2004；Forrest and Derrick，2010；Stark，2011）。其次，护士可能认为自己具备提供社会心理照顾的同等能力（Hodgson et al.，2004），并认为社工不具备资格提供心理治疗（Hodgson et al.，2004）。对社工服务的重要性缺乏认可的另外一个原因是缺少对社工服务成效的文件记录（Goldberg and Scharlin，2011）。最后，一个令问题恶化的因素是社工教育中缺少临终关怀相关内容，这让很多社工对如何解释自己的角色以及提供优质的服务缺乏准备。临终关怀社工在近年来才在发展专业标准和专业资质方面有一些进步。以上提及的影响因素及临终关怀社工领域的发展进步将在稍后章节中进行讨论。

社工服务成效文件记录

从历史上来看，数据收集及成效评估并没有在临终关怀社工服务领域得到太多重视。尤其是在美国纾缓治疗及临终关怀专业人员委员会（美国纾缓治疗及临终关怀协会的一部分）社会工作分会于1996年在芝加哥召开的圆桌讨论之后，这种知识的缺乏表现得更为明显。在这次会议上，很多报告提及在社工个案工作量大大增加的同时，社工人员数量显著减少。在之后跟进的文献回顾中，只有少量证据显示社工干预带来的改变。也是在这个时期前后，美国联邦医疗保险及医疗补助中心发布了一项对联邦医疗保险指引进行修订的提议，建议对安宁疗护社会工作者的资格规定从具备由社工教育协会所认可的学校颁发的社会工作本科学位，改为具备任何社会服务领域的学位。这项修订提议当时没有被通过（虽然近年来还是最后被通过了）。很明显，社工专业受到围攻。数据收集和成效评估不足的代价是，缺少对社工在临终关怀团队中贡献的认可。

为回应这方面的不足，美国纾缓治疗及临终关怀专业人员委员会社会工作分会策划了三个项目。第一，开展全美国临终关怀社会工作调查，试图记录社会工作对于安宁疗护服务成效的影响，以及在团队中的角色（Reese and Raymer，2004）。第二，成立社会工作成效工作小组，设计社会工作评估工具，以评测社工干预的成效（Reese et al.，2006）。希望这项评估可以作为纾缓治疗及临终关怀项目持续绩效改进的一部分得以完成，同时也最终为美国纾缓治疗及临终关怀社工成效数据库做出贡献。第三，Csikai 和 Raymer 于 2005 年在"死亡在美国"（Death in America）项目下面发展了一个持续教育项目，目的是促进临终关怀实务社会工作者的专业发展。这些项目稍后将做具体阐述。

开拓性的研究

1997年，三项开拓性的研究显示，在安宁疗护项目中尽早和经常性的社会工作介入（Mahar, Eickman, and Bushfield, 1997；Paquette, 1997）以及安宁疗护服务前期项目（Pre-hospice program）（Cherin et al., 2000）与服务成本降低相关。三项研究所实施的项目中，包括参与首诊评估在内的社会工作介入均有所增加（Cherin et al., 2000；Mahar, Eickman, and Bushfield, 1997；Paquette, 1997）。比较研究的前测与后测，均发现入院、电话出诊和护士访问时数的明显减少（Mahar, Eickman, and Bushfield, 1997；Paquette, 1997）。而且，社会工作介入增加与止痛药物费用减少（Cherin et al., 2000；Mahar, Eickman, and Bushfield, 1997）、病人生命质量提高（Cherin et al., 2000）、医护人员及服务对象满意度提高（Paquette, 1997）以及员工流动率降低相关（Paquette, 1997）。

稍后完成的研究再次确认了以上结果，并且贡献了新的信息。1999年，Archer开展了一项关于照顾者对临终关怀社工服务满意度的研究。她发现大部分主要照顾者非常满意；不过，研究也建议在一些案例中社工服务应该更早介入，而且在员工之间需要更好的沟通。Doherty和DeWeaver于2004年的研究发现也证明病人和照顾者对社工服务有良好的满意度。

这些早期研究一致发现，尽早和持续性的社工介入与安宁疗护服务的正面成效相关。不过，这些研究采用小样本、非随机抽样，而且都是在单一安宁疗护机构内进行，没有记录特定社工介入评估与特定安宁疗护服务成效评估之间的关系。因此，即使结果显示随着社工服务的增加，整体服务成效也提升，但研究并没有特别确定是社工服务导致成效提升。此外，这些研究结果虽然重要，但是在业内并没有广泛传播，所以对社工服务重要性缺乏认识的问题仍然持续存在。

全美国临终关怀社会工作调查　全美国临终关怀社会工作调查（Reese and Raymer, 2004）采用全国性分层随机样本，对66家安宁疗护项目所服务的330位病人进行调查。结果显示：①社工服务介入与安宁疗护服务过程显著相关；②安宁疗护服务过程与安宁疗护服务成效显著相关；③社工服务介入与安宁疗护服务成效显著相关。该研究对社工服务介入、安宁疗护服务过程及服务成效的特定方面均有所界定。

测量方法　用于预测安宁疗护服务过程和成效的社工介入指标包括：①服

务提供（参与首诊评估，与案主的更多接触）；②社工资质（具有社工硕士学位，拿到学位后有更多工作经验）；③社工督导的资质（督导是社会工作者）；④安宁疗护项目在社工服务方面的开支（更高的本科和硕士学位社工的起步薪资，更高的社工服务开支预算）；⑤员工（更多的相当于全职的社工人数，没有超过社工职责范畴之外的工作，更高的社工与所服务病人比例）。

在美国纾缓治疗及临终关怀协会所制定有关社工服务指引以及本领域专家意见的基础上，研究团队发展了本调查所需要的大部分测量工具。此外，该调查采用团队功能量表（Team Functioning Scale）（Sontag，1995）（alpha = 0.86）测量团队功能，以及采用修订后的安宁疗护服务社工敏锐度量表（Social Work Acuity Scale for Hospice，SWASH）（Huber and Runnion，1996）（alpha = 0.70）来测量个案的严重程度。

服务提供　如同之前研究显示，社工参与首诊评估有重要意义，与很多方面显著相关，例如社工在团队中解决更多问题、较低的居家健康护理人员开支、较低的人工开支以及较低的整体临终关怀服务开支。如果社工在团队中处理更多问题，则需要更少的居家健康护理探访服务。社工与服务对象更多接触，则带来更高的服务满意度。不过遗憾的是，参与研究的安宁疗护项目中仅有38%有社工参与首诊评估。

社工资质　如果社工具有硕士学位，则他/她在团队中可以处理更多的问题，带来病人需要持续监护的夜晚数量减少以及团队功能的提升。更好的团队功能是运用团队功能量表测量所得出的结果，该测量评估每个专业在团队中如何被充分尊重和充分运用。充分运用社工服务的团队功能非常重要——与较低的病人入院率、较低的居家健康护理人员开支、护理开支、人工开支以及整体安宁疗护服务开支相关。如果社工在拿到学位后有更多的工作经验，则每位病人的平均开支更低，居家健康护理人员开支更低，服务对象的满意度更高。

社工督导的资质　如果社工的督导本身也是社工，则社工在团队中可以处理更多问题。如前所述，社工在团队中处理更多问题会进一步影响服务成效，所以非常重要。不过遗憾的是，参与调查的社工中只有18%是由社工人员来提供督导。

社工服务及员工的开支　较高的本科和硕士学位社工人员起薪、聘用更多社工及更高的社工服务预算与社工在团队中处理更多问题、较低的疼痛控制开支以及较高的案主满意度相关。聘用更多的社工与较少的病人入院率相关。如果社工只是从事本职工作而不用完成额外任务，则团队能更好地发挥功能，团队中更多问题会被处理，病人在较少的夜晚需要接受持续监护，疼痛开支也会降低。最后，如果社工与所服务病人数量的比例较高，则意味着更好的团队功能，较少的护理、人工和安宁疗护服务整体开支，以及较低的严重程度个案比例。

这项研究的显著成果在于：发现如果社工探访服务对象达到两次，可以预测在个人和机构两个层面的重要成效。这为社工介入和安宁疗护服务流程之间的关系，包括社工对于团队和团队功能的投入提供了新的信息。这些安宁疗护服务流程对安宁疗护服务成效的影响促进了对于社工服务投入预测安宁疗护服务成效作用机制的初步了解。

即便如此，这项研究还只是记录社工服务成效的起步，还有更多工作需要进行。由于采取横断面研究设计，这项研究并不能进行因果关系的推断。我们需要进行随机分组对照的实证研究，以证明社工服务投入是带来安宁疗护服务有益成效的原因。最后，该研究的一个局限是仅观测了少数的客户层面的服务成效。下一步的工作是要通过测量具体的客户层面的成效来记录社工服务的成效。社工服务评估工具（The Social Work Assessment Tool）开发项目达成了这个目标。

社工服务评估工具开发项目　为了评估项目是否成功，安宁疗护项目管理者会经常开展提升绩效的活动。然而，安宁疗护社会工作服务评估很大程度上被局限于由非社工进行的过程评估。例如，护士可能会检阅病例文件看社工是否在联邦医疗保险规定的时间范围内对病人进行了社会心理评估。这种侧重过程的评估与侧重成效的评估有所不同，后者评估病人是否从所提供的服务中受益，例如，接受社会工作干预后病人的死亡焦虑是否降低。

基于这种情形，美国各地社会工作者与全美国纾缓治疗及临终关怀专业人员委员会社会工作分会取得联系，阐述了对于社会工作成效评估工具的需求。为了回应这个需求，社会工作分会成立了由资深研究人员和临床社工组成的专门委员会——社会工作成效工作小组。这个工作小组发展了一套社会工作评估工具（Social Work Assessment Tool，SWAT）（Reese et al.，2006。详见附件A），这是第一套临终关怀社会工作成效评估工具。该工具基于由Reese博士（笔者）在1995～1996年发展的概念模式，沿用美国临终关怀协会相关文件内容，同时借鉴了工作小组成员的实践智慧。它包括对一系列可以预测临终关怀服务成效的主要社会心理及灵性指标的测评（Reese，1995 – 1996）。这些指标包括文化及宗教信仰、自杀意愿、希望加速死亡、死亡焦虑、照顾环境偏好、社会支持、经济资源、安全问题、舒适问题、复杂的预期性哀伤、否认及灵性。

该工作小组认为 SWAT 对社工需要处理的重要问题起到提示作用，从而提升服务成效。使用 SWAT 可以促进社工记录，而且 SWAT 评估所搜集的数据可用于日常的绩效提升活动。类似于 SWAT 的标准化评估工具会有助于发展一套全国性的数据库，在全国范围内记录社工服务的成效，从而发展全国临终关怀临床社工服务的基准。

社会工作中的灵性照顾 社工在处理社会心理问题方面的责任是被普遍认同的（National Association of Social Workers，2011）。但对于社工是否需要提供灵性照顾却存有争论（Nakashima，2003；National Association of Social Workers，2011；Reith and Payne，2009）。灵性通常被发现是痛苦和成长的根源，也是末期病人应对机制和心理调适的重要资源（Reith and Payne，2009）。美国临终关怀社会工作调查结果显示，58% 的临终关怀社会工作者曾经在与跨专业团队讨论时处理过灵性问题，62% 曾经在为服务对象提供咨询时处理过灵性问题（Reese，2001）。处理灵性问题时所采用的社会工作方法将会在其他章节中讨论。

SWAT 评估工具的发展 在将 SWAT 评估工具应用于全国性的品质提升示范项目之前，工作小组开展了两项初步研究（Reese et al.，2006）。在这个过程中，工作小组受到了来自全世界各地的索要 SWAT 资料的请求，这也证实了该领域对于这项评估工具的迫切需要。然而，伴随着这份热忱，一些社工也体验到了困难，而这些困难主要是由于缺乏服务成效量化评估导向而造成的。一部分社工没有意识到 SWAT 所涉及的临终关怀服务成效相关问题，表示在与服务对象讨论相关问题时感到不安。工作小组在招募研究对象时遇到困难，在面向自愿参与者进行调查时，一些社工拒绝完成长度超过一页的评估工具，而且不愿意邀请服务对象参与。这些困难是社会工作研究中经常遇到的，反映了社工对于成效评估所持有的谨慎甚至是反感的态度。

这些障碍的存在，给评估工具的彻底检验以及满足特定的研究要求带来了影响，但是也令工作小组认清了实践领域的现实情况。他们最终发展了只有一页纸长度的评估工具，供临终关怀社工实际应用——在每次社工探访后完成。病人和主要照顾者在主要问题上的进展都被评估。第一次访问时的评估分数作为前测，与最后一次访问时的评估分数（后测）进行比较，记录病人和主要照顾者在主要问题上是否取得进展。

全国品质提升示范项目 （National Model Performance Improvement Project）SWAT 评估工具发展完成后，被应用于全国品质提升示范项目。该项目采用便利抽样方法，在全国范围内选取来自 14 个安宁疗护项目的 19 个社会工作者参与研究。参加的社工应用 SWAT 对 101 位病人和 81 位主要照顾者进行服务成效评估。由于持续招募新的参与者，服务对象参与研究的时间长度不等，范围为 1 到 215 天，中位数为 44 天。工作小组另外使用电话调查的方式，对参与者进行了质性访问。

研究结果显示，病人在第二次社工访问时的 SWAT 分数相比首次访问的分数有显著提高。主要照顾者在两次访问时的分数虽然有提升的趋势，但是并没有统计学上的显著性差异。

参与者表示从使用 SWAT 中受益，包括使用便捷、对于需要重点处理的问题给予综合性提示、有助于社工识别所需要的资源以及潜在的问题。一些参与者认为 SWAT 有助于量化服务进展，赞成在全国范围内应用 SWAT 以促进服务品质提升。而且 SWAT 适用于经济与文化背景不同的服务对象群体。

部分参与者的反馈反映出目前该社工领域对于量化服务成效评估缺乏准备的现实情况。例如，担心完成 SWAT 评估所需要的时间，相比量化评估更倾向于质性评估，以及相比成效评估更倾向于过程评估。研究也收集了一些有用的建议，包括对 SWAT 所包含各项因素进行评估的技巧培训，以及对其他评估工具的需要，如①对那些无法给予回应或患有阿尔兹海默病病人的服务成效评估，②对于中观和宏观层面服务成效的评估。此外，研究者也对部分参加者对于应用 SWAT 进行评估和干预的迟疑表示担心。

参与者也介绍了当下自己所在安宁疗护项目如何开展社工服务成效评估。部分安宁疗护项目除了成效评估外并没有开展其他社工服务品质提升的项目。部分项目基于社工的绩效目标开展评估。少数项目对服务对象成效进行评估，测量是否达成服务对象在首次服务中自己设定的目标。这些服务对象成效评估，有的本质上是质性评估，另外一些在微观层面评估的基础上，开展中观和宏观层面的评估。

SWAT 的重要性 现有的少数社会心理成效评估工具中，没有一个是由社会工作者设计发展的，而且也不能反映社会工作研究中用于预测临终关怀服务成效的主要社会心理和灵性指标。在SWAT项目过程中，工作组收到了来自世界各地索取SWAT资料的请求。而且在正式传播之前，SWAT就已经被广泛应用，也从侧面证实了对于此类评估工具的迫切需求。社会工作在临终关怀团队中没有充分发挥功能，究其原因部分也是源自缺乏对于社会工作服务成效的记录；从这一视角来看，SWAT是这一领域发展的关键。

研究的优势与局限性　SWAT项目只是社工服务成效评估发展中的一步。就其本身而论，SWAT项目具有优势但同时也有不足。在全美国临终关怀社会工作调查这一非实验性研究基础上，SWAT研究项目采用了前测与后测，提供了更多证据证明社工服务是造成SWAT评分改变的原因。然而，该研究并没有采用真正的实验性研究设计，原因是出于伦理考量和联邦医疗保险规定，不可能将服务对象随机分组为接受社工服务和不接受社工服务。此外，参与研究的服务对象在接受社工服务的同时，也接受其他团队成员提供的临终关怀服务；不可能判定仅仅是社工干预导致服务成效的提升。研究者的假设是，如果服务对象在社会工作所负责的领域有所提升，那么大部分应该归功于社会工作干预的成效。

由于在收集数据上存在困难，工作组无法开展所计划的信度与效度检验以及记录SWAT应用与社工记录和成效之间的关系。此外，即使SWAT项目记录了在接受社工服务后服务对象的进步，但还是不能记录特定社工干预方法的成效。最后，正如参与者所提到的，SWAT主要与微观层面的干预相关，但团体和社区干预也同样需要被评估。

工作小组计划继续对SWAT进行测试，处理以上问题并发展一个全国性的数据库。还有更多工作亟须完成，探索主要照顾者分数提升不显著的原因，以及帮助社会工作者认识到量化成效评估和处理SWAT所提及各项问题的重要性。这种认识的提升可以通过社会工作教育来达成。

社会工作教育中的临终关怀内容

社会工作者反映，在他们所接受的社工教育中缺少与临终关怀相关的培训（Csikai and Raymer, 2005；Raymer and Reese, 2004），而且研究显示社工教育常用教科书中仅包括少量临终关怀相关内容（Berzoff and Silverman, 2004a）。很多社工院校根本没有涉及死亡、濒死与哀伤的课程。即使一些学校讲授这方面内容，也只是在另外的课程中或者只有少量学生参与的选修课程中提及（Kramer，Hovland-Scafe，and Pacourek，2003）。Christ 和 Sormanti 在 1999 年的研究报告中指出这些课程内容没有很好地与理论和研究相结合。

接受调查的社工教师中只有 25% 认为目前社工院校学生为提供临终关怀服务做好了充分准备（Christ and Sormanti，1999）。在另一项研究中，大部分社会工作硕士（MSW）二年级学生认为自己"很少"或"略微"准备好了为濒死或者哀伤的病人及家庭提供服务（Kramer，1998）。在实践领域，肿瘤社会工作督导指出社工课程在服务疾病末期与哀伤方面存在严重空白（Sormanti，1994）。此外，临床社会工作者认为自己没有接受在临终关怀方面的良好训练，不清楚社工在团队中的角色，以及缺乏足够的继续教育资源（Christ and Sormanti，1999；Csikai and Raymer，2005；Kovacs and Bronstein，1999；Kramer，1998 ）。后来的研究证明，社工的确在辨识服务对象灵性需求（Reese，2001），或者在处理已经辨识的社会心理及灵性问题上存在困难（Reese et al.，2006）。

为提升临终关怀社会工作所做的努力

为了促进专业发展，临终关怀社会工作者做出了一系列努力。1999 年，哥伦比亚大学 Grace Christ 博士从索罗斯基金会获得一笔资助，于"死亡在美国"（Death in America）项目中创立了社会工作领袖发展奖项（Christ and Sormanti，1999）。该项目资助了 42 位社工学者，指导他们发展成为临终关怀社会工作领域的全国性领袖。而且，自从哈特福特基金会设立了旨在培养老年社工服务领袖的老年社会工作教育学者计划之后，很多受益学者创立了临终关怀相关的社工课程或持续教育项目，同时建立合作网络，引领发展全国性研究议程和实践标准，及合作发展社会工作教育。美国临终关怀及纾缓治疗社会工作高峰会议于 2002 年春季在杜克大学召开，将推动社会工作教育作为当务之急（Kramer，Hovland-Scafe and Pacourek，2003）。

社会工作课程　1998 年，Kramer 展示了有关哀伤、死亡与失落的课程在提升学生自我感知的能力、准备程度（包括个人准备程度）方面的效能。2003 年，Kramer、Hovland-Scare 和 Pacourek 确定了应用于社会工作教育的 10 项临终关怀相关内容，包括：①从社会工作视角看待临终关怀；②针对终末期服务对象的与文化、性别和年龄相关的社会心理评估；③终末期针对多元化家庭模式和非正式照顾者的社会工作评估与介入；④终末期不同诊断与治疗；⑤与病人、家属及其他照顾者沟通；⑥疾病发展过程中及濒死时的症状；⑦疼痛控制，压力与痛苦的处理；⑧失落、哀伤与丧亲；⑨伦理与法律议题；⑩医疗照顾体系、政策及倡导（见附件 A）。Kovacs 和 Bronstein 在 1999 年对 108 位临终关怀社会工作者进行调查，指出对于医疗社会工作、家庭治疗和危机介入等选修课程的需求，而且失落与哀伤以及跨专业团队合作都是社工教育的空白。此外，在职训练也是必需的，包括医疗专业术语、如何将个人经验与专业服务相整合。

Ellen Csikai 和 Mary Rayer 于 2005 年组织了临终关怀社工专家的焦点小组，并开展了一项针对 391 名医疗社工的调查研究。他们询问调查对象哪些社工教育内容和技巧是临终关怀社工实践能力所必需的。调查结果表明，评估技巧、病人及其家庭的社会心理需求、处理这些需求的干预技巧以及与跨专业团队沟通等内容是最需要的。应用该项调查结果，Csikai 和 Rayer 发展了一套继续教育工作坊，该工作坊得以在全国推广。他们还建议这些培训内容应该被纳入社工课程。这些努力推动了临终关怀社工服务的大力发展，更多培训课程被推出，而且涌现更多的资源（Walsh-Burke and Csikai，2005）。

此外，肿瘤社会工作协会发展了两套临终关怀社会工作在线课程。美国纾缓治疗及临终关怀专业人员委员会社会工作分会"能力为本教育工作小组"发展了一套指导如何区分哀伤与抑郁的网络培训模块。美国社会工作者协会成立了医疗社工实践部门，社会工作教育协会召开医疗社工研讨会，社会工作研究学会组建临终关怀研究兴趣小组。这些都是该领域传播信息的重要平台。

临终关怀社会工作者资格证书　　纽约大学和史密斯大学均设立了临终关怀社会工作硕士后资格证书培训项目（postmaster's certificate program）。此外，美国社会工作者协会与美国临终关怀与纾缓治疗协会合作，为符合优秀标准的社工人员颁发本科与硕士学位不同水平的资格认证，即临终关怀与纾缓治疗社会工作者资格证书（Certified Hospice and Palliative Social Worker，CHP-SW）及资深临终关怀与纾缓治疗社会工作者资格证书（Advanced Certified Hospice and Palliative Social Worker，ACHP-SW）。这是社会工作专业在该领域发展的重要一步，因为临终关怀团队中的其他专业人员都已经具备此类证书很长一段时间了。社会工作者应该鼓励同事积极获得该证书，并且呼吁自己所在的安宁疗护项目聘用具备资格证书的社工。有关组织将会与美国联邦医疗保险及医疗补助中心就此项进展进行沟通，因为不久前该中心刚刚将临终关怀社会工作者在相关领域的从业资格降为本科学历，将其作为临终关怀社工实践的预期标准。

实践标准　一些专业组织发展了临终关怀社会工作临床实践标准。例如，医疗社会工作领导人学会于 2000 年发展了一套临终关怀社会工作者的标准。2004 年，在"死亡在美国"项目学者 Elizabeth Clark 的领导下，美国社会工作者协会将临终关怀作为其发展重点之一，并且基于 2002 年杜克峰会的共识发展了一套临终关怀与纾缓治疗社会工作标准。美国纾缓治疗及临终关怀专业人员委员会社会工作分会于 2008 年提供了临终关怀社会工作指引。

文献　2004 年，Joan Berzoff 和 Phyllis Silverman 编写了第一本临终关怀社会工作教材。2005 年，《临终关怀与纾缓治疗社会工作期刊》第一期公开发行；作为第一本也是唯一的一本临终关怀社会工作期刊，它成为传播最新专业信息的重要平台。2011 年，由 Terry Altilio 和 Shirley Otis-Green 合作编写的《牛津大学纾缓治疗社会工作教科书》（*Oxford Textbook of Palliative Social Work*）正式出版，在现有的其他专业教科书基础上增加了重要的社会工作文献。

社会工作教育研究发现的应用

即使临终关怀社会工作教育框架在众多努力下已经初步建立，但还有很多工作亟待完成。社会工作教育是临终关怀社会工作持续发展的关键环节，它应该运用整合模式，涵盖临终关怀的生理—心理—社会—灵性层面，同时着重微观–中观–宏观层面的实践。社工教育不仅提供理论框架，还要提供综合以上方面的实务模式，此外还应对现有文献、研究和实践标准进行整合（Christ and Sormanti，1999）。

其中一项当务之急是对系统内不同层次的社工人员提供有关研究技巧和记录社工服务成效过程中价值导向的培训。个人准备是关键，包括处理学生的死亡焦虑，以及了解社工本人与服务对象在临终关怀信念上的差异（Reese et al.，2010）。这些内容都可以在机构实习中进行传授。

微观层面的教育内容　研究指出微观层面主要的社会心理及灵性问题可以预测临终关怀服务成效（Reese，1995–1996；Reese et al.，2006）。社工需要理论框架、评估技巧以及接受检验过的干预模式来处理这些问题。社会工作评估工具（Reese et al.，2006）所涵盖的微观层面问题包括：灵性，死亡焦虑，对终末期的否认，自杀意愿，协助自杀，临终照顾决策（如预先医疗指示），病人对照顾环境的偏好，安全及舒适问题，以及复杂性预期哀伤等（如负罪感、抑郁等）。危机干预技巧对于临终关怀社工实践非常重要（Kovacs and Bronstein，

1999），但是社工人员需要了解早期和频繁的社会工作干预可以预防危机的发生（Reese and Raymer，2004）。

中观层面的教育内容 社工人员需要具备在中观层面为家庭提供协助的能力；临终关怀社工曾经声明家庭治疗相关课程对他们的重要性（Kovacs and Bronstein，1999）。社会工作评估工具（Reese et al.，2006）所涵盖的中观层面指标包括社会支持及经济资源。社工服务家庭的能力是关键，有关 SWAT 研究显示对于主要照顾者的社会工作干预成效不显著（Reese et al.，2006）。其他研究指出持有否认态度的主要照顾者更倾向于在病人濒死时将其送往医院，而不是遵从病人希望在家中辞世的愿望（Reese，2000）。最后，社工在哀伤辅导中扮演重要角色，大多数哀伤辅导项目的督导是由社工来担任的（Reese and Raymer，1999）。

另外一项关键是协助社工做好准备在高效运转的跨专业团队中发挥自身功能（Stark，2011）。研究发现社工的投入可以有效预测团队效能（Reese and Raymer，2004）。重要的是提升社工在团队支持及倡导案主自决方面的能力。培训社工了解自身在团队中的功能，以便于他们向其他专业人员解释自身的角色。有关早期和频繁的社工介入必要性的研究证据，令社工全程参与病人服务显得更为重要，其中包括承担随时待命的职责（Reese and Raymer，2004）。将如何促进跨专业团队高效运转列入社工培训课程非常有必要。如果在跨专业的课堂环境下开展这项培训更为有效。

宏观层面的教育内容 目前对于社工在临终关怀宏观实践方面的职责尚缺乏足够认识。相比与其他医疗专业人员，社会工作者所接受的在机构与社区层面提供干预的训练更多，且更专业，因而应该在这些领域担任团队领袖。

机构层面的实践 社工应该参与安宁疗护机构的管理。社工督导是安宁疗护服务成效的关键（Reese and Raymer，2004），而且也是美国社工人员协会"纾缓治疗与临终关怀服务标准"（Reese and Raymer，2011）所规定的社工职责之一。社工也应该在发展机构的文化和语言能力方面担任团队领袖角色，包括提升团队成员的多元化，以及提供多元文化胜任能力的培训（del Rio，2004）。

社区层面的实践 社工应该具备一定的能力和技巧，例如开展公众教育、与更广泛的医疗系统开展合作，培养与多元文化群体领袖的关系以增进与这些社群的接触，从而将服务外展至社区。而且，社工应该提升开展需求评估研究的能力，从而辨识未能获得安宁疗护服务的人群或者未被满足的服务需要。此外，社工还应该发展与其他医疗服务提供者合作的技巧。

以上努力给本领域发展带来的影响

鉴于以上所述发展临终关怀社会工作的巨大努力，有人会问：相对于 Kulys 和 Davis 于 1986 年的研究结果，是否当前人们对于社会工作在临终关怀领域角色的认识有所改变？这个问题的答案很明显是肯定的。Reese 博士（笔者）于 2011 年面向美国 43 个州以及华盛顿特区的 43 位安宁疗护项目负责人，复制进行了 Kulys 和 Davis 所开展的经典研究。Reese 博士发展了一套问卷，其中列出了一系列被认为是社会工作者根据其角色所应该提供的服务。这些服务包括了最初在 Kulys 和 Davis 研究中所提及的服务，此外又根据以上所述的现有社工文献、课程和实践标准，增加了一些服务项目。笔者请各安宁疗护项目主任指出团队中哪些专业人员 ①花费最多时间提供某项服务，以及②最具备资格提供该项服务。

正如所预料，70% 的安宁疗护项目主任为护士，仅有 7% 是社工。研究所得到的回应颇为一致，各位主任均认为社工最具备资格提供 23 项服务中的 12 项（与 Kulys 和 Davis 研究所得结果中仅有 3 项相反）。社工依旧被认为最具资格提供财务问题咨询（98%）以及资源转介（83%）。但是，在 Kulys 和 Davis 研究结果中认定的社工角色之外，还有其他 10 项服务被认为是社工最具备资格提供的（请见表 2.1），其中包括针对各种社会心理问题进行评估和提供咨询、促进多元文化胜任能力、社区外展以及哀伤辅导等。很明显，自 1986 年以来，社工的角色在安宁疗护项目主任的眼中已经得以扩展。

表 2.1 社工角色：安宁疗护项目主任认为何专业最具资格提供某项服务

服务项目	何专业最具资格提供该项服务（社工被认为最具资格提供服务）				
	护士	社工	灵性照顾人员	所有专业	多学科团队最具资格
财务问题咨询	0%	98%	0%	0%	2%
转介	7%	83%	0%	7%	2%
情绪及社会问题评估	12%	79%	2%	2%	5%
有关自杀的咨询	0%	67%	12%	5%	16%
促进社会支持	0%	66%	7%	0%	27%

服务项目	何专业最具资格提供该项服务（社工被认为最具资格提供服务）				
	护士	社工	灵性照顾人员	所有专业	多学科团队最具资格
有关否认的咨询	20%	54%	2%	10%	15%
促进多元文化胜任能力	8%	54%	5%	14%	19%
社区外展	3%	50%	8%	13%	26%
有关预期性哀伤的咨询	5%	46%	27%	7%	15%
危机介入	32%	45%	0%	12%	10%
哀伤辅导	0%	42%	28%	0%	30%
关于死亡的咨询	21%	28%	27%	16%	9%
服务项目	何专业最具资格提供该项服务（社工和护士被认为最具资格提供服务）				
	护士	社工	灵性照顾人员	所有专业	护士和社工最具资格
首诊评估	18%	2%	0%	0%	75%
服务项目	何专业最具资格提供该项服务（护士被认为最具资格提供服务）				
	护士	社工	灵性照顾人员	所有专业	多学科团队最具资格
司法协助	95%	0%	0%	0%	5%
随时呼叫待命	90%	0%	0%	5%	5%
有关安全问题的咨询	77%	7%	0%	5%	12%
督导员工	71%	7%	2%	5%	14%
管理安宁疗护项目	71%	7%	2%	2%	16%
出院计划	63%	28%	0%	0%	9%
协助病人达成关于照顾环境的意愿	45%	33%	0%	10%	12%
倡导	42%	24%	0%	22%	12%
服务项目	何专业最具资格提供该项服务（灵性照顾者被认为最具资格提供服务）				
	护士	社工	灵性照顾人员	所有专业	多学科团队最具资格
协助直接灵性体验	0%	0%	88%	5%	7%
讨论生命意义	2.3%	19%	58%	12%	9%
确保具备文化能力的临终关怀决策	5%	14%	52%	17%	11%

尽管如此，护士还是被认为最具资格提供8项本应是社工最具备资格提供的服务（见表2.1）。值得一提的是，以上项目中没有包括任何有关精神健康问题的咨询服务。而且，项目主任们认为护士最具备资格管理安宁疗护项目及督

导员工，这一点也值得考虑。

　　灵性照顾人员被认为最具资格提供 3 项服务（见表 2.1）。其中两项——协助直接灵性体验和讨论生命意义——是基于 Reese 博士在 2001 年对灵性定义的其中两个维度。而第三项——确保具备文化能力的临终关怀决策——则有些出人意料。灵性照顾人员和社工人员相对而言谁更具备资格提供这些服务，需要靠更多的研究来提供相关信息。不过很明显的是，由于灵性在临终关怀中的重要性（Reith and Payne，2009），灵性问题已经成为包括社工在内的安宁疗护团队在居家探访时讨论最多的话题（Reese and Brown，1997），所以社工必须考虑将其作为自己角色的一部分（Reigh and Payne，2009）。

　　有 75% 的安宁疗护项目主任认为社工和护士都最具备资格进行首诊评估。这是本领域的一项进步，而且已经有几位学者发现社工参与首诊评估可以预测有益的服务成效（Cherin et al.，2000；Mahar，Eickman，and Bushfield，1997；Paquette，1997；Reese and Raymer，2004）。

　　过去几年中，作为对医疗报销政策变化及服务专业化的回应，临终关怀服务领域发生了很多变化。由接受过医生、护士和社会工作专业训练的西西里·桑德斯女士所创立的临终关怀理念于 20 世纪 70 年代早期开始在美国生根发芽，旨在提供满足病人生理—社会—心理—灵性需要的全人照顾。在 20 世纪 80 年代，由于联邦医疗保险报销制度以及临终关怀向医学模式转换，这一宗旨发生改变。在 20 世纪 80 年代后期和 20 世纪 90 年代初期，社会工作的角色被最小化，非医疗工作人员则被认为是"辅助人员"。不过，即使还有很多工作亟待完成，社工人员在科研、课程建设、资格证书、从业资格、实践标准和文献发展等方面所付出的巨大努力，已经给目前社工专业在临终关怀领域的地位带来明显的影响。社工需要让跨学科团队了解自身在临终关怀服务中所扮演的角色。继续记录社工服务成效，以展示自身在该领域的重要性。最后，社工教育是临终关怀社工领域持续发展的关键。我们需要培养学生有能力认识到个人问题、提供生理—社会—心理—灵性的全面服务、处理微观—中观—宏观层面的实践问题。如此一来，与早期临终关怀的全人照顾理念相一致，满足病人各方面的需要。

　　另一项工作是发展和评估特定的临终关怀社工实务模式。在全美国临终关怀社工调查中（Reese and Raymer，2004），当社工人员被问到采用哪些实务模式来服务病人时，他们很难阐述具体的理论框架和实务模式。社工人员提及很多特定的技巧，但是却很少明确说出一定的治疗模式。接下来的第三章会具体阐述基于临终关怀社工服务成效研究成果而建立的一种服务模式。这种模式被作为社会工作评估工具的基础。第三章将综述该模式中不同变量之间的关系，以及它们在临终关怀服务服务成效中的角色。此外，还将阐述理解这些关系的理论框架。该模式将在本书其余部分被应用为理解和处理社工干预中各项问题的基本框架。

（刘晓芳　译）

参考文献

Altilio, T. , and S. Otis-Green. 2011. *Oxford Textbook of Palliative Social Work.* New York：Oxford U-niversity Press.

Archer, K. 1999. "Toward a Measure of Caregiver Satisfaction with Hospice Social Services. " *Hospice Journal* 14, no. 2：1 – 15.

Berzoff, J. , and P. Silverman. 2004a. "Introduction. " In Joan Berzoff and Phyllis R. Silverman, eds. , *Living with Dying：A Handbook for End-of-Life Healthcare Practitioners*, pp. 1 – 17. New York：Columbia University Press.

——. 2004b. *Living with Dying：A Handbook for End-of-Life Healthcare Practitioners.* New York：Columbia University Press.

Cherin, D. A. , G. J. Huba, L. A. Melchior, S. Enguidanos, W. J. Simmons, and D. E. Brief. 2000. "Issues in Implementing and Evaluating a Managed Care Home Health Care System for HIV/AIDS：Visiting Nurse Association Foundation of Los Angeles. " *Drugs and Society* 16, nos. 1 – 2：203 – 222.

Christ, G. , and M. Sormanti. 1999. "Advancing Social Work Practice in End-of-Life Care. " *Social Work in Health Care* 30, no. 2：81 – 99.

Corless, I. B. , and P. K. Nicholas. 2004. "The Interdisciplinary Team：An Oxymoron?" In Joan Berzoff and Phyllis R. Silverman, eds. , *Living with Dying：A Handbook for End-of-Life Healthcare Practitioners*, pp. 161 – 170. New York：Columbia University Press.

Csikai, E. 2002. "The State of Hospice Ethics Committees and the Social Work Role. " *Omega：Journal of Death and Dying* 45, no. 3：261 – 275.

Csikai, E, and M. Raymer. 2005. "Social Workers' Educational Needs in End-of-Life Care. " Social Work in Health Care 41, no. 1：53.

del Rio, N. 2004. "A Framework for Multicultural End-of-Life Care：Enhancing Social Work Practice. " In Joan Berzoff and Phyllis R. Silverman, eds. , *Living with Dying：A Handbook for End-of-Life*

Healthcare Practitioners, pp. 439 – 461. New York: Columbia University Press.

Doherty, J. B., and K. L. DeWeaver. 2004. "A Survey of Evaluation Practices for Hospice Social Workers." *Home Health Care Services Quarterly* 23, no. 4: 1 – 13.

Dyeson, T., and C. Hebert. 2004. "Discrepant Perceptions of Home Health Care Professionals Regarding Psychosocial Issues of Older Patients." *Gerontologist* 44, no. 1: 409.

Forrest, C., and C. Derrick. 2010. "Interdisciplinary Education in End-of-Life Care: Creating New Opportunities for Social Work, Nursing, and Clinical Pastoral Education Students." *Journal of Social Work in End-of-Life and Palliative Care* 6, nos. 1 – 2: 91 – 116.

Goldberg, J., and M. Scharlin. 2011. "Financial Considerations for the Palliative Social Worker." In Terry Altilio and Shirley Otis-Green, *Oxford Textbook of Palliative Social Work*, pp. 709 – 718. New York: Oxford University Press.

Hodgson, H., S. Segal, M. Weidinger, and M. B. Linde. 2004. "Being There: Contributions of the Nurse, Social Worker, and Chaplain During and After a Death." *Generations* 28, no. 2: 47 – 52.

Huber, R., and V. Runnion. 1996. "Social Work Acuity Scale for Hospice." Unpublished MS.

Kovacs, P., and L. Bronstein. 1999. "Preparation for Oncology Settings: What Hospice Workers Say They Need." *Health and Social Work* 24, no. 1: 57 – 64.

Kramer, B. 1998. "Preparing Social Workers for the Inevitable: A Preliminary Investigation of a Course on Grief, Death, and Loss." *Journal of Social Work Education* 34, no. 2: 1 – 17.

Kramer, B., C. Hovland-Scafe, and L. Pacourek. 2003. "Analysis of End-of-Life Content in Social Work Textbooks." *Journal of Social Work Education* 39, no. 2: 299 – 320.

Kulys, R., and M. Davis. 1986. "An Analysis of Social Services in Hospice." *Social Work* 11, no. 6: 448 – 454.

Mahar, T., L. Eickman, and S. Bushfield. 1997. "Efficacy of Early Social Work Intervention." Paper presented at the National Hospice and Palliative Care Organization's Eleventh Management and Leadership Conference.

Nakashima, M. 2003. "Beyond Coping and Adaptation: Promoting a Holistic Perspective on Dying." Families in Society: *The Journal of Contemporary Human Services* 84, no. 3: 367 – 376.

National Association of Social Workers. 2004. *NASW Standards for Social Work Practice in Palliative and End of Life Care*. Washington, DC: National Association of Social Workers. Retrieved from: http://www. socialworkers. org/practice/bereavement/standards/standards0504New. pdf.

——, Social Work Policy Institute. 2010. *Hospice Social Work: Linking Policy, Practice, and Research*. Washington, DC: National Association of Social Workers.

National Hospice and Palliative Care Organization (formerly National Hospice Organization). 1997. *A Pathway for Patients and Families Facing Terminal Illness*. Arlington, VA: NHO.

——. 2002. "The 2001 Data Set Survey: Building a National Hospice Database. " Newsline 12, no. 1: 1, 8.

——. 2008. *Guidelines for Social Work in Hospice.* Arlington, VA: NHPCO.

——. 2009. "NHPCO Facts and Figures: Hospice Care in America. " Retrieved from www. nhpco. org/files/public/Statistics_ Research/NHPCO_ facts_ and_ figures. pdf.

Paquette, S. 1997. "Social Work Intervention and Program Cost Reduction Outcomes. " Paper presented at the National Hospice and Palliative Care Organization's Eleventh Management and Leadership Conference.

Parker Oliver, D. , and M. Peck. 2006. "Inside the Interdisciplinary Team Experiences of Hospice Social Workers. " *Journal of Social Work in End-of-Life and Palliative Care* 2, no. 3: 7 – 21.

Raymer, M. , and D. Reese. 2004. "The History of Social Work in Hospice. " In Joan Berzoff and Phyllis R. Silverman, eds. , *Living with Dying: A Handbook for End-of-Life Healthcare Practitioners*, pp. 150 – 160. New York: Columbia University Press.

Reese, D. (formerly Ita, D.) 1995 – 1996. "Testing of a Causal Model: Acceptance of Death in Hospice Patients. " *Omega: Journal of Death and Dying* 32, no. 2: 81 – 92.

——. 2000. "The Role of Primary Caregiver Denial in Inpatient Placement During Home Hospice Care. " *Hospice Journal* 15, no. 1: 15 – 33.

——. 2001. "Addressing Spirituality in Hospice: Current Practices and a Proposed Role for Transpersonal Social Work. Social Thought," *Journal of Religion in the Social Services* 20, nos. 1 – 2: 135 – 161.

——. 2011a. "Interdisciplinary Perceptions of the Social Work Role in Hospice: Building Upon the Classic Kulys and Davis Study. " *Journal of Social Work in End-of-Life and Palliative Care* 7, no. 4: 383 – 406.

——. 2011b. "Spirituality and Social Work Practice in Palliative Care. " In Terry Altilio and Shirley Otis-Green, eds. , *Oxford Textbook of Palliative Social Work*, pp. 201 – 213. New York: Oxford University Press.

Reese, D. , and S. Beckwith. 2005. "Organizational Barriers to Cultural Competence in Hospice. " Paper presented at the National Hospice and Palliative Care Association, Opening Doors, Building Bridges: Access and Diversity Conference, August, St. Louis.

Reese, D. , and D. Brown. 1997. "Psychosocial and Spiritual Care in Hospice: Differences Between Nursing, Social Work, and Clergy. " *Hospice Journal* 12, no. 1: 29 – 41.

Reese, D. , C. L. W. Chan, W. C. H. Chan, and D. Wiersgalla. 2010. "A Cross-National Comparison of Hong Kong and U. S. Student Beliefs and Preferences in End-of-Life Care: Implications for Social Work Education and Hospice Practice. " *Journal of Social Work in End-of-Life and Palliative Care* 6, nos. 3 – 4: 1 – 31.

Reese, D. , and M. Raymer. 1999. "National Hospice Organization Social Work Survey and Bereavement Follow-up Study: Final Results. " Paper presented at the National Hospice Organization, Twenty-first Annual Symposium and Exposition, October, Long Beach, CA.

——. 2004. "Relationships Between Social Work Services and Hospice Outcomes: Results of the National Hospice Social Work Survey. " Social Work 49, no. 3.

Reese, D. , M. Raymer, S. Orloff, S. Gerbino, R. Valade, S. Dawson, C. Butler, M. Wise-Wright, and R. Huber. 2006. "The Social Work Assessment Tool (SWAT): Developed by the Social Worker Section of the National Council of Hospice and Palliative Professionals, National Hospice and Palliative Care Organization. " *Journal of Social Work in End-of-Life and Palliative Care* 2, no. 2: 65 – 95.

Reith, M. , and M. Payne. 2009. *Social Work in End-of-Life and Palliative Care.* Chicago: Lyceum.

Soltura, D. L. , and L. F. Piotrowski. 2011. In Terry Altilio and Shirley Otis-Green, eds. , *Oxford Textbook of Palliative Social Work*, pp. 495 – 501. New York: Oxford University Press.

Sontag, M. 1995. "Team Functioning Scale. " Unpublished MS.

——. 1996a. "A Comparison of Hospice Programs Based on Medicare Certification Status. " *American Journal of Hospice and Palliative Care* 13, no. 2: 32 – 41.

——. 1996b. "Hospices as Providers of Total Care in One Western State. " *The Hospice Journal*, 11 (3), 71 – 94.

Sormanti, M. 1994. "Fieldwork Instruction in Oncology Social Work: Supervisory Issues. " *Journal of Psychosocial Oncology* 12, no. 3: 73 – 87.

Stark, D. 2011. "Teamwork in Palliative Care: An Integrative Approach. " In Terry Altilio and Shirley Otis-Green, eds. , *Oxford Textbook of Palliative Social Work*, pp. 415 – 424. New York: Oxford University Press.

Walsh-Burke, K. , and E. L. Csikai. 2005. "Professional Social Work Education in End-of-Life Care: Contributions of the Project on Death in America's Social Work Leadership Development Program. " *Journal of Social Work in End-of-Life and Palliative Care* 1, no. 2: 11 – 26.

第三章　临终关怀社会心理及灵性照顾模式

这一章主要介绍临终关怀社会工作干预的基础模式。该模式是在对影响病人及其家人临终关怀服务成效的社会心理和灵性问题研究结果基础上发展而来的。研究显示，经过社工干预后，服务对象在这些问题上都有所改善。该模式采用社会工作评估工具 SWAT（Reese et al., 2006）的基本框架，可以作为纾缓治疗及临终关怀中处理重要问题的提示以及记录社工服务成效的方法。本章将重点讨论该模式中各项元素之间的关系，并提供理论对这些关系进行解释，以及提供研究证据加以说明。首先，我们阐述提供该模式基本框架的理论观点。

理论综述

根据 Erik Erikson 的社会心理理论，人类的几个不同系统—— 生理、心理和社会系统——同步发展。一些学者在此基础上增加了灵性系统，该系统也与其他系统同步发展（Canda and Furman, 2010；Jacobs, 2004；Wilber, 1993）。在一项针对临终关怀社会工作者及病历回顾的全国性调查中，有 58% 的被访对象反馈自己曾经在与跨专业团队进行个案讨论时处理过灵性问题，有 62% 的被访对象反馈曾经在为服务对象提供咨询时处理过灵性问题（Reese, 2001）。在某一个安宁疗护项目进行病历回顾的过程中，最经常被提及的问题是灵性。牧灵人员最经常处理灵性问题并不奇怪，但是社工却比护士更经常提供灵性问题方面的干预（Reese and Brown, 1997）。

在人类生命不同阶段的发展过程中，生理—心理—社会—灵性系统之间相互发生影响。每一个生命阶段都有为了解决该阶段所面临的社会心理危机而需要完成的社会心理发展任务。成功完成不同生命阶段的发展任务有助于个人自我整合，有能力没有恐惧地面对死亡。濒死可以被看作特殊的生命阶段，该阶段也有一定的社会心理发展任务（Simmers, Simmers-Nartker, and Simmers-Kobelak，2008），而且灵性问题在该阶段扮演核心角色。因此，尽管灵性发展贯穿整个生命历程，但在面对死亡时有更多机会看到灵性的成长（Doka，2011；Na-kashima，2003；Reith and Payne，2009）。

实践模式

图3.1诠释了由研究发现预测临终关怀服务成效的重要指标所组成的一个路径模式。虽然由于研究方法限制无法证明指标之间的因果关系，但是我们知道每项指标与其他指标相关，并且可以预测其他指标的水平。例如，我们知道灵性和社会支持彼此相关，灵性水平较高的服务对象通常具有较高的社会支持水平。然而，由于不知道灵性和社会支持之间发生的先后次序，我们无法判定它们之间的因果关系。在这个讨论中，我们只能根据以往研究发现和现有理论来假设哪项因素发生在前。

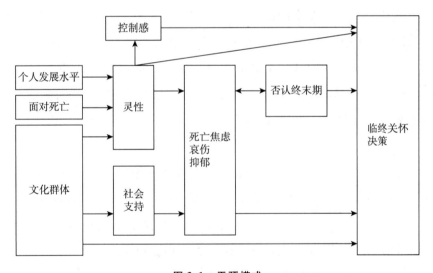

图3.1　干预模式

虽然只有少数直接针对临终关怀服务对象的研究，但现有研究证据支持该模式的大多数路径。在该模式中，灵性可以由个体发展水平、面对死亡和文化群体来预测。个体自我感知的社会支持水平可以由文化群体及灵性来预测。死亡焦虑、哀伤、抑郁以及控制感可以由灵性和自我感知的社会支持来预测。文化群体会影响服务对象所感知的控制的需要。一些病人尽管已被告知预后但还是对终末期予以否认，可以被认为是对死亡焦虑、哀伤、抑郁和失去控制感的一种应对方法。临终照顾决策可以由灵性、否认、社会支持以及文化群体来预测。我们接下去将讨论每项指标的预测因素。

灵性的预测因素

笔者从两个范畴来定义灵性，包括人生哲学层面的超越，以及统一意识层面的超越。宗教与非宗教信仰、哲学和世界观都可以被归入人生哲学的范畴。

在图 3.1 中，由三项因素可以预测个体所体验的灵性的水平——个体发展水平、面对死亡，以及所依附的文化群体。

个体发展水平与灵性　很多理论描述，伴随着人的生命按照可预见的阶段向前发展，人的能力也会不断提升。根据 Erikson 一派的社会心理理论，自我整合被定义为一种接受自我生命的状态、没有恐惧地面对死亡的能力（Erikson，1950）。实现自我整合是处理晚年阶段社会心理危机的积极成果。

按照作者的观点，在接受自我生命的状态、接受正面体验的同时也接受负面的体验，是一个人通过发展生命哲学而寻找自我生命意义的成果。即使在终末期，自我生命完整且充实的感觉可以带来良好的状态（Cadell，Shermak，and Johnston，2011；Reith and Payne，2009）。这些概念与灵性的人生哲学范畴相关，而且研究显示长者实际上具备更高的灵性层次（Harrawood，2009；Hooyman and Kramer，2006；Turesky and Schultz，2010）。相对而言，年轻一些的成年人则感觉人生尚有"未竟事务"，这也是导致死亡焦虑的重要因素（Bell，Ziner，and Champion，2009）。

与以上观点相一致的超个人理论，认为人类发展是一个进化过程，在这个过程中人类是作为一个整体存在并最终实现整体意识（Canda and Furman，2010）。Wilber（1993）所建议的意识层次包括：①前自我（pre-egoic），处于婴儿和童年早期阶段，该阶段儿童尚未形成与周围环境相独立的自我意识；②小我/自我（egoic），从童年晚期开始，个体对于自主自我开始有清晰的认识，有能力进行理性思考以及具备成熟的社会关系；③超自我（transegoic）阶段，通常直到成年期才发展到该阶段，有些人可能根本不会发展到这个阶段，该阶段的自我意识不仅仅局限于普通的空间、时间或自我的界限，自我认同还包括宇宙的整体性。分离感和区别感不再存在，而且个体发展出每个事物包括自我都是整体一部分的观点。从分离和有区别的自我概念，到包含互相连接网络的存在感，这种自我认同的延伸被称为自我抽离（ego disidentification），与灵性的统一意识范畴相关。从这个角度来看，日常生活充满了神圣感（Jacobs，2004）。随着个体体验到与周围其他事物深刻的连接感，自然而然其同理心、慈悲心以及道德标准也得到提升（Canda and Furman，2010；Jacobs，2004）。

超个人理论认为灵性是在整个生命过程中不断发展的，并有可能在成年晚期发展到更高层次。超个人理论和社会心理理论预测长者将具备更高的灵性层次。灵性是应对死亡的主要方式（Crunkilton and Rubin，2009），这一点将会在下文进一步阐述。

面对死亡与灵性　然而，长者通过自身所具备的较高层次的灵性来应对死亡的解释，却并不能解释年轻人应对死亡的能力。年轻人甚至是儿童身上虽然呈现其所处发展阶段特有的问题，但在生命末期也明显地经历与老年人相类似的过程。似乎可以将濒死视为一个充满成长与痛苦的额外的生命阶段。有研究证据表明，面对死亡可以促进末期病人及其家人乃至临终关怀工作人员的灵性成长（Sand，Olsson，and Strang，2010；Callahan，2009；Otis-Green，2011；Derezotes and Evans，1995；Sinclair，2011）。Reed（1987）认为濒死阶段伴有一定的社会心理任务，包括维持有意义的生命质量、应对外形损毁和功能丧失、面对灵性和有关存在的问题以及为生存者打算日后生活等。灵性被视为完成这些社会心理任务不可缺少的一部分。

Kubler-Ross（1970）的阶段理论为终末期阶段的心理动态提供了一些额外的诠释。Reed（1987）建议，超个人视角在生命历程中的累积有助于个体在面对死亡时保持良好的状态，不是年龄因素反而是生命末期的事实影响个体的灵性成长。这一点部分解释了为何在临终病人中经常发现存在超个人体验，原因是根据超个人理论，超个人体验在较高层次的灵性状态中比较常见（Gardner，2011；Gibbs and Achterberg-Lawlis，1978；Kuhl，2011；Pflaum and Kelley，1986）。

文化群体与灵性　有很多学者发现在文化群体与灵性之间存在一定关系。在人生哲学范畴中的灵性超越可能包括宗教信仰。文化群体之间的宗教信仰强度、对于死后生活信念的强度以及个人应对机制中依赖宗教信仰的程度存在差异（Cohen and Hall，2009；Hooyman and Kramer，2006）。

例如，教会在传统的非洲裔美国人文化中非常重要（Allen，Davey and Davey，2010；Hooyman and Kramer，2006）。基督教曾经被强加于非洲裔奴隶，作为奴隶制的正当理由。但是新的基督教信仰、实践和传统为建立新的社会凝聚力打下基础，在这群来自非洲不同国家的陌生人之间形成了团结与合作的意识。尽管没有欧洲裔美国人在场的奴隶集会是被禁止的，但是通过在隐蔽地点举行秘密集会，非洲裔美国人教会像"隐形的制度"一样扎根（Raboteau，1978）。教会成为非洲裔美国人文化中最重要的社会组织，在奴隶解放和向北方城市地区迁移带来破坏性影响时，起到了维持社会稳定的重要作用。作为教会组织的领导者，牧师在非洲裔美国人文化中扮演了重要的领袖角色（Frazier and Lincoln，1974）。所带来的结果是，非洲裔美国人传统上习惯向他们的牧师寻求对临终照顾决策的建议。

　　相反地，来自不同文化群体的艾滋病病人可能与宗教社群关系疏远。这可能因为某些生活方式如静脉注射毒品和同性恋会包含艾滋病危险因素。特别是一些保守的宗教社群反对采取这些生活方式的个体，要求他们做出改变或者放弃信仰。结果是艾滋病病人普遍对宗教持负面态度。我们应该记住，这些病人依旧表示，灵性是他们应对机制的主要方式，可以带给他们安慰以及在精神乃至生理健康上的受益（Sunil and McGehee，2007）。Battle 和 Idler（2003）发现，特别是在非洲裔美国人群体中，宗教参与可以帮助末期病人或丧亲者降低抑郁程度。

社会支持的预测因素

　　末期病人及其家人曾经强调，与所爱的人保持有意义的关系是临终关怀以及生命末期福祉的重要因素（Gassman，2010；Munn and Zimmerman，2006）。图 3.1 说明了预测服务对象社会支持水平的几项因素。研究表明社会支持与文化群体和灵性二者相关。在这个模式中，我们采用自我感知社会支持的概念，而非由外部观察者计算的社会关系或者社会互动的数量来测量社会支持。个体自我感知的关系或者互动可能是积极或者消极的，也可能与外部观察者所评判的价值有程度上的不同。例如，一些社会关系会要求尽社会义务或者照顾责任，使得这些关系的付出大于受益。因此，从个人自我感知的角度来测量社会支持会提供更为准确的结果（Gardner，2011）。

　　文化群体与社会支持　　文化群体之间因所体验的凝聚力程度而有所不同。传统非洲裔美国人文化的特征是通过亲戚网络和教会组织提供的高度社会支持（Bullock，2011）。一位参与研究的非洲裔牧师表述"都是白种人在接受安宁疗护服务。我们非洲裔美国人自己照顾自己"（来自 Reese 博士等人 1999 年的研究数据）。但是对于那些没有参与教会的非洲裔美国人，例如艾滋病病人，情况并不总是如此（Reese，1995 - 1996）。此外，西班牙裔癌症病人也被发现社会支持水平较低（Ell and Nishimoto，1989）。

灵性与社会支持　灵性与社会支持之间的关系可以通过超个人理论进行解释。当面对末期诊断时，个体会意识到自己的本性与自我意识、身份或者社会角色分离开来，促进向超自我观念的转变（Smith，1995）。这为社会关系的本质赋予含义。由于个体在超自我阶段会体验到与他人之间的密切连接，慈悲心和更强的同理心自然而然产生（Canda and Furman，2010）。个人私利不再是主要目标，取而代之的是对关系的重视和对集体福利的考虑。所以有理由期待冲突和竞争减少，而关系得到提升。因此，超个人理论有助于解释灵性对于社会支持的可能影响。Crunkilton 和 Rubins（2009）就 Breitbart 和 Heller 于 2003 年的研究发现进行讨论，认为当灵性需要和生理及社会心理需要一并得到重视和处理时，病人呈现良好的心理状态，社会支持得以提升。这些发现支持了图 3.1中所体现的灵性影响社会支持的模式。

死亡焦虑的预测因素

死亡焦虑、哀伤、抑郁和失去控制感是疾病终末期常见的心理问题。死亡焦虑被定义为对自己死亡的恐惧。Conte、Weiner 和 Plutchik（1982）揭示死亡焦虑的范畴包括害怕未知、害怕受苦、害怕孤独以及害怕自我的毁灭。类似地，Bereford 及其同事（2007）表述死亡焦虑是"担心失去控制，担心抛下所爱的人，担心痛苦的死亡以及担心长期患病"。常见的是很多末期病人因为焦虑而受苦（Berzoff，2004）。Reese 和 Kaplan（2000）所开展的一项研究发现，在艾滋病阳性的女性群体中，较高水平的灵性和自我感知社会支持可以预测较低的焦虑水平。当然，两者当中灵性是较强的预测因素。

灵性与死亡焦虑　相当多的研究结果证明灵性可以预测较低的死亡焦虑（Doka，2011；Harrawood，2009）。例如，相对于老年人，年轻个体有更多的未竟事务。在灵性的人生哲学范畴内，未竟事务是一种灵性冲突的体现。这种灵性冲突可以预测较高的死亡焦虑（Mutran et al.，1997）；可以推断，如果解决这种冲突则可以减轻死亡焦虑。

Conte、Weiner 和 Plutchik（1982）对于死亡焦虑的概念有助于我们理解灵性对于死亡焦虑的影响。如之前所述，学者们发现死亡焦虑包括四个因素：害怕未知、害怕受苦、害怕孤独以及害怕自我的毁灭。那么，这样的思考似乎符合逻辑：关于死后世界的宗教信念，作为灵性中人生哲学范畴的一部分，应该可以降低对于死后未知、孤独和自我毁灭的恐惧。不过值得注意的是，研究发现与实际情况恰恰相反：仍旧保持童年宗教信仰的艾滋病同性恋男性相比无宗教信仰的对照群体，遭受更多死亡焦虑的痛苦（Franks, Templer, and Cappelletty, 1990 - 1991）。不过，大多数研究还是发现宗教信仰起到安慰作用，而不是提升焦虑。

超个人理论有助于解释为何灵性可以减轻死亡焦虑。在超自我发展阶段，个体的自我认同从分离和有区别的自我扩展到自我抽离——一种与周围所有事物相连接的感觉，从而对孤独和自我毁灭的恐惧感会降低（Smith, 1995）。一项针对 69 位临终关怀病人的研究结果显示，灵性水平较高的病人具有较低的死亡焦虑（Reese, 1995 - 1996）。

社会支持与死亡焦虑　另外也有证据显示，末期病人较高的自我感知社会支持水平与较低水平的死亡焦虑相关（Azaiza et al., 2010）。自我感知的社会支持被认为是压力状态下的应对资源，可以缓冲重要生活事件对精神健康的影响（Puterman, DeLongis and Pomak, 2010）。根据理论，与其他个体比较接近的人可以通过重新诠释目前状况来提升应对能力、通过安慰提升自尊以及通过鼓励增强掌控感（Thoits, 1995）。那些自我感知社会支持水平较高的人，在生活危机期间更有可能寻求和接受帮助（Cutrona, 1986），不过文献在这一点上是存在矛盾的。最后，目前的研究发现，生理因素对社会支持的影响——社会支持增加了神经肽催产素体内的生产（Carter et al., 2007），反过来抑制对心理社会压力的主观反应（Emiliano et al., 2007）。

哀伤与抑郁的预测因素

末期疾病期间的另外两个主要情绪问题是悲伤和抑郁。抑郁是 Kubler-Ross（1970）所提出的悲伤的最初阶段之一，但是今天我们认为区分预期性悲伤、复杂性悲伤和抑郁是很重要的。预期性悲伤是对终末期预后的一种自然和健康的反应，病人及其重要他人由于即将逝去的生命而感到悲伤。预期性悲伤具有很多与亲人死亡后的丧亲反应相似的特征（National Cancer Institute, 2011）。末期病人及其重要他人通常会经历预期性哀伤，但复杂性悲伤和抑郁却并不常见。据统计，癌症病人罹患重度抑郁症的比例仅有 8% 至 26%（BrintzenhofeSzoc, 2011）。社工必须发展这方面的鉴别诊断技能。虽然将预期性哀伤作为抑郁症来治疗是不适当的，但抑郁是自杀的风险因素，应该被排除（Walsh-Burke, 2004）。

如果哀伤在合理的时间内（通常被认为是丧亲后约 6 个月）没有被解决，则被认为是复杂性哀伤。复杂性哀伤可能源自内疚感、愤怒或需要处理的其他形式的未竟事务。复杂性哀伤的症状可能包括抑郁、焦虑或创伤后应激障碍；或者与之相反，丧亲者完全没有任何悲伤和哀悼的表现（National Cancer Institute，2011）。

根据世界卫生组织的定义（World Health Organization，2011），抑郁症是一种常见的精神障碍。症状包括"抑郁情绪，失去兴趣或快感，内疚感或自我价值感较低，睡眠不安或食欲不振，能量低和注意力不集中"。抑郁症可能成为慢性疾病并影响个人功能。严重的抑郁症可导致自杀（Walsh-Burke，2004）。

Kubler-Ross（1970）的经典理论描述了终末期病人在哀悼自己即将离世时所经历的常见"阶段"。这些阶段不一定是连续的，并且可以重复多次出现。它们包括否认和孤立、愤怒、讨价还价、抑郁和接受阶段。后期，Kubler-Ross 和 Kessler（2001）一起，在原来基础上又增加了宽恕和臣服的阶段。

因为各阶段之间似乎不是连续的，以及对于这些阶段的存在缺乏合理的理论解释，如今 Kubler-Ross 的阶段理论已经不再被推崇。而且，正如已经讨论的，抑郁是区别于哀伤的概念。不过，Kubler-Ross 准确地描述了哀伤者所经历的，而且她的理论帮助填补了此处所阐述模式的框架。

常用的抑郁和自杀的评估与干预模式不适用于那些非抑郁情况下理性选择自杀的对象（Csikai，2004）。在协助自杀是合法的俄勒冈州，医生对病人进行评估，如果发现抑郁症的话，医生可能会拒绝批准协助自杀。然而，没有法律要求评估病人是否患有抑郁症。研究表明，病人要求协助自杀的一个主要动机是需要对死亡情形的控制感（Moody，2010）。

在俄勒冈州，安宁疗护项目会服务那些选择协助自杀的病人。而在其他协助自杀不合法的州，病人仍然经常考虑自杀的选择（Goy and Ganzini，2011），他们有时请求安宁疗护团队的帮助，有时候在接受安宁疗护服务期间独立采取自杀行为。一些研究表明，加速死亡的意愿在严重抑郁症病人中更为常见（Levene and Parker，2011；Reith and Payne，2009）。这种情形突出了正确评估复杂性悲伤和抑郁以及区分正在经历预期性悲伤的病人和理性选择协助自杀的病人的重要性。

这些情绪问题同样受到灵性和社会支持的影响。下面的讨论将概述相关研究证据，以及对这些变量间的关系做进一步理论解释。

灵性、哀伤及抑郁 研究记录了灵性信仰和实践所带来的心理效益，包括疾病终末期一般意义上的幸福感、安慰情绪和感受、减轻疾病带来的情绪负担以及减轻悲伤和抑郁（Crunkilton and Rubins, 2009；Hooyman and Kramer, 2006；Nakashima, 2003）。Sullivan（2003）讨论了对于生命末期绝望的干预，并建议在这个时刻病人可能抱有的一种希望可能源自对没有痛苦的来世的宗教信仰。这些幸福感、安慰的情绪和希望预示较低的抑郁水平。此外，灵性帮助病人发展对疾病的接受感，这种接受感与解决预期性哀伤相关。另一个效应是减少自责感，这一点与复杂性哀伤有关（Siegel and Schrimshaw, 2002）。

社会支持、哀伤和抑郁 Gard（2000）讨论了在哀伤团体中所获得的社会支持对于帮助青少年解决哀伤的有效性。如果没有机会与支持自己的朋友和家人交谈，人们不可能表达他们的悲伤，结果是哀伤永远无法解决。病人本身需要机会来完成表达情感的任务，例如向亲人说再见，需要一个充满支持的家庭和朋友网络（Doka, 2011）。

控制感的预测因素：灵性

灵性信仰和实践还可以赋予一种权利感和控制感（Doka, 2011；Siegel and Schrimshaw, 2002），或者积极的意向性（Daaleman, Cobb and Frey, 2001）。这一点可以从灵性引发积极的死亡态度来进行解释。死亡不是被动地等待结果，而是一个积极计划和参与的过程。从这个角度来看，人们可以对死亡过程的质量有一种控制感。由于协助自杀的主要动机是希望有控制感，所以从这个角度进行干预，可能会影响一些病人令其决定放弃协助自杀。

否认的预测因素：死亡焦虑

在过去的半个世纪中，医疗技术的迅速发展导致维生治疗技术被应用于很多生命质量无望改善的末期病人。医学专业可以无限期地延长生命的信念促使我们否认自己的死亡，缺乏手段来面对死亡。

对终末期的否认，是在尽管被告知病情的情况下，仍然缺乏对终末期预后的认识。这是一种应对机制，将意识到的事实对自身影响限制在个人可以掌控的范围内，从而降低死亡焦虑（Bregman, 2001）。否认是对哀伤的正常反应（Blacker and Jordan, 2004；Reith and Payne, 2009），但如果它对沟通或现实的治疗决策带来干扰，就可能造成功能失调。

Avery Weisman（Connor 于 1986 引用）提出了终末期病人存在的三种程度的否认，其中包括：

1. 一级否认——病人否认患病的基本事实，

2. 二级否认——病人否认疾病的严重程度，

3. 三级否认——即使在完全了解疾病诊断及其严重程度后，病人仍不能相信疾病将导致死亡。

关于否认对病人成效的影响，文献中存在一些分歧。一些学者和临床工作者认为，否认是一种积极的应对机制，有助于终末期病人调整自己的状态（Blacker and Jordan，2004）。一些学者认为告知终末期诊断并不总是符合病人的最佳利益（Adler 1989）。而有些人认为预期性哀伤并不常见。在自己的亲人还活着的时候，去接受她/他的死亡，可能会让哀伤者感觉濒死之人已经被抛弃。预期的失落通常会令家人对濒死者的依附感更强烈。虽然预期性哀伤可能对家人有帮助，但是濒死者可能体验过多的哀伤，导致病人变得离群或孤僻。

Connor（1986）的观点是，意识层面的否认可能是一种积极的应对策略，有助于控制焦虑感。但是，与精神病理学相关的非意识层面的否认可能对病人和照顾者造成有害影响（Reith and Payne，2009）。一个例子是，当病人表示希望接受纾缓治疗时，家人却将其送往医院接受维生治疗。

从这个角度来看，存在死亡焦虑的个体可能会将否认作为一种应对机制。然后，否认可能反过来减轻个体的死亡焦虑（Parry，2001）。因此，死亡焦虑和否认之间存在图 3.1 所示的双向联系。

Sullivan（2003）讨论了希望的概念，希望不仅意味着治愈或者幸存，还可以是舒适、尊严、亲密或救赎。Kubler-Ross（1970）认为否认是终末期疾病心理调适的起始阶段之一。临终关怀社会工作干预可以帮助病人渡过否认阶段，找到希望感，从而增强终末期阶段的生命质量。

临终照顾决策的预测因素

临终关怀哲学与消极安乐死的态度相一致，正如第一章所讨论的，包括在没有希望改善末期病人生命质量的情况下，不给予或撤除维持生命的治疗。俄勒冈州是美国唯一的承认积极安乐死合法的州，所以安宁疗护机构也会支持病人协助自杀的愿望。已经发现干预模型中的几个变量可以预测与临终关怀哲学相一致的临终照顾决策：灵性、否认、社会支持和文化群体。由这些变量组成的整体模型也被发现可以预测临终照顾决策（Reese，1995 - 1996）。

灵性与临终照顾决策

人生哲学的维度　已经发现灵性可以预测病人是否在终末期倾向于选择安乐死（Doka，2011）。保持更为传统的宗教信仰的人较不愿意接受纾缓治疗（Gallup，1997）。如所讨论的，宗教承诺可以被认为包含在灵性的生命哲学范畴中。Foster 和 McLellan（2002）讨论了灵性问题在制定临终照顾决策过程中的重要性。例如，在家庭成员从所爱的人的死亡和接受这种现实中发现意义之前，他们可能一直会坚持采用治愈性治疗和维生治疗。因此，解决灵性问题是临终照顾决策能力的关键（Doka，2011）。我们必须很小心地不要将这个过程错误地标记为否认。

统一意识的维度　Crunkilton 和 Rubins（2009）报告说"强烈的灵性幸福感可以保护个人避免抑郁和加速死亡的欲望"。这更多地是指灵性的统一意识维度。

否认和临终照顾决策

虽然否认可能是一种有助于应对终末期预后所带来焦虑的方法，但它可以干扰临终照顾的决策。Kulys（1983）发现，抱有否认心理的老年人不太可能为健康危机做出计划。笔者（Reese，2000）对 68 个接受居家临终关怀的病人进行的研究表明，对病人末期疾病事实采取否认态度的主要照顾者更有可能安排临终病人接受住院治疗。此外，被安置入院治疗的病人更有可能在医院中去世，而不是按照病人的意愿在家中去世。这些研究结果表明主要照顾者的否认对病人自我决策的影响，并说明在咨询过程中处理主要照顾者的否认心理的重要性。

社会支持和临终照顾决策

有迹象表明，具有良好社会支持的白人病人更有可能具备接受临终关怀服务的意愿，而且想法与临终关怀哲学相一致（Reese，1995 - 1996）。这一点可以理解，如果有亲人愿意在家中为病人提供照顾，居家安宁疗护服务会是一个更实际的方案。然而，非洲裔美国人群体在这方面却不同。研究发现，与家庭成员更频繁接触的非洲裔美国人更愿意延长生命（Reith and Payne，2009）。下面将讨论非洲裔美国人更喜欢维持生命治疗的其他原因。

文化群体和临终照顾决策

各种文化群体在关于临终关怀的偏好方面有所不同。这些差异可能部分源自不同的宗教信仰、受歧视历史以及文化价值观。例如，具有传统信仰的非洲裔美国人往往更喜欢维持生命治疗。这种偏好的原因可能包括对白种人所主导的医疗系统的不信任，以及相信如果给予时间上帝会创造奇迹（Stark，2011）。另外一个例子是，传统的亚裔病人可能不愿意在家中死亡，因为相信逝者的幽灵可能对幸存者产生负面影响。天主教徒也可能持有与安乐死相反的价值观（Reese，Chan，Chan and Wiersgalla，2010）。临终关怀的哲学更加符合白种人的新教价值，这是临终关怀领域所关注的重要问题。然而，随着时间的推移，一般美国公众的观点开始变得更加倾向于终末期疾病的纾缓治疗【Gallup International Institute（盖洛普国际研究所），1997】。

控制感和临终照顾决策

缺乏控制感或无助感是可以预测癌症病人自杀风险的变量（Breitbart，1989）。正如在本章前面所讨论的，协助自杀的一个主要动机是渴望有一种控制感。因此，病人的控制感对积极安乐死决定的影响要大于对消极安乐死决定的影响。

临终关怀社工服务成效的预测因素

前面的讨论概述了图 3.1 中各变量之间的相互关系模式。该模型已经显示出对几个临终关怀社会工作成效的影响。

维持家庭临终关怀服务的能力　尽管表达了希望在家中离世的愿望，但很多接受居家临终关怀的病人却在最后一分钟被紧急送往医院，然后，或者在医院中死亡，或者在急救后生命得以延长。在延长的生命阶段，病人最有可能是在生命支持系统的陪伴下度过，无法恢复之前的生命质量。研究表明，当死亡即将到来时，家庭成员的否认心理是为病人提供维生治疗和入院安置的最重要原因（Reese，2000）。

死亡规划　对于早期版本干预模型的路径分析（Reese，1995）揭示了该模型的整体显著效应，它可以解释临终照顾决策变量总方差的 23%。在这种情况下，临终照顾决策可操作化定义为不实施心肺复苏术、设立遗嘱和葬礼计划。

除了模型作为一个整体产生影响之外，有关临终关怀的文化和宗教信仰被发现对于死亡规划有显著的直接影响。更多的研究也同时发现临终照顾决策（例如选择治愈性治疗和是否入住安宁疗护中心）受到文化和宗教信仰的影响（Reese et al.，1999）。

这个模型包括了被社会工作研究所证实的可以预测临终关怀成效的主要心理、社会及灵性指标。研究表明，这些都是社工需要处理的主要问题（Reese et al.，2006），社工不仅处理服务对象的这些问题，而且比团队中其他专业成员要更多处理这些问题（Reese and Brown，1997），安宁疗护项目主任普遍认为社工最有资格处理这些问题（Reese，2011）。社会工作评估工具（Reese et al.，2006）的应用，已经显示了临终关怀社会工作干预可以改善这些问题。

这对实践意味着什么？我们如何干预这些变量？下一章将讨论临终关怀社会工作实践中的微观层次干预技术。

（刘晓芳　译）

参考文献

Adler, S. S. 1989. "Truth Telling to the Terminally Ill: Neglected Role of the Social Worker." *Social Work* 34: 158 – 160.

Allen, A. J., M. P. Davey, and A. Davey. 2010. "Being Examples to the Flock: The Role of Church Leaders and African American Families Seeking Mental Health Care Services." *Contemporary Family Therapy: An International Journal* 32, no. 2: 117 – 134.

Azaiza, F., P. Ron, M. Shoham, and I. Gigini. 2010. "Death and Dying Anxiety Among Elderly Arab Muslims in Israel." *Death Studies* 34, no. 4: 351 – 364.

Battle, V. D. and E. L. Idler. 2003. "Meaning and Effects of Congregational Religious Participation." In M. A. Kimble and S. H. McFadden, eds., *Aging, Spirituality, and Religion: A Handbook*, 2: 121 – 133. Minneapolis: Fortress Press.

Bell, C. J., K. Ziner, and V. L. Champion. 2009. "Death Worries and Quality of Life in Younger Breast Cancer Survivors." *Western Journal of Nursing Research* 31, no. 8: 1076 – 1077.

Beresford, P., L. Adshead, and S. Croft. 2007. *Palliative Care, Social Work, and Service Users: Making Life Possible*. Philadelphia: Kingsley.

Berzoff, J. 2004. "Psychodynamic Theories in Grief and Bereavement." In Joan Berzoff and Phyllis R. Silverman, eds., *Living with Dying: A Handbook for End-of-Life Healthcare Practitioners*, pp. 242 –

262. New York: Columbia University Press.

Blacker, S., and A. R. Jordan. 2004. "Working with Families Facing Life-Threatening Illness in the Medical Setting." In Joan Berzoff and Phyllis Silverman, eds., *Living with Dying: A Handbook for End-of-Life Healthcare Practitioners*, pp. 548 – 570. New York: Columbia University Press.

Bregman, L. 2001. "Death and Dying." *Christian Century* 118, no. 17: 33 – 37.

Breitbart, W. 1989. "Suicide." In J. C. Holland and J. H. Rowland, eds., *Handbook of Psychooncology: Psychological Care of the Patient with Cancer*, pp. 291 – 299. New York: Oxford University Press.

Breitbart, W., and K. S. Heller. 2003. "Reframing Hope: Meaning Centered Care for Patients Near the End of Life." *Journal of Palliative Medicine* 6: 979 – 988.

BrintzenhofeSzoc, K. 2011. "Clinical Trials and the Role of Social Work." In Terry Altilio and Shirley Otis-Green, eds., *Oxford Textbook of Palliative Social Work*, pp. 141 – 152. New York: Oxford University Press.

Bullock, K. 2011. "The Influence of Culture on End-of-Life Decision Making." *Journal of Social Work in End-of-Life and Palliative Care* 7, no. 1: 83 – 98.

Cadell, S., S. Shermak, and M. Johnston. 2011. "Discovering Strengths and Growth in Palliative Care." In Terry Altilio and Shirley Otis-Green, eds., *Oxford Textbook of Palliative Social Work*, pp. 215 – 222. New York: Oxford University Press.

Callahan, A. M. 2009. "Spiritually-Sensitive Care in Hospice Social Work." *Journal of Social Work in End-of-Life and Palliative Care* 5, nos. 3 – 4: 169 – 185.

Canda, E., and L. Furman. 2010. *Spiritual Diversity in Social Work Practice: The Heart of Helping*. New York: Oxford University Press.

Carter, C. S., H. Pournajafi-Nazarloo, K. M. Kramer, T. E. Ziegler, R. White-Traut, D. Bello, and D. Schwertz. 2007. "Oxytocin: Behavioral Associations and Potential as a Salivary Biomarker." *Annals of the New York Academy of Sciences* 1098 (March): 312 – 322.

Cohen, A. B., and D. E. Hall. 2009. "Existential Beliefs, Social Satisfaction, and Well-being Among Catholic, Jewish, and Protestant Older Adults." *International Journal for the Psychology of Religion* 19, no. 1: 39 – 54.

Connor, S. 1986. "Measurement of Denial in the Terminally Ill: A Critical Review." *Hospice Journal* 2, no. 4: 51 – 68.

Conte, H., M. Weiner, and R. Plutchik. 1982. "Measuring Death Anxiety: Conceptual, Psychometric, and Factor-Analytic Aspects." *Journal of Personality and Social Psychology* 43, no. 4: 775 – 785.

Crunkilton, D., and V. Rubins. 2009. "Psychological Distress in End-of-Life Care: A Review of Issues in Assessment and Treatment." *Journal of Social Work in End-of-Life and Palliative Care* 5, nos. 1 –

2: 75 - 93.

Csikai, E. 2004. "Advanced Directives and Assisted Suicide: Policy Implications for Social Work Practice. " In Joan Berzoff and Phyllis R. Silverman, eds. , *Living with Dying: A Handbook for End-of-Life Healthcare Practitioners*, pp. 761 - 777. New York: Columbia University Press.

Cutrona, C. 1986. "Behavioral Manifestations of Social Support: A Microanalytic investigation. " *Journal of Personality and Social Psychology* 51, no. 1: 201 - 208.

Daaleman, T. P. , A. K. Cobb, and B. B. Frey. 2001. "Spirituality and Well-being: An Exploratory Study of the Patient Perspective. " *Social Science and Medicine* 53, no. 11: 1503 - 1511.

Derezotes, D. , and K. Evans. 1995. "Spirituality and Religiosity in Practice: In-depth Interviews of Social Work Practitioners. " Social Thought 18, no. 1: 39 - 56.

Doka, K. J. 2011. "Religion and Spirituality: Assessment and intervention. " *Journal of Social Work in End-of-Life and Palliative Care* 7, no. 1: 99 - 109.

Ell, K. , and R. Nishimoto. 1989. "Coping Resources in Adaptation to Cancer: Socioeconomic and Racial Differences. " *Social Service Review* 63: 433 - 446.

Emiliano, A. B. , T. Cruz, V. Pannoni, and J. L. Fudge. 2007. "The Interface of Oxytocin-Labeled Cells and Serotonin Transporter-Containing Fibers in the Primate Hypothalamus: A Substrate for SSRIs Therapeutic Effects?" *Neuropsychopharmacology* 32, no. 5: 977 - 988.

Erikson, E. H. 1950. *Childhood and Society*. Philadelphia: Norton.

Foster, L. , and L. McLellan. 2002. "Translating Psychosocial Insight Into Ethical Discussions Supportive of Families in End-of-Life Decision-Making. " *Social Work in Health Care* 35, no. 3: 37 - 51.

Franks, K. , D. I. Templer, and G. Cappelletty. 1990 - 1991. "Exploration of Death Anxiety as a Function of Religious Variables in Gay Men with and Without AIDS. " *Omega: Journal of Death and Dying* 22, no. 1: 43 - 50.

Frazier, E. F. , and C. E. Lincoln. 1974. The Negro Church in America: *The Black Church Since Frazier*. New York: Schocken.

Gallup International Institute. 1997. *Spiritual Beliefs and the Dying Process*. Princeton: Nathan Cummings Foundation.

Gard, C. J. 2000. "Coping with Loss. " *Current Health* 26, no. 7: 26 - 28.

Gardner, D. S. 2011. "Palliative Social Work with Older Adults and Their Families. " In Terry Altilio and Shirley Otis-Green, eds. , *Oxford Textbook of Palliative Social Work*, pp. 397 - 411. New York: Oxford University Press.

Gassman, J. 2010. "The Chronically Ill and End-of-Life Care. " In J. D. Atwood, and C. Gallo, eds. , *Family Therapy and Chronic Illness*, pp. 179 - 205. New Brunswick, NJ: Aldine Transaction.

Gibbs, H. , and J. Achterberg-Lawlis. 1978. "Spiritual Values and Death Anxiety: Implications for

Counseling with Terminal Cancer Patients. " *Journal of Counseling Psychology* 25: 563 – 569.

Goy, E. , and L. Ganzini. 2011. "Prevalence and Natural History of Neuropsychiatric Syndromes in Veteran Hospice Patients. " *Journal of Pain and Symptom Management* 41, no. 2: 394 – 401.

Harrawood, L. K. 2009. "Measuring Spirituality, Religiosity, and Denial in Individuals Working in Funeral Service to Predict Death Anxiety. " *Omega: Journal of Death and Dying* 60, no. 2: 129 – 142.

Harris, H. 2008. "Growing While Going: Spiritual Formation at the End of Life. " *Journal of Religion, Spirituality and Aging* 20, no. 3: 227 – 245.

Hooyman, N. R. , and B. J. Kramer. 2006. *Living Through Loss: Interventions Across the Life Span.* New York: Columbia University Press.

Jacobs, C. 2004. "Spirituality and End-of-Life Care Practice for Social Workers. " In Joan Berzoff and Phyllis R. Silverman, eds. , *Living with Dying: A Handbook for End-of-Life Healthcare Practitioners,* pp. 188 – 205. New York: Columbia University Press.

Kubler-Ross, E. 1970. *On Death and Dying.* New York: Macmillan.

Kubler-Ross, E. , and D. Kessler. 2001. *Life Lessons.* Llandeilo, Carmarthenshire: Cygnus.

Kuhl, D. 2011. "Exploring the Lived Experience of Having a Terminal Illness. *Journal of Palliative Care* 27, no. 1: 43 – 52.

Kulys, R. 1983. Readiness Among the Very Old to Face Future Crises. " *Journal of Gerontological Social Work* 5, no. 4: 3 – 26.

Levene, I. , and M. Parker. 2011. "Prevalence of Depression in Granted and Refused Requests for Euthanasia and Assisted Suicide: A Systematic Review. " *Journal of Medical Ethics* 37, no. 4: 205 – 211.

Moody, H. R. 2010. *Aging: Concepts and Controversies.* Thousand Oaks, CA: Pine Forge.

Munn, J. , and S. Zimmerman. 2006. "A Good Death for Residents of Long-Term Care: Family Members Speak. " *Journal of Social Work in End-of-Life and Palliative Care* 2: 45 – 59.

Mutran, E. J. , M. Danis, K. A. Bratton, S. Sudha, and L. Hanson. 1997. "Attitudes of the Critically Ill Toward Prolonging Life: The Role of Social Support. " *Gerontologist* 37, no. 2: 192 – 199.

Nakashima, M. 2003. "Beyond Coping and Adaptation: Promoting a Holistic Perspective on Dying. " *Families in Society: The Journal of Contemporary Human Services* 84, no. 3: 367 – 376.

National Cancer Institute. 2011. *Loss, Grief, and Bereavement.* Retrieved from http://www. cancer. gov/cancerinfo/pdq/supportivecare/bereavement.

Otis-Green, S. 2011. "Legacy Building: Implications for Reflective Practice. " In Terry Altilio and Shirley Otis-Green, eds. , *Oxford Textbook of Palliative Social Work*, pp. 779 – 783. New York: Oxford University Press.

Parry, J. K. 2001. *Social Work Theory and Practice with the Terminally Ill.* 2d ed. New York: Haworth Social Work Practice Press.

Pflaum, M., and P. Kelley. 1986. "Understanding the Final Messages of the Dying." *Nursing*86 16, *no*. 60: 26 – 29.

Puterman, E., A. DeLongis, and G. Pomak. 2010. "Protecting Us from Ourselves: Social Support as a Buffer of Trait and State Rumination." *Journal of Social and Clinical Psychology* 29, no. 7: 797 – 820.

Raboteau, A. 1978. *Slave Religion: The "Invisible Institution" in the Antebellum South.* New York: Oxford University Press.

Reed, P. 1987. "Spirituality and Wellbeing in Terminally Ill Hospitalized Adults." *Research in Nursing and Health* 10, no. 5: 335 – 44.

Reese, D. (formerly Ita, D.). 1995. "Predictors of Patient and Primary Caregiver Ability to Sustain a Planned Program of Home Hospice Care." Ph. D. diss., University of Maryland, 1994. *Dissertation Abstracts International.* University Microfilms No. 9526600.

Reese, D. (formerly Ita, D.). 1995 – 1996. "Testing of a Causal Model: Acceptance of Death in Hospice Patients." *Omega: Journal of Death and Dying* 32, no. 2: 81 – 92.

——. 2000. "The Role of Primary Caregiver Denial in Inpatient Placement During Home Hospice Care." *Hospice Journal* 15, no. 1: 15 – 33.

——. 2001. "Addressing Spirituality in Hospice: Current Practices and a Proposed Role for Transpersonal Social Work." Social Thought: *Journal of Religion in the Social Services* 20, no. 1 – 2: 135 – 161.

——. 2011. "Interdisciplinary Perceptions of the Social Work Role in Hospice: Building Upon the Classic Kulys and Davis Study." *Journal of Social Work in End-of-Life and Palliative Care* 7, no. 4: 383 – 406.

Reese, D., R. Ahern, S. Nair, J. O'Faire, and C. Warren. 1999. "Hospice Access and Utilization by African Americans: Addressing Cultural and Institutional Barriers Through Participatory Action Research." *Social Work* 44, no. 6: 549 – 559.

Reese, D., and D. Brown. 1997. "Psychosocial and Spiritual Care in Hospice: Differences Between Nursing, Social Work, and Clergy." *Hospice Journal* 12, no. 1: 29 – 41.

Reese, D., C. L. W. Chan, W. C. H. Chan, and D. Wiersgalla. 2010. "A Cross-national Comparison of Hong Kong and U. S. Student Beliefs and Preferences in End-of-Life Care: Implications for Social Work Education and Hospice Practice." *Journal of Social Work in End-of-Life and Palliative Care* 6, nos. 3 – 4: 1 – 31.

Reese, D., and M. Kaplan. 2000. "Spirituality, Social Support, and Worry About Health: Relationships in a Sample of HIV + Women." *Social Thought: Journal of Religion in the Social Services* 19, no. 4: 37 – 52.

Reese, D., M. Raymer, S. Orloff, S. Gerbino, R. Valade, S. Dawson, C. Butler, M. Wise-Wright, and R. Huber. 2006. "The Social Work Assessment Tool (SWAT): Developed by the Social Worker Section of the National Council of Hospice and Palliative Professionals, National Hospice and Palliative Care Organization. " *Journal of Social Work in End-of-Life and Palliative Care* 2, no. 2: 65 – 95.

Reith, M. , and M. Payne. 2009. *Social Work in End-of-Life and Palliative Care.* Chicago: Lyceum.

Sand, L. , M. Olsson, and P. Strang. 2010. "What Are Motives of Family Members Who Take Responsibility in Palliative Cancer Care?" *Mortality* 15, no. 1: 64 – 80.

Siegel, K. , and E. W. Schrimshaw. 2002. "The Perceived Benefits of Religious and Spiritual Coping Among Older Adults Living with HIV/AIDS. " *Journal for the Scientific Study of Religion* 41, no. 1: 91 – 102.

Simmers, L. , K. Simmers-Nartker, and S. Simmers-Kobelak. 2008. *Introduction to Health Science Technology.* New York: Cengage Learning.

Sinclair, S. 2011. "Impact of Death and Dying on the Personal Lives and Practices of Palliative and Hospice Care Professionals. " *Canadian Medical Association Journal* 183, no. 2: 180 – 187.

Smith, E. 1995. "Addressing the Psychospiritual Distress of Death as Reality: A Transpersonal Approach. " *Social Work* 40, no. 3: 402 – 412.

Stark, D. 2011. "Teamwork in Palliative Care: An Integrative Approach. " In Terry Altilio and Shirley Otis-Green, eds. , *Oxford Textbook of Palliative Social Work*, pp. 415 – 424. New York: Oxford University Press.

Sullivan, M. 2003. "Hope and Hopelessness at the End of Life. " *American Journal of Geriatric Psychiatry* 11, no. 4: 393 – 405.

Sunil, T. S. , and M. McGehee. 2007. "Social and Religious Support on Treatment Adherence Among HIV/AIDS Patients by Race/Ethnicity. " *Journal of HIV/AIDS and Social Services* 6, nos. 1, 2: 83 – 99.

Thoits, P. A. 1995. "Stress, Coping, and Social Support Processes: Where Are We? What Next?" *Journal of Health and Social Behavior* 35: 53 – 79. (*Special issue: Forty Years of Medical Sociology: The State of the Art and Directions for the Future*).

Turesky, D. G. , and J. M. Schultz. 2010. "Spirituality Among Older Adults: An Exploration of the Developmental Context, Impact on Mental and Physical Health, and Integration Into Counseling. " *Journal of Religion, Spirituality and Aging* 22, no. 3: 162 – 179.

Walsh-Burke, K. 2004. "Assessing Mental Health Risk in End-of-Life Care. " In Joan Berzoff and Phyllis R. Silverman, eds. , *Living with Dying: A Handbook for End-of-Life Healthcare Practitioners*, pp. 360 – 379. New York: Columbia University Press.

Wilber, K. 1993. 2d ed. *The Spectrum of Consciousness.* Wheaton, IL: Quest.

World Health Organization. 2011. *Depression.* Retrieved from http://www. who. int/mental_ health/management/depression/definition/en/.

第四章 微观层面的安宁疗护社会工作实践

这一章内容主要包括微观层面或者说个人层面的安宁疗护社会工作评估和干预。本章的第一部分将在第三章所讨论的干预模型的基础上，讨论微观层次的干预。第二部分将更深入地讨论安宁疗护社会工作实践中的灵性和灵性干预。

生理、心理、社会及灵性评估与干预

有很多因素威胁到终末期病人的心理健康，这一点并不奇怪。然而令人感到奇怪的是，与正在接受积极治疗的癌症病人相比，在安宁疗护病人身上担忧、悲伤和紧张感的发生率反而较低（Addington-Hall and O'Callaghan，2009）。一部分原因可能是面对死亡给心理发展带来的影响，另一部分原因是接受安宁疗护病人的独特视角，再就是社会工作对这些问题的干预（Reese and Raymer，2004）。本节将讨论提升安宁疗护病人及其重要他人幸福感的干预技巧。在使用这些技巧时，社会工作者应该对于某些服务对象无法完成这些任务持开放的态度。在这种情况下，安宁疗护哲学的观点是工作人员可以单纯地提供"在场"和"陪伴"。

濒死阶段的生命质量

安宁疗护理念设想为病人及其家人提供照顾，以提升濒死阶段的生命质量。生命质量是一个多维度概念，包括生理、心理、社会和灵性层面的幸福感（Henoch，Axelsson and Bergman，2010）。这些维度之间不是独立的，而是相互影响的。因此，针对其中一个维度的干预会对另一个维度产生影响。例如，有证据表明，社会支持和灵性可以预测减少终末期的心理痛苦，而灵性可以预测高水平的社会支持（Reese，1995 - 1996）。此外，有证据表明社会心理干预可以改善生理层面的舒适度（Reese and Raymer，2004）。我们将在本章进一步讨论这些问题。

安宁疗护病人所关心的两个常见问题是需要足够的疼痛及症状控制，以及希望当维生治疗增加痛苦时不要拖延生存期（Raymer and Reese，2004）。濒死阶段的安全与舒适是包括在美国安宁疗护与纾缓治疗协会（National Hospice and Palliative Care Organization，1997）路径文件（Pathway Document）中的关键优先事项。社会工作者将安全问题的评估与咨询看作自身角色的基本部分；然而，最近一项针对安宁疗护项目主任的全国性调查发现，安宁疗护项目主任认为这是护士的角色（Reese，2011a）。

睡眠困难和注意力集中困难是终末期病人身上常见的被认为部分是由情绪痛苦所引发的生理问题（Noppe，2004）。疼痛可以放大情绪问题，并导致濒死时的尊严丧失（Walsh-Burke，2004）。有证据表明社工干预可以减轻疼痛——美国安宁疗护社会工作调查发现，提供社会工作干预水平越高的安宁疗护项目，其疼痛控制成本越低（Reese and Raymer，2004）。目前，临床上已经发展了一系列社会心理干预方法，例如可以对生理症状产生影响的放松练习。其他研究表明，高水平的社会支持和灵性可以预测健康状况的改善（Lavretsky，2010）。

为了满足病人所有维度的需要，安宁疗护需要由跨学科团队来提供。由于安宁疗护理念认同这些维度之间的相关性，团队中的所有学科共同处理服务对象的各方面问题。同时，由于每个学科在特定领域具有特殊的专业知识，所以在必要时要将问题转介给团队中适当的成员来处理。不过现实中存在专业角色模糊和学科之间的权利纷争，有时候很难知道什么时候该转介服务对象以及该转介给哪位团队成员。这些问题将在第五章关于团队运作的部分中进一步讨论。

安宁疗护哲学以及安宁疗护社会工作的优势视角

安宁疗护哲学中最重要的价值观可能是病人自决。这一点和其他安宁疗护的观点一样，在本质上与社会工作专业的价值观和优势视角相一致。

在倡导支持服务对象的临终照顾偏好时，社会工作者提醒团队成员坚守这一价值观。其中包括促进病人积极参与决策、协助团队了解家人的观点以及机构政策（Bern-Klug，Gessert and Forbes，2001；Raymer and Gardia，2011）。很多时候，病人和家人需要协助沟通，从而彼此之间更好地表达愿望，以及解决不同观点之间的矛盾。社会工作者可以帮助促进这种沟通。设立预先医疗指示可能有助于解决这些矛盾（Berzoff and Silverman，2004）。

焦点解决模式适合在安宁疗护中应用（Simon，2010），其优势视角及简单的应用模型甚至可以在一段会谈中就产生强大的影响。可以根据安宁疗护的不同情景来设计"奇迹问题"，或许问："想象一下你有平静的感觉，在这种情况下你感觉到放松和安静。你想象中希望自己该如何度过这段时间？你想象中喜欢自己在做什么？"每一天对于安宁疗护病人都变得很宝贵，所以值得讨论如何过有质量的生活。通过这种方式，可以协助服务对象将关注焦点放在解决方案而不是问题本身，从而提升最后阶段的生命质量。使用这种方法时，应该遵从服务对象的选择，而非指导他们，这符合安宁疗护哲学和社会工作价值观。

反过来，社会工作者也可以学习安宁疗护哲学，接受一些服务对象无法解决临终阶段的问题。我们不能对服务对象期望太多。有时"善终"是不可能的，解决问题的压力可能会导致服务对象的焦虑感提升。如果服务对象能够讨论他们的感受，积极的倾听会很有帮助。但有时服务对象甚至无法讨论自己的感受，有时最好的方法是传统的安宁疗护解决方案"单纯在场或陪伴"（Bern-Klug，Gessert and Forbes，2001）。以下部分将讨论心理社会评估及其与安宁疗护成效评估的相关性。

社会工作评估工具

为了得到联邦医疗保险的资格认证，安宁疗护项目跨学科团队中必须包括社会工作者。社会工作者需要提供心理社会评估，并且以评估所收集的信息为基础，与跨学科团队共同制定病人的照顾计划（Weisenfluh，2011）。为了降低成本，安宁疗护项目负责人可能限制机构聘用的社工人数，增加每位社工处理个案的数量。美国安宁疗护社会工作调查（Reese and Raymer，2004）发现：①只有38%的安宁疗护社工参与首诊评估；②社工处理的个案数量平均是护士的三倍（社工：17例。护士：6例）；③护士平均访问每位病人10次，但社工平均访问每位病人的次数只有2次。因此，即使社工参与首诊评估以及较早的和频繁的社工干预会提升服务成效，实际上社工干预主要被局限于心理社会评估和危机干预。研究证明，社工服务可以防御危机，提升病人和家人的生命质量，降低疼痛控制成本从而降低安宁疗护整体成本，减少其他专业成员的访问病人次数，降低夜间持续护理及住院治疗的需求。

社会工作评估工具（Reese et al.，2006）（注：关于SWAT发展的讨论详见第二章，关于SWAT内容详见附录A以及Reese等人于2007年编写的使用手册）包括基于社会工作研究结论得出的、在安宁疗护和纾缓治疗中受社会工作干预影响的主要因素。该工具包含本书第三章所阐述临床模型的各个方面，与1997 年美国安宁疗护与纾缓治疗协会"路径文件"所包含的因素相一致。这些问题应该被包括在社工所进行的心理社会评估中。美国各地的一些安宁疗护项目将 SWAT 纳入计算机化的心理社会评估表格。如果尚未纳入，社工可以独立对这些因素进行评估。SWAT 应该由社工在首次探访及每次后续访问后完成，以记录社工服务成效。附录 A 中的"SWAT 手册"总结了如何处理每项问题。

　　之所以在每次探访后都要完成 SWAT 评估，是因为我们通常不知道哪次探访对于末期病人可能是最后一次。第一次探访后的评估作为前测，之后的任何评估都可能作为后测。通过比较前测与后测的分数来记录社工干预的有效性。统计分析包括简单的配对样本 t 检验，可以通过 Microsoft Excel 来完成。即使不应用专业统计方法，仅仅比较分数是否提高也有用处。分数提高的领域可以用来向安宁疗护项目管理人员展示社工干预的重要性。如果某些领域的分数没有明显提高，也是有用的指标，可以指出在哪些领域社工需要继续教育或给予更多关注。一如既往，有时服务对象没有能力在某个领域进行改变，这种情况下我们可以做的是在场与陪伴。

　　应用 SWAT 进行持续评估也有助于提示在安宁疗护社工干预中的重要因素。SWAT 是一页纸长度的清单，社工可以在家访后完成，根据自己的临床判断，记录病人和主要照顾者在每个问题上的表现。

　　在第一次会谈期间，社工根据所在安宁疗护项目和联邦医疗保险及医疗补助中心的要求进行心理社会评估。评估表格通常是计算机化的，可以通过笔记本电脑进行。如果 SWAT 不包括在安宁疗护项目提供的计算机程序中，社工可以向机构呼吁采用 SWAT，同时在会谈结束后对 SWAT 中的项目进行评估。

　　另一个评估工具是由 Shirley Otis-Green 开发的心理社会痛苦评估表（2006）。虽然该工具被设计应用于纾缓治疗领域，但作为一种全面的评估工具，仍适用于评估安宁疗护病人的生命质量。此外，美国社会工作者协会所颁布的纾缓治疗与安宁疗护实践标准中也包括了对相关领域的评估（2011；详见附录B）。这些领域包括以下几容。

　　● 相关的过去和当前的健康状况（包括如疼痛、抑郁、焦虑、谵妄、活动能力降低等问题的影响）

　　● 家庭结构和角色

- 家庭中的沟通和决策模式/风格

- 所处的生命周期阶段，相关的发展问题

- 灵性/信仰

- 文化价值观和信仰

- 服务对象/家庭的语言偏好和可用的翻译服务

- 服务对象/家庭在纾缓治疗和末期治疗方面的目标

- 社会支持，包括支持系统、非正式和正式照顾者、可用资源及可及性障碍

- 过往的疾病、残障、死亡与丧亲经验

- 精神健康功能，包括病史、应对方式、危机管理技能及自杀/杀人的风险

- 与特殊人群有关的特别需要和问题，如难民和移民、儿童、患有严重和持续性精神疾病者和无家可归者

- 将服务对象/家庭的心理社会需求传达给跨学科团队

以上问题都在SWAT项目中有所涉及。不过，根据初步研究中社工的反馈，我们将SWAT的长度限制为一页（Reese et al.，2006），因此，SWAT工具本身并没有对各个条目的应用进行详细说明。所以社工需要运用自己所接受的临床训练以及评估研究的结果，增进对SWAT项目的理解。在本章中，我们将重点关注SWAT评估的应用。

社会工作评估工具中包含的问题如下：与服务对象文化和宗教规范相一致的临终照顾决策，包括预立医疗指示，病人关于自杀或希望加速死亡的想法，死亡焦虑，病人对照顾环境的偏好，社会支持，财政资源，安全，舒适，复杂的预期性哀伤（例如，内疚、抑郁等），对终末期的否定和灵性。

SWAT被设计得便于快捷使用；每个领域只使用一个题目进行评估。社工可以将SWAT用作检阅清单，在探访结束后对每一个问题进行评分。其中一些问题社工可以不必直接询问服务对象而进行评估和打分。应当指出的是，SWAT仅仅评估社工干预针对病人和主要照顾者个体在微观层面的成效；如果需要评估社工干预在中观和宏观层面的成效，还需要采取其他评估方法。

下面将讨论针对这些问题的干预。如前所述，笔者将根据第三章中提出的干预模型展开讨论。

安宁疗护社会工作干预

表4.1列出了安宁疗护社会工作者需要处理的病人的问题和相应的干预措

施，内容来源于美国安宁疗护社会工作调查未发表的数据（Reese and Raymer，2004）。这是对美国 65 位安宁疗护社会工作者及 325 位病人案例所进行的一项混合性方法研究，所得出的数据让我们对安宁疗护社会工作者的日常工作有一个实际了解。很明显，社工们在服务过程中将优势视角和倡导案主权益的理念有效整合。社会支持是所提供服务的一个重要方面，包括促进非正式支持系统、链接正式支持系统以及为服务对象特别提供的社会支持。

即使社工人员还未认识到这一点，但他们已经深入地探讨了灵性问题。当被问及时，只有 23% 的社工认为他们曾经与服务对象讨论灵性。然而，当研究人员审阅他们的病例记录时得知，62% 的社工实际上曾经与服务对象探讨过灵性问题！有 73% 的社工表示自己在灵性方面所接受的培训不足或非常不足——由于普遍缺乏培训，社工无法辨识自己与服务对象所讨论的问题实质上就是灵性问题（Reese，2011b）。

尽管研究发现了社工干预的很多优势，但也发现并不是每一项问题社工都进行干预。此外，评估工具中原本有些条目涉及为服务对象提供安宁疗护理念的教育。但出于伦理的考量，后来笔者删除了这些条目。由于社工专业及医疗服务尊重服务对象自决，所以我们不为服务对象提供某一特定价值体系的教育。最后，社工人员没有为家庭成员提供与病人同等程度的服务。这一点值得在安宁疗护领域得到关注——在应用 SWAT 进行的评估研究中（Reese et al.，2006），后测分数显示病人方面有显著的改善，但主要照顾者方面的改善却并不显著。因此，社工人员需要更多地重视为病人家庭提供服务，这一点也很重要。

为服务对象提供的社会工作服务包括心理社会评估、教育、资源和转介服务、危机干预、介绍社会工作服务范围、发展共识的服务目标、发展治疗性关系、风险评估和达成目标的进展评估。社会工作政策研究所（Social Work Policy Institute，2010）还将疼痛症状缓解、出院计划、协助获得法律文件、宣传、识别虐待和忽视，以及哀伤辅导归入社会工作的临床职责。美国安宁疗护社会工作调查中发现社工人员所使用的临床模式包括领悟取向模式、认知模式、问题解决模式、家庭系统治疗、焦点解决模式、行为模式以及任务中心模式。

大多数社会工作面谈和咨询技巧都与安宁疗护社会工作干预相关，这里只是简要地讨论其中几点。当服务临终病人时，我们的目标不是解决所有精神健康、药物滥用、婚姻和家庭动力等问题。病人生命的最后几个月时间非常宝贵，用与"善终"不直接相关的其他领域问题来挑战服务对象，让其做出重大改变，是非常不明智的做法。对于那些生理功能允许的病人，日记是一项有用的干预方法，可用于处理各种问题。

　　安宁疗护社工干预所采用的模式必须是短期或适于短期使用的。在目前病人在最后时刻才被转介到安宁疗护以及对社工服务缺乏充分利用的情况下，社工与临终病人或其家人的第一次会谈也可能是最后一次。统计显示，社工平均探访每位安宁疗护病人的次数是两次（Reese and Raymer，2004），所以很有可能第一次探访是进行干预的唯一机会。因此，社工必须从首诊评估开始，立即提供干预。

表 4.1　美国安宁疗护社会工作调查中发现社工与病人所讨论问题及相应的干预

评估		
问题		评估技巧
灵性		评估灵性需要
		识别灵性优势
	生命哲学维度	识别病人信仰
社会支持	评估需求	促进对病人/家人需求的讨论
		经济问题/评估
	评估支持系统	识别支持系统
死亡焦虑	评估恐惧	探讨病人的恐惧与死亡焦虑
抑郁	评估自杀风险	关于自杀风险的教育
		关于自杀的讨论
临终照顾决策	评估转介需求	澄清价值观
		识别/讨论病人关于在家中去世的想法/感受
		讨论关于照顾的愿望/目标
		病人关于尝试实验疗法的愿望
		居家照顾的照顾者选择/目标
		病人对日后照顾的偏好
		安置的需要
		提升病人照顾的需要
	评估价值观	讨论安宁疗护理念
	评估疼痛	疼痛水平的评估

　　上一章所介绍的干预模式中的一些因素在报告中显示没有由社工进行评估，包括：个人发展水平、文化群体、控制感、哀伤和否认。

干预		
问题		干预技巧
发展水平	残障病人	有发展性障碍的病人/如何帮助其理解自身的生理功能衰退
文化群体	与不同种族的医疗人员相处的舒适程度	提升病人/家人对护士和社工的信任度
控制感	教育	有关病人自决权利的教育
	病人对于失去控制感和独立性的哀伤	将问题正常化，提供支持
		探讨维持独立/改变生活方式的方法
	倡导	鼓励病人自主决定
		支持病人掌握控制权，自主决策
		确认病人决定和愿望的有效性
		呼吁尊重病人的愿望
灵性	联系灵性照顾者	联系个人的灵性照顾者进行探访
		转介给安宁疗护团队中的灵性照顾者
		转介给服务对象所在的教会
人生哲学范畴	未竟事务	探寻病人的愿望/希望如何度过余下的时间
		讨论如何与所爱的人说再见
		讨论宽恕
		协助病人/照顾者组织到外地的旅行
	生命及受苦的意义	缅怀/生命回顾
		讨论生命意义
		找出受苦、衰退和死亡的意义
	信仰体系	讨论生命周期
	对于死后世界的信念	愿意支持他们的信念
	余生的生命哲学	
统一意识范畴	孤立	躯体形象问题——"你的身体不代表你"
		病人对于安宁疗护团队及家人的信任
	超个人体验	与照顾者讨论/确认祈祷的治疗作用
		在床边与病人/照顾者一起祈祷
		讨论濒死体验
社会支持	与支持系统的连接	鼓励使用支持系统
		鼓励使用教会支持
		讨论病人关于成为家人负担的担心
	病人的行为问题	为病人设定限制
	事务问题	处理事务问题

干预		
问题		干预技巧
	转介服务	
经济考量/协助	联络社会服务部门给予协助	
	政府福利	获取社会保障福利
		获取联邦医疗保险/医疗补助安宁疗护津贴
	有薪照顾者	转介受雇照顾者
		协调有薪照顾者
	协助文书工作	文书工作/表格
	志愿者	转介志愿者
	交通/运载	转介交通协助
		转介法律服务
	转介安置服务	安排护理员安置
	医疗服务	设置医疗报警系统
		转介医疗器材
	转介其他安宁疗护支持	鼓励使用哀伤辅导服务
		提供物资/信息资源
		有关支持服务的教育
		有关医务社工在安宁疗护中角色的教育
		有关安宁疗护服务的资讯
	员工提供支持	提供情绪支持
		庆祝病人的百岁寿辰
	葬礼支持	联络葬礼花费的经济援助
		葬礼安排
	设立照顾计划	协调各方面服务让病人可以回家接受照顾
	倡导	协助应对保险公司
		倡导病人福利
		与公寓管理员进行协调
		在护理院管理人员和家人之间进行调解
		与药剂师会面
		倡导重视医疗费用问题
死亡焦虑	关于睡眠中死亡的焦虑	鼓励说出自己的恐惧
		教导放松技巧
		减轻焦虑的选择
哀伤	教育	关于预期性哀伤的教育
		哀伤过程中酗酒的影响

干预		
问题		干预技巧
	病人的预期性哀伤	促进哀伤过程
	病人之前的失落经验	讨论病人的失落
	目前失去男朋友，病人对于关系改变的哀伤	鼓励表达哀伤，提供支持
抑郁	病人的抑郁	与病人讨论自杀问题
否认	病人对于终末期的否认	讨论病人对于病情的了解
		列举尚可掌控的事项
		预后/末期疾病的事实/协助病人做好准备
情绪痛苦的一般应对	应对策略	证实病人的幽默感
		回顾以往的应对技巧/优势
		有关应对的教育
	正常化和有效化	感受的正常化和有效化
	鼓励表达	鼓励病人公开说出自己的感受
	认知行为干预	认知行为问题
		处理错误的信念
		改变自我对话的认知技巧
		安排时间让病人和照顾者表达感受
	通过物质滥用进行自我治疗	酗酒病人的危机介入
临终照顾决策	法律协助	病人/家人一起制定遗嘱
		生前预嘱
		协助病人完成 DNR（拒绝心肺复苏术的法律文件）
	倡导	调解病人需要与律师需要之间的矛盾
		向殡仪馆倡导家人权益
		支持病人尊严死的权利
		支持让病人留在家中接受照顾的行动
		让病人/配偶/照顾者有能力成为积极的团队成员/决策者
		与团队一起安排家庭会议
	关于葬礼的决定	教育/转介火葬服务
	医疗资讯	与家人和医生会面讨论生命支持治疗的利弊
		关于预后的教育
		关于疾病进程的讨论
		关于死亡时发生情形的教育
		关于迹象/症状/死亡的教导

干预

问题		干预技巧
		关于药物的教育/资讯
		关于舒适/生命质量的教育
		关于濒死时需要的教育
		关于疼痛控制的教育
		关于 DNR 文件的教育
		关于预立医疗指示的教育
		传单/文献/资讯
	资源教育	关于家庭以外安置的教育
		配偶患有痴呆症的病人的照顾选择
	照顾改变的适应	病人对于护理院的适应
		病人对于住家护理员的适应
		接受志愿服务/喘息照顾
	促进决策	预立医疗指示
		DNR 文件
		关于护理院安置的讨论
		关于雇佣私人照顾者和由家人提供照顾的比较讨论
		讨论在家中离世和在医院离世的区别
	支持性计划	讨论/发展照顾计划
		出院计划
	处理疼痛	视觉化/疼痛控制技巧
		认识到止痛药物所带来的困惑
		与安宁疗护护士讨论病人的用药

以上为美国安宁疗护社会工作研究（Reese and Raymer, 2004）未发表的数据。

性别 在面临死亡威胁时，女性和男性的经验之间存在常见差异。女性比男性表达更多的痛苦（Noppe, 2004），但这似乎因为女性更愿意讨论或较多意识到这类问题。作为照顾者的丈夫通常低估病人的抑郁症状，而女儿和其他女性照顾者的估计更为准确（Bassett, Magaziner and Hebel, 1990；Magaziner, 1992）。女性多采用情感焦点的应对方式，而男性多采用问题焦点的应对方式（Noppe, 2004；Reith and Payne, 2009）。对于社会工作者来说，更容易让女性参与解决问题，而与男性服务对象打交道则需要不同的技巧。妇女可能更积极响应社工所提供的社会支持干预，包括同伴支持小组等，而男性则更有可能对问题焦点解决模式做出回应。Noppe（2004）举例，一个男性可能需要在车库里工作来表达他的悲伤。尽管如此，她指出，那些参与较多支持性干预的男性服务对象也会像女性一样积极地做出反应。

随时待命职责　在针对安宁疗护项目主任的调查中，随时待命被视为护士的职责（Reese，2011a）。然而，社工服务增长带来的结果是紧急呼叫探访的请求减少（Reese and Raymer，2004）。这一事实意味着紧急呼叫探访通常具有心理社会性，反映了社工干预对疼痛控制的影响（Reese and Raymer，2004）。

通常，社工会因为自己不需要参与随时待命而感到解脱。然而这传达的信息是：安宁疗护中的社工干预不像护理干预那么重要。促进社工在团队中充分发挥作用很重要的一点是，社工要积极倡导参与随时待命服务！

哀伤辅导　80%的哀伤辅导项目协调员由社工担任（Reese and Raymer，2004）。在安宁疗护项目中提供哀伤辅导服务超出了本书的范围。一个值得思索的问题是照顾的连续性——在病人死亡前提供服务和在死亡后为家人提供支持的社工需要是同一个人吗？一个问题是，虽然联邦医疗保险规定在病人去世后为家人提供一年的哀伤辅导服务，但却没有为这些服务提供报销。因此，很多安宁疗护项目所提供的哀伤辅导服务基本上就是一封给家人的慰问信。美国安宁疗护社会工作调查没有发现家人在接受哀伤辅导服务一年后在哀伤评估量表得分上的改善。这是一个需要进一步发展的领域。

简短治疗模式　临终病人很晚才被转介至安宁疗护项目，以及存在对于获得社工服务的限制，导致社工在跨学科团队中未能充分发挥作用，社工平均探访每位病人的次数仅有两次（Reese and Raymer，2004）。由于这些问题，以及很难预测死亡会在何时发生，社工必须对临终病人使用简短的治疗模式。由于管理式医疗的影响，精神健康服务系统对于会谈的次数也有一定限制；因此许多传统的干预模式已被修订，以便于被成功地运用于单次面谈或多次面谈。Doka（1995/1996）制定了一个应对终末期疾病的任务中心干预模式。以个人为中心的干预模式和以系统理论为基础的干预模式也被推荐应用于安宁疗护服务。当与服务对象仅可能进行一两次会谈时，社工需要灵活应用来自多种理论的不同元素。危机干预是安宁疗护社工常用的一种模式。

危机干预　危机干预是社会工作在安宁疗护中的重要功能。然而，社会工作服务却受到种种限制。由于社工手头待处理案例数量很大，所以只有当护士确定病人有需要时才会由社工进行心理社会评估和干预。因此，现有趋势是社工在危机时刻才被呼叫到场。社工的确可以帮助解决危机，但证据显示，如果社工从首诊评估就开始参与并且提供经常性服务的话，会带来更好的服务成效——我们认为这是由于社工干预可以防止危机发生。

话虽如此，危机干预技能对安宁疗护社会工作实践至关重要（Kovacs and Bronstein，1999）。Gary Gardia（2010）组建了一个快速反应小组，专门回应短期住院病人的需要。他指出，在 2008 年，安宁疗护项目病人接受安宁疗护服务时长的中位数为 21.3 天。这意味着病人仅在生命的最后几天或几周才被转介到安宁疗护项目。这限制了团队干预的范围，所以短期干预模式是关键。

在快速反应项目（Gardia，2010）中，独立的社会工作者被安排全天候在岗，以便为预期生存期为一周或更短时间的病人提供与长期住院病人相同质量的照顾。例如，因为周末期间有社工在岗，所以星期五入院并预计可能在周末死亡的病人仍然可以得到同样质量的照顾。分配到快速反应项目的社工需要具备社工硕士学位和临床资格证书，以提供有质量的服务。

Chung（1993）讨论了在安宁疗护社会工作中将危机干预方法与 Carl Rogers 的"案主为中心"原则相结合。她主张将服务对象表达自己的感受作为一种治疗手段，并指出危机干预模式要充分利用服务对象在由脆弱性带来的危机期间希望做出改变的意愿。这种脆弱的感觉可能会造成案主对社工的依赖感，从而造成与案主中心干预模式和社工价值观之间的冲突。Chung 建议社工应坚守伦理守则，通过确认案主的自我价值和应对能力来减少其临时依赖感，并坚持 Rogerian 案主中心干预模式的原则，如尊重案主体验、主观现实和对人类潜能的信念。

然而，Chung 指出，在较短的时间内提供安宁疗护社会工作干预，社工不可能是非引导性的。社工不可能一直等待服务对象发挥自身潜能，例如，等待服务对象克服没有及早联系安宁疗护服务的罪恶感，或者具备自我价值感。社工需要将服务对象的罪恶感正常化，指出他不希望将不熟悉的环境强加于末期病人的合理性。这种干预比案主中心干预模式更直接，但由于花费时间短，所以很必要。

如果忽略时间性，可以维持 Rogerian 促进治疗环境的三个条件：一致、无条件的积极尊重和同理心。关键是要快速建立关系，让服务对象知道他的个人感受会被理解、尊重和认真对待。Chung 提醒我们，应避免使用专业术语，并尊重服务对象的个人沟通方式，以便创造一个更加非正式的沟通环境，而非临床环境。

　　Chung 还指出，危机的本质是旧的应对方式不起作用，所以服务对象需要关于新的应对方式的建议。对于案主中心模式而言，这种干预会被认为太过直接和行为主义。社工还需要将家庭系统理论纳入对服务对象情况的评估。尽管社工没有足够的时间了解病人家庭史，但应该了解其过往失落史，因为过往的失落经验会影响当前的哀伤。此外，当结束一段敏感的会谈时，意识到这可能是与服务对象唯一的或最后一次会谈，所以服务对象在短时间内进行自我披露所带来的影响也需要被考虑。最后，Chung 提醒我们，所有的安宁疗护干预都是由服务对象主导，根据服务对象能够接受的步调进行调整。

　　在短期干预模式中，必须优先考虑并迅速满足服务对象的紧急需求，而且需要从全人照顾的概念来考虑服务对象需求，包括生物、心理、社会和灵性需求。马斯洛需求层次理论可以为需求的优先次序提供指引（Maslow, 1971）。根据马斯洛需求层次理论，生理需求和安全需求排在首位；当这些需求被满足时，服务对象可以专注于归属感、爱和尊重的需求。这些层级较低的需求被称为基本需求。超越性需求、存在需求或成长需求在需求层次结构中处于更高层，包括认知需求、审美需求、自我实现的需求，以及最终的自我超越需求（Maslow, 1970）。

　　我们将临床工作概念化后发展的干预变量模型符合这一观点，处理疼痛和生理痛苦是首要任务。处理否认心理（只有在必要时）以确保安全的环境、病人自决以及接受现有的医疗现实。允许病人对所有决策具有控制感是非常重要的。死亡焦虑在很大程度上受生理需要的影响。然后，影响死亡焦虑的社会支持可以被看作一种与归属感和爱相关的概念。我们可以将自我实现阶段看作类似于灵性的生活哲学范畴，马斯洛所表述的自我超越则与灵性的第二范畴统一意识有关。因此，我们模型中所包含问题的优先层级从右向左移动。当病人正在忍受剧烈疼痛时，我们无法与其讨论生命意义。而且，我们必须记住，模型中左侧的因素会影响右侧的因素——所以如果要最优化满足服务对象的基本需求，也需要同时关注其超越性需求。

　　与症状缓解有关的干预包括疼痛缓解的评估与监测、有关止痛药物困惑（例如对成瘾的恐惧）的咨询。由于治疗持续时间短以及缺乏正常功能的必要性，所以不必担心末期病人止痛药成瘾的问题。不过，病人可能需要经济援助来支付药物治疗的费用，这有可能从一些制药公司获得援助。社工也可能处理病人对于疼痛治疗的困惑，将病人转介给护士做进一步的症状缓解。相关治疗师及社工也可以和其他团队成员一起参与症状缓解的替代性疗法，包括放松和冥想技术、灵气疗法（Reiki）、芳香疗法、按摩、治疗性触摸和可视化技术控制疼痛等。

服务记录　社会工作政策研究所（Social Work Policy Institute，2010）论证了社会工作服务记录的重要性。他们指出，电子化个案文档可能没有给社会工作服务记录留出足够空间。此外，一些社工可能将这项责任留给其他专业成员，由他们在病人护理计划中做记录。最后一点是，许多社工干预是通过电话进行的，其中包括针对服务对象的直接服务或者联络社区资源的间接服务。除非有文件记录这些服务，否则社工没有任何依据来继续呼吁对这些工作给予认可。

如果没有关于社会工作干预和成效的服务记录，就没有证据证明社会工作服务的价值。缺乏此类证据是联邦医疗保险和医疗补助中心最近决定将安宁疗护社会工作者从业资格从社工专业学位降低为相关专业学位的原因。因此，社工服务记录的重要性没有被夸大。社工应该向安宁疗护项目负责人呼吁采用电子或纸质表格来记录社会工作评估、照顾计划和干预措施。一些社工已成功地倡导机构将SWAT纳入他们需要与服务对象完成的电子评估表格中。

循证为本的实践　对安宁疗护社会工作干预的评估还处于起步阶段。很少有研究报告社会工作服务临终病人的成效，甚至更少有研究对具体的干预模式进行评估。对社工所使用的干预模式进行评估，然后采用被证明对临终病人有效的干预模式，这种循证为本的实践是必要的（Waldrop，2008）。

处理变量模型中的因素

发展水平　Erikson（1950）的心理社会理论根据个体所处的的发展水平描述各阶段的主要心理社会问题。大多数安宁疗护病人都是65岁或以上的，处于Erikson理论中的成年后期阶段，主要发展任务是接受自己生命的现实，心理社会危机是自我完整与绝望，实现积极成效的核心过程是自我反省。社工可以帮助服务对象通过生命回顾实现自我完整性。在生命回顾过程中，许多老年人能够视他们的生活经历甚至是负面的生活经历具有一定意义。生命意义往往是通过从负面经历甚至是罹患末期疾病的经历中看到积极结果的过程发现的。例如，服务对象可能意识到他们的濒死过程使家人更加亲密，帮助他们更多地欣赏生活。服务对象也可能经历灵性层面的危机——例如，想知道"为什么上帝这样对我？"——这可能需要通过检查他们的信仰系统找到答案。另一个可能出现的灵性问题是未竟事务，当需要解决冲突、寻求宽恕或和解时，安排一次最后的体验，帮助他们接受自己生命的本来面貌。服务对象所思考的这些问题属于灵性的生活哲学范畴。基于 Erikson 心理社会理论发展而来的自我力量心理社会成熟问卷（The Psychosocial Inventory of Ego Strength）（Markstrom et al.，1997）包括与成年后期相关的特定问题，可用于评估以下内容。

- 我对自己处理个人生活的方式感到满意
- 我可以接受自己在生活中犯了错误的事实
- 我似乎不能原谅自己在过去做过的很多事情
- 当我反思过去，我感到悲伤和遗憾
- 可能会有困难在前面等着我，但我会尽力以勇气面对它们
- 我不害怕未来自己会发生什么
- 我害怕未来自己身上可能发生的事情
- 我不期待未来

　　一名前士兵，现在是一个终末期安宁疗护病人，对于自己曾经在第一次世界大战战场上杀害的人怀有强烈的悔恨。他向社会工作者谈了这个问题，她帮助他度过了宽恕的过程。由于他有宗教信仰，所以他祈求上帝的宽恕。在祷告中，他也请求获得他曾经在战斗中杀害的人的宽恕。最后，他原谅了自己的行为。

　　心理社会的发展与灵性的发展同步，这些问题的解决反映了在生活哲学维度上的发展。有能力接受生命的本来样貌，会让一个人觉得自己的生活有意义。这也许可以解释为什么年龄大的人通常灵性得分较高（Harrawood, 2009），而且在终末期的生命质量评分也较高（McMillan and Small, 2002）。我们将在本章的后面部分对此进一步讨论。

服务年轻成人　服务年轻成人的过程中会呈现不同问题。当一个人还在建立自己的身份、发展亲密关系或养育子女，却发现自己无法活到预期寿命时，他更难接受生命的现实。研究表明，年轻成人要比老年人经历更强烈的死亡痛苦（Harrawood, 2009）。年轻成人有许多未完成的事业——他们还没有完成或经历自己所期望的生活，所以会觉得这种不合时宜的死亡是不公平的（Mutran et al.，1997）。与老年人相比，年轻成人有更高程度的死亡焦虑和较低水平的灵性

（Harrawood，2009；Reese，1995 - 1996）。

服务青少年 Jones（2006）发现临终青少年（12～15岁）的第一需求是个人控制——包括个人所患疾病的教育、医疗信息、结构性对话、灵性支持和协助安排葬礼。第二需求是继续正常的活动——包括学校干预、儿童日常活动以及协助与朋友交谈。第三需求是沟通和表达，包括能够自由谈论他们的恐惧和感受、协助与父母和兄弟姐妹分享顾虑以及创造性的表达。第四需求是他们需要稳定的照顾者和陪伴，以及与照顾者之间保持一致的沟通。第五需求是他们需要控制医疗和治疗决策，包括疼痛控制、症状管理以及死亡场所的选择（Orloff，2011）。

服务儿童 根据笔者的经验，儿童比成年人更容易接受死亡。这可能是因为儿童对自己周围情况习惯性地缺乏控制、对宗教信仰没有质疑，或者对成年人可能已经失去接触的事物存在灵性意识。根据儿童的发展水平，他们可能并不了解死亡的终结性（Cincotta，2004）。同时，一个儿童要应对其自身的末期疾病，需要强有力的家庭支持（Cincotta，2004）。

Jones 的研究（2006，由 Orloff 于 2011 年总结）记录了年幼儿童（不超过14岁）需求的优先次序，发现他们的第一需求是沟通和表达，包括协助与家长和兄弟姐妹分享顾虑、选择死亡场所以及自由谈论他们的恐惧和感受的能力。他们的第二需求是疾病信息和医疗控制，包括医疗信息、关于疾病的教育以及对治疗决策的控制。第三需求是参加正常的活动，包括学校干预、儿童日常活动以及协助与朋友交谈。第四需求是咨询和支持，包括支持性辅导、陪伴和结构性对话。第五需求是稳定的照顾者。

在笔者接触的一个案例中，临终儿童的妈妈向她解释她为什么会死——然后，孩子说："你在这个地球上存在的时间是一定的，这就是原因。一旦你的时间到了，你就死了。"这个孩子能够不太痛苦地接受死亡事实的一部分原因是母亲接受死亡作为生命的一个自然部分，从而对孩子带来积极的影响。

面对死亡 一些学者将濒死理解为具有特定成长过程和成长任务的独立生命阶段（Reed，1987；Byock，1996；Browning，2004）。在这个阶段，个人可以更容易进入超自我层次。获得高水平的超个人发展可以解释为什么很多末期病人报告超个人体验（Berzoff，2004；Gibbs and Achterberg-Lawlis，1978；Pflaum and Kelley，1986；Reese，2011b）。这也可以解释为什么很多濒死病人能够没有恐惧地接受死亡。

濒死阶段的社会心理任务包括维持有意义的生命质量、应对功能的缺陷与丧失、面对灵性与存在的问题，以及规划幸存者的日后生活。灵性被认为是实现这些心理社会任务的重要部分（Reed，1987；Reith and Payne，2009）。在此基础上，Byock（1996，Browning 于 2004 引用）又增加了完成世俗使命的成就感、与社区关系的完满感、个体生命的意义感、感受到对自我的爱、感受到对他人的爱、与家人和朋友关系的完满感、对生命结局的接受——作为一个个体的存在——一种超越个人失落的新的自我的感觉、普遍的生命意义感，以及向超自然与未知臣服——"放手"。

Elizabeth Smith（2001）利用超个人理论，从以下四个方面解释个体在这一阶段的成长。

a. 将死亡正常化

b. 神圣的意图，如，相信创造宇宙秩序的超自然力量或更高力量

c. 臣服，如，放弃对事件结果的掌控和接受未知的能力

d. 超个人存在，如，相信超越已知的凡人自我的继续存在

Smith 建议社会工作者应该了解病人的世界观，以及病人的各种情绪如何源自其核心信念。类似于认知治疗中对于情绪产生于核心信念的解释，这种方法可以用来减轻病人由于失去对身体的认同而导致的哀伤。本章后面部分将讨论 Smith 的超自我模式。

文化群体　文化群体可能直接影响个体的灵性状态、需求控制、社会支持水平以及临终照顾决策（见表4.1）。通过模型中的中介变量，文化群体间接地影响人们对终末期的情绪反应。当社工服务与自身文化背景不同的对象时，了解其文化规范和观点是关键。社工必须了解不同文化群体的传统规范（而不是对服务对象产生刻板印象或做出假设），参与文化能力培训，主动接触不同的社群领袖及其民众。社工有责任在自己所在的安宁疗护项目中担任发展文化能力的领袖。

社工与文化群体有关的任务包括探讨病人及其家庭与民族文化背景的联系。此处再次强调，社工不能假定某服务对象一定遵照其传统民族文化观点。社工需要理解的另一个方面是服务对象与来自不同民族或种族的社工相处的舒适程

度。一些民族受压迫的历史会让其中很多人对以白人为主流的医疗系统所提供的服务感到焦虑。因此，社工需要致力于提高服务对象与安宁疗护团队的连接感和信任感。我们将在第七章的文化能力部分更详细地讨论这些要点。

性取向——同性恋、双性恋和变性服务对象　一些对于性别问题缺乏敏感度的社工可能会有这样的错误假设：他们的客户是异性恋而非变性者。女同性恋、男同性恋、双性恋和变性人群（Lesbian, Gay, Bisexual, and Transgendered, LGBT）可能会特别关注医疗服务提供者对其需求的敏感或歧视（Smolinski and Colon, 2011），缺乏覆盖 LGBT 伴侣的医疗保险，缺乏法律保护，缺乏得到资源的机会，以及即使 LGBT 伴侣有代理人的授权，医生亦拒绝与其沟通（Reese and Melton, 2003）。因为 LGBT 伴侣之间的婚姻非合法化，所以在病人接受临终照顾期间，其 LGBT 伴侣可能不被允许进行探访，不能参与医疗决策，也不能享有社会保障、医疗补助福利或继承财产的权利。

虽然预先医疗指示（advance directives）可能会解决其中的一些问题，但很少有人设立预先医疗指示。遗嘱、预先医疗指示、医疗护理代理人（health care proxy）、永久医疗授权书（durable power of attorney）和生前预嘱（living will）对于无法享有婚姻或公民结合权利的 LGBT 伴侣来说尤为重要。这些法律文件也必须明确对于未成年儿童的安排（Smolinski and Colon, 2011）。

由于感受到会被他人评判的风险，病人可能不会分享他们的性取向（Smolinski and Colon, 2011）。但是这种隐瞒也会降低福祉，因为它减少了潜在的社会支持途径（McGregor et al., 2001）。不过，这取决于服务对象的发展阶段，以及与新的确认权利的 LGBT 文化紧密联系（Smolinski and Colon, 2011）。几位学者认为，为了满足 LGBT 社群的需要，医疗服务提供者需要培训和特殊技巧，包括处理自己对同性恋的恐惧症和对"性"相关问题的不适感，非歧视的政策，工作表格上的中立性语言（Smolinski and Colon, 2011），准备回答关于向 LGBT 伴侣提供服务的问题（Saulnier, 2002），有关该群体所面临的特殊问题及可用资源的教育（Connolly, 1996），以及与 LGBT 服务对象沟通的技巧（Smolinski and Colon, 2011）。

灵性　在讨论中显而易见的是，无论从何处开始着手解决临终病人的需求，灵性都是不可忽略的部分。我们再次参考表4.1，个体发展水平、面对死亡和文化群体预测灵性，然后灵性对其他任何事物都有直接或间接的影响。除非特别的服务对象提出要求，或者需要回应特定的宗教问题，灵性干预可以不仅仅由牧灵人员提供。尽管社工在这方面缺乏培训及有时无法识别某些灵性问题，但根据国家安宁疗护社会工作调查（Reese and Raymer，2004）中对病例的审查结果，社工对病人的灵性问题也进行了深入的处理（见表4.1）。考虑到这一点，社工必须在实践中接受灵性照顾方面的继续教育，才有资格在这方面提供干预。我们将在后面的章节中专门讨论这个话题。

控制感　主流美国文化的特点是发展良好的内部控制信念。其世界观中所固有的是个人主义以及关于自主和赋权的信念。从"独立宣言"到2010年最高法院维护持有武器的宪法权利，已经明确了每个人都可以保持自己的独特性。

病人自决是安宁疗护哲学的基石，这一点对许多病人至关重要。病人自决法案（The Patient Self-Determination Act）反映了这一价值（Ivanko，2011）。对于承袭了美国主流文化的病人，保持控制感可能是其心理健康的重要方面，其中包括参与治疗决策和尊重其个人喜好的照顾环境安排（Levine and Karger，2004；Reith and Payne，2009；Zilberfein and Hurwitz，2004）。事实上，研究发现对于失去自主权和控制权的恐惧是俄勒冈州一些临终病人选择协助自杀的最常见原因（Schroepfer，Linder and Miller，2011）。这突出了关注该问题的重要性。安宁疗护社会工作者指出，末期病人未被满足的需求还包括担心失去独立性以及成为亲人的负担（Arnold et al.，2006）。接受调查的社会工作者认为可以通过干预和转介来满足病人的这些需求。

然而，大多数人仍然在没有接受安宁疗护服务的情况下离开人世，造成这种情况的原因可能是在疾病末期阶段，医疗人员不了解病人对于安宁疗护的意愿。大多数人说自己想在家中离世，但在2009年，仍有75%的人死于医院或护理院（Byock，2009）。

对于大多数需要对自身情况有控制感的终末期病人来说，安宁疗护是非常有价值的（Chibnall，2002）。在接受安宁疗护后重新觉得有自己能力，可以让病人否定通过自杀来寻求控制感的需要。控制感也可能降低死亡焦虑、悲伤和抑郁的程度（见表4.1）。因此，提升控制感是安宁疗护社会工作干预的一个重要方面。不过，这种干预的一个方面是帮助病人处理由失去独立性和生理能力而导致的哀伤。

在重视个人自决的文化群体中，对于持有该权利的病人，第一个着眼点是让病人了解自己在接受任何治疗之前拥有知情同意的合法权利。社工可以请病人就自己的治疗做出决定，支持并确认病人本人掌控状况，做出自己的决定和表达意愿。在病人澄清和表达自己的意愿后，社工的任务是向医疗团队、社会服务机构等倡导病人的意愿。如果病人倾向于纾缓治疗，社工可能需要帮助家庭成员认识到，让病人接受所有可能的治愈性治疗并不是他们的道德义务（Bern-Klug, Gessert and Forbes, 2001）。

同时，我们必须根据文化，从不同的角度来看待控制感。华人和亚洲的文化比美国文化更为重视集体性，通常是由家庭长辈而不是病人本人做出临终照顾决策。因此，如果在做出决策时忘记咨询这些受尊敬的家庭成员，对于他们来说可能将是一种冒犯。

非洲裔美国人的文化也比较重视集体性，传统的非洲裔美国人通常向他们的社群领袖、基督教牧师寻求有关临终照顾的建议。同时，由于长期被白人医疗保健系统虐待的历史所导致的恐惧，他们觉得对由白人提供的安宁疗护服务缺乏控制感。美国全国各地的安宁疗护工作人员几乎完全是白人（Reese and Beckwith, 2005），部分解释了为什么较少非洲裔美国人病人选择安宁疗护服务。其他受压迫的群体也可能有同样的恐惧，因此对这些服务对象来说，安宁疗护重视病人自决就显得颇为重要（Reese et al., 2004）。然而，虽然存在对白人医疗保健系统的不信任，以及相信认为祷告可以产生奇迹的传统宗教信仰，病人还是可能有选择维生治疗的意愿。一些来自各种文化群体的病人的意愿可能不符合安宁疗护哲学；我们将在第七章中对这一点做进一步讨论。值得思考的是，贫穷、偏见、压迫或歧视会加重社会弱势群体的无助感。社工有责任倡导对这些影响安宁疗护质量的社会环境因素做出改变。

社会支持　对于病人和家人而言，"善终"的一个关键方面是支持与关心（Gardner, 2011）。在我们的变量模型中，社会支持起着重要的作用（见表4.1），而且文化群体可以预测社会支持。一些文化群体是相当有集体意识的，重视相互之间的责任感。与亚裔和华人群体一样，在这些群体中，年长的父母都是由子女照顾，因此缺乏社会支持的情况并不常见。灵性也可以预测社会支持。较高的灵性发展水平通常伴有深厚的同情心，以及重视所有人的福祉超过个人福祉。因此，具有较高灵性发展水平的个体通常会有更积极的人际关系。

盖洛普民意调查（1997）发现，在考虑死亡时，一般公众主要的顾虑包括：担心成为别人的负担，担心没有机会与亲人说再见，以及担心在自己去世后亲人如何得到照顾。其他的顾虑可能与疾病和死亡所导致的财务问题有关。社会支持有助于消除这些死亡焦虑的来源（Glajchen, 2011；Walsh and Hedlund,

2011)。

社会支持也有助于减轻哀伤和抑郁（Panzarella, Alloy and Whitehouse, 2006）。青少年幸福感的一个主要因素是同伴支持，丧亲支持团体也被认为是解决青少年哀伤的有效方式（Gard, 2000）。服务对象通常需要机会表达自己的哀伤，这是解决哀伤过程中的一部分。对于病人而言，如果有机会向支持自己的家庭和朋友说再见，也有助于处理其预期性哀伤（Pessin, Rosenfeld and Breitbart, 2002）。

此外，社会支持可以预测临终照顾决策。具有更多社会支持的服务对象更有可能做出符合安宁疗护哲学的决策（Reese, 1995）；也许这是因为他们有重要亲人可以担任主要照顾者，在濒死过程中为他们提供帮助。Schroepfer（2008）发现，通常具备较好社会支持的病人希望加速死亡的可能性较低。

社工对病人及其家人的生理、心理、社会及灵性需求进行评估，确认需求之后制定服务方案，或者利用非正式支持，协助服务对象与周围的正式支持之间建立联系，或者创造支持，例如为病人及其家庭成员提供支持性团体等，来满足服务对象的需求。

美国安宁疗护社会工作调查发现，社工所提供的有关社会支持的干预非常广泛（见表4.1）。我们将在这里简要讨论这些干预措施。

社工鼓励服务对象运用其自身现有的非正式支持系统。当与服务对象的终末期自我调适直接相关时，社工会通过干预促进服务对象的亲近和亲密关系，以及介入家庭咨询。他们会协助促进公开讨论，并就家庭的能力、需求与调整提供见解，帮助解决病人与亲人之间的冲突，以及鼓励病人请求被原谅或者原谅别人。安宁疗护社工最重要的责任之一是协助病人和亲人道别。同时，社工也鼓励服务对象运用各种正式的支持。他们为服务对象提供关于现有资源的教育，包括现有的安宁疗护服务，并协助服务对象利用这些服务。他们向服务对象解释包括所有服务、设备和药物的联邦医疗保险安宁疗护保障计划（Medicare Hospice Benefit）。社工很可能不得不向服务对象解释自己的角色，因为服务对象经常持有刻板观念，认为社工就只是社会福利或保护服务工作者。当服务对象感兴趣时，社工可以帮助他们从其所在教会或支持团体获得支持。此外，社工也可能必须向管理式医疗系统倡导客户需求。

社会工作的一个经典角色是转介经济援助。事实上，这是在Kulys和Davis（1986）的经典研究中安宁疗护项目主任认为社工所承担的唯一的独特角色。当然，社工大部分也在做这项工作，他们将服务对象转介至各种不同的服务，以满足他们的需求和提升他们的福祉。

社工帮助服务对象获得提供经济援助的公共资源，获得联邦政府福利，例如联邦医疗保险或医疗援助。社工协助安排受薪照顾者、私人护理服务和安宁疗护志愿者，以及协助安排交通工具。通过病人与家人的合作，社工也会帮助他们获得法律援助及帮忙撰写遗嘱。

如果亲人无法在家中照顾病人，且病人也无法安全地独自待在家中时，社工可以为病人安排住院式安宁疗护、医院内的安宁疗护病床或者护理院内的安宁疗护服务。社工也可以协助病人解决一些日常事务，如转介必需的医疗设备或医疗警报系统等。社工担任个案管理者的角色，转介病人接受各项服务，并在各项服务之间进行协调，协助安排病人及其照顾者在各项服务中衔接及往来。

社工自身也为服务对象提供社会支持，例如协助其完成书面文件、提供情感支持和希望，以及参加生日庆祝活动等。更进一步，社工为服务对象提供权益倡导，获取所有资源，努力使环境更加支持服务对象的需求。其中可能包括与服务对象的公寓或护理院管理人员进行交涉，呼吁获得联邦医疗保险支付，在病人需求和代理人需求之间进行调解，与药剂师会面讨论病人的药物需求，解决医疗费用问题，以及向殡仪馆倡导逝者家人的权益。简而言之，社会工作者是安宁疗护服务对象最好的朋友！

社工帮助病人处理他们担心自己成为亲人负担的顾虑以及适应照顾模式转变过程中的困难，例如，转入护理院接受安宁疗护，适应住家护理员、志愿者或喘息服务。病人去世后，社工鼓励亲人使用哀伤辅导服务。他们协助联络殡葬费用的经济援助，帮助家庭做出葬礼安排，参加葬礼和安宁疗护项目每年举行的往生病人追悼活动。

死亡焦虑　每次看到病人眼中的恐惧，都激励我想返回学校学习如何处理死亡焦虑。对于终末期疾病的焦虑是个体的自然反应。处理死亡焦虑对于提升临终病人的生命质量至关重要。灵性（Reese, 2011b）以及社会支持（Walsh and Hedlund, 2011）有助于减轻死亡焦虑。如果否认保持在一个清醒的意识层面，也是一个有用的自然应对机制（Blacker and Jordan, 2004; Connor, 1986）。

死亡焦虑的评估只有在病人的疼痛得到充分控制后才可以进行。一方面，焦虑症状可能是疾病或药物副作用的结果，如出汗、呼吸急促、胃肠道窘迫、心悸等（Payne and Massie, 2000）。另一方面，生理症状也给病人及其亲人的焦虑带来很大影响。美国安宁疗护社会工作调查（Reese and Raymer，2004）发现，社工处理死亡焦虑的服务记录中涉及很多疼痛和其他症状的干预。

大多数抑郁的病人也表现出焦虑，尽管反之不一定成立（Pessin，Rosenfeld，Breitbart，2002）。评估焦虑和抑郁水平的一个有用工具是安宁疗护焦虑和抑郁量表（Hospice Anxiety and Depression Scale，HADS）（Zigmond and Snaith，1983）。该量表没有尝试区分抑郁和焦虑，因为抑郁的病人同时也会报告焦虑症状。而且，因为难以区分躯体症状是由情绪困扰或疾病和药物引起的，所以该量表只是测量认知而非躯体症状。它只有简单的 14 道题目，方便与重症病人进行评估时使用。此外，Walsh 和 Hedlund 也推荐应用 DSM-IV 进行鉴别诊断（2011）。

Conte、Weiner 和 Plutchik（1982）所进行的因子分析确定了死亡焦虑的四个维度，包括对未知的恐惧、对受苦的恐惧、对孤独的恐惧和对个体毁灭的恐惧。所有这些都可以被认为与灵性有关，部分解释了灵性如何减轻死亡焦虑。干预措施包括帮助病人澄清信念——这涉及死后世界的问题，并有可能减轻大部分的死亡焦虑。当然，这并非指社会工作者应该建议服务对象相信某种信仰，而是可以帮助服务对象澄清和发展自己的信仰。

此外，认识到自己的生活是有价值的并且发展出一种和谐的感觉，有助于减低对个体毁灭的恐惧。Smith（1995）的超自我模式非常有力地推动这一观点。该模式的技巧培养一种不是局限于生理躯体而是反映统一意识的超个人身份意识："你不是你的身体。"其他的超个人心理学技巧包括指导放松和冥想。

如前所述，社会支持可以减低死亡焦虑。和他人有亲密关系的个体，可以通过重新诠释个人问题，获得肯定、安慰和鼓励来增强应对能力（Thoits，1995）。感受到自身具有较高水平社会支持的个体，更有可能在生命危机期间寻求和获得帮助（Cutrona，1986）。

　　　　两个相对比的案例显示了各种因素如何影响病人的死亡焦虑水平与接受死亡的能力。在第一个案例中，一名年轻的白人警察被医生转介到安宁疗护中心，说医学已经对他的疾病无能为力，但如果找到新的实验治疗方法，医生就会打电话给他。这位年轻人不愿意谈论自己对死亡或者其他发生在自己身上的事情的感受。他没有为死亡做好准备，非常担心自己的临终，也没有任何精神信仰可以在这方面提供帮助。他的访客很少，社会支持很少。虽然已经结婚，但他似乎和妻子并不太亲近。随着时间的流逝，每当有安宁疗护工作人员来拜访他，他就非常急切地询问："你带来什么关于我的坏消息吗？"当临近死亡时，他的意识变得不清醒，开始攻击每一位靠近他床边的安宁疗护工作人员。他临死时大喊"代码13！代码13！"意思是"长官遇难"。

第二个案例的情形则非常不同。一名非洲裔美国老年妇女即将死于癌症。她和几个家庭成员住在一起，她自己对死亡的平静接受给家人带来安慰。她经常谈到上帝，社会工作者曾经问她："你感觉到上帝的存在吗？"她回答说："哦，是的，每时每刻！"有一天当社会工作者来访时，她所在的教会合唱团成员在她的卧室里围成一个圈子，非常安静地唱歌和用手打着节拍。这位妇女怀着对死亡的接纳非常平静地去世，这使她的家人感到莫大安慰。

什么因素可以解释这两个案例的区别？我们可以参考表4.1中的变量模型来进行解释。第一个区别是年龄。这位年轻人没有准备好接受死亡，他刚刚拥有警察的身份，人生还有很多未竟事务亟待完成。第二个因素是面对死亡。这位年轻人在面对死亡时，似乎并没有思考自己的生命与死亡的意义，也没有经历或完成在这一阶段可能实现的发展任务。第三个因素是文化群体。与教会保持紧密联系的非洲裔美国人体验大量的社会支持。从这位老年妇女身上可以看到这一点，教会合唱团在她的床边轻柔地唱歌。相比之下，这位年轻人的访客或家庭成员很少，与妻子的关系似乎也不密切。第四个因素是控制感。这位年轻人希望得到更多的治疗，因此他并没有完全得到准许接受安宁疗护服务（译者注：美国接受安宁疗护服务的病人必须宣布放弃治愈性治疗），但他的医生已经说明没有治疗方法对他的疾病有效。相比之下，这位老年妇女似乎完全接受了自己的末期疾病。再一个区别是灵性。这位年轻人没有表述任何关于灵性的问题或想法，这不是他所关心的问题。有一天，一位牧师来探访他，但他似乎对与牧师谈话并不感兴趣。而这位妇女在任何时候都完全生活在统一意识中，从她身上散发出一种平和、喜乐的感觉。正如我们之前所提到的，这位年轻男子缺乏足够的社会支持，而这位老年妇女却拥有丰富的社会支持。这位年轻人的死亡焦虑是显而易见的，因为他总是害怕地询问："你带来什么关于我的坏消息吗？"而且他还殴打了靠近他床边的一位安宁疗护工作人员。而这位老年妇女却显然不存在死亡焦虑，她说她感到上帝"每时每刻"存在。这位年轻人还在为自己的生存战斗，看起来没有克服死亡焦虑或否认，而且正在经历哀伤和抑郁。然而这位老年妇女却没有经历这些负面情绪。这位年轻人做出的临终照顾决定是继续等待医生通知他接受实验治疗；而这位妇女平和地接受了事实，自由选择了接受安宁疗护服务。

悲伤，复杂的预期性哀伤，抑郁和自杀　所有处于疾病终末期的服务对象显然都会经历预期性哀伤，需要社会支持来纾缓他们的情绪（Walsh and Hedlund，2011）。Kubler-Ross（1970）的经典理论描述了哀伤的正常阶段。尽管阶段理论遭到后来学者的批评，但也是构成今天很多思想的基础（Bregman，2001）。这些阶段包括否认、愤怒、讨价还价、抑郁和接受。Kubler-Ross 和 Kessler（2001）在此基础上又增加了宽恕和臣服两个阶段（Reith and Payne，2009）。这些正常的哀伤情绪不应该被归于病态，应该被视为精神健康问题。

与正常的哀伤过程不同，复杂性的预期哀伤涉及一些未解决的问题，例如内疚和愤怒，或者无法正常表达哀伤的情绪（Hooyman and Kramer，2006）。社会工作者很有必要提升在这方面的鉴别诊断能力。按照治疗抑郁的方式来处理预期性哀伤是不适当的，抑郁是造成自杀的一个风险因素，应该被排除（Walsh and Hedlund，2011）。

表达对协助自杀的渴望在安宁疗护病人中很常见（Linder，2004）。1996 年在华盛顿州进行的一项研究发现，26% 的医生报告在过去一年内至少遇到一名病人提出协助自杀的请求（Back et al.，1996）。Csikai（2004）的一项研究发现，在美国一些协助自杀属于非法的州，32% 的社会工作者曾经收到病人提出希望讨论协助自杀的请求，而 17% 的社会工作者曾经收到家人提出的类似请求。应该指出的是，不同文化群体对于协助自杀的态度存在差异；例如，相对于非西班牙裔白人，非洲裔、阿拉伯裔和墨西哥裔美国人可能对协助自杀持有更负面的态度（Duffy et al.，2006）。

许多安宁疗护病人对自杀的渴望可能源于想控制自己死亡情形的愿望（Schroepfer，Linder and Miller，2011）。个人控制感不仅可以缓解压力，也可以直接影响精神健康（Thoits，1995）。此外，偶尔的自杀想法还可能作为一种应对机制，让病人籍此表达自己痛苦的严重程度，而并非真正希望加速死亡（Rosenfeld et al.，2000）。另一个导致渴望自杀的原因可能是病人担心由于医疗费用和护理需求的增加而成为亲人的负担。对协助自杀的社会接受程度越来越高，可能导致病人更容易接受这一选择，甚至觉得这个选择令人敬佩（Goelitz，2005）。

笔者所在州的法律并不允许协助自杀，但在笔者的实践经验中，协助自杀的请求并不少见。病人通常以向护士要求可致死剂量吗啡的形式提出请求。在一个案例中，当护士拒绝病人提供可致死剂量吗啡的要求后，该病人开枪自杀。这个事件给护士和病人家庭造成了极大的痛苦。遇到有自杀意愿的案例，重要的是将病人转介给社会工作者进行评估。社会工作者评估病人要求自杀是基于理性的请求还是抑郁症带来的结果。如果病人有抑郁症，则需要进行自杀风险评估。Csikai 和 Manetta（2002）指出，社会工作者在预防由抑郁症导致的自杀中发挥重要作用。

病人是由于希望保持控制感而理性地请求加快死亡，和病人是由于复杂的预期性哀伤或抑郁而引发的自杀意念是不同的。社会工作者的一个重要角色是向病人提供关于协助自杀的信息，以及其他所有可能的临终照顾决策选择（Schroepfer，Linder and Miller，2011），而且为处理这个问题做好准备。即使在协助自杀是合法的州，基于安宁疗护哲学、社会工作价值观和个人价值观，处理这个问题的社会工作者也难免面临困境和冲突（Miller，Mesler and Eggman，2002）。

在美国那些协助自杀尚未合法化的州，安宁疗护哲学倾向于让死亡自然发生。这些州的安宁疗护既不会延长生命，也不会非自然地加速死亡。当病人的求死愿望是理性的而非由抑郁症引起的，然而自杀在本州是不合法时，社会工作者面临额外的道德困境（Csikai，2004；Schroepfer，Linder and Miller，2011）。在这种情况下，社会工作者需要做的重要一步是为病人提供有关法律和政策的咨询，社工应该在这方面具备足够的知识，同时也应该检视自己对于这个问题的看法。Csikai（1999）的一项研究发现，价值观、受教育水平和宗教信仰是预测社会工作者对安乐死和协助自杀的观点的重要因素。尊重病人自决是预测社会工作者态度的最重要指标，这也是社会工作和安宁疗护的一项主要价值观（Schroepfer，Linder and Miller，2011）。

然而，自杀意念可能是由抑郁症所引起的（Reith and Payne，2009）。对终末期纾缓治疗病人的研究发现，病人的抑郁和绝望可以预测其加速死亡的愿望，但社会支持和生理功能的提升却可以降低自杀意念（Breitbart et al.，2000；Linder，2004）。未处理好的生理症状和其他未被满足的生物—心理—社会—灵性需求可能会导致悲伤和绝望感，从而影响生存的意愿（Linder，2004；Walsh-Burke，2004）。当这些需求得到满足时，服务对象可能在濒死时体验到良好的生命质量，从而不再渴望加速死亡（Bern-Klug，Gessert and Forbes，2001；Linder，2004）。此外，在社会工作干预水平较高的安宁疗护项目中，抑郁症的缓解可能是所记录的一项节约成本的关键因素，原因是减少了医疗资源的使用（Reese and Raymer，2004）。

区分正常反应和过度反应 死亡抑郁被定义为与死亡有关的悲伤、恐惧、无意义感和嗜睡等感觉（Triplett et al.，1995）。几种抑郁症状都是躯体层面的，体重减轻、食欲减退、疲劳、睡眠障碍和注意力不集中。这些躯体症状难以与疾病造成的症状进行区分。对于临终病人而言，更有效的办法可能是只评估抑郁的情绪症状，包括失去兴趣或乐趣——例如对亲人的访问缺乏兴致——感到绝望、无价值和罪恶感。一个有用的提问是"你在过去两个星期的大部分时间都感到情绪低落吗？"（Pessin，Rosenfeld and Breitbart，2002）。由于难以区分临终病人的焦虑和抑郁症状，HADS量表（Zigmond and Snaith，1983）可能有助于评估。HADS量表可以检测抑郁和焦虑，而且只关注认知症状而非躯体症状。另一个选择可能是Beck抑郁量表简表（Walsh-Burke，2004）。Van Loon（1999）建议所有渴求死亡的病人都需要接受抑郁和自杀风险的评估，从而进行适当的干预或反应。

Goelitz（2005）提供了终末期病人自杀或加速死亡意愿的评估指南。她指出评估抑郁的重要性，并建议使用《精神疾病诊断和统计手册（第四版）》（*Diagnostic and Statistical Manual of Mental Disorders IV-TR*，DSM IV-TR）（American Psychiatric Association，2000）中的评估标准。但是，Goelitz（2005）认为，即使病人不符合DSM IV-TR抑郁症标准，如果遇到以下情况，也可能面临自杀风险。

- 社交孤立
- 既往精神病史
- 药物滥用
- 不良的家庭支持
- 家族自杀史
- 症状控制不足
- 无助感或失控感

- 绝望

- 受苦

Goelitz 建议将生理、心理、社会及灵性层面的因素都纳入评估的考虑范围，例如服务对象对疾病进程和症状控制的理解、对死亡过程的控制欲望，以及其他生理、心理、社会和灵性层面的需求。

如果一名病人看起来面临自杀风险，工作人员当时就应该直接询问有关自杀想法的问题。对自杀风险的评估包括：询问病人是否考虑过加速自己的死亡，他们多久一次会有这样的想法，他们有这样的想法已经多长时间了，是否曾经计划执行过，是否有具体的实施办法（例如，如果他们打算用枪自杀，那么询问他们是否有枪），他们是否相信自己真的会自杀，等等。自杀意愿可能会随着病人的情绪波动，当病人的需要得到满足时，这种想法可能会停止。因此，Goelitz（2005）建议对被确认存在自杀风险的病人进行反复评估。

悲伤和抑郁的干预　认知和行为干预可能有助于处理悲伤和抑郁。社会支持也是一种方法（Schroepfer，2008）；加强社会支持也可能对缓解悲伤和抑郁有所帮助。此外，灵性也有助于减轻抑郁；社会工作者应该提供机会，帮助服务对象解决冲突或请求宽恕，或者是将病人（特别是有特殊的宗教方面问题的病人）转介给宗教领袖。Smith（1995）的超自我模式也帮助服务对象进入人际发展的超自我阶段，而不仅局限于对身体的认知；通过这个发展过程，帮助服务对象减轻对身体功能丧失的悲伤。Smith 的成长阶段理论将在本章稍后讨论。

对自杀的干预　当需求得不到满足时，病人可能会产生自杀的想法。首先需要关注的是没有得到控制的躯体症状（Walsh-Burke，2004）。接下来是没有识别的谵妄和未给予治疗的抑郁。这些没有得到缓解的症状可能导致绝望和渴望加速死亡的想法。干预措施可能包括疼痛和症状控制、精神科药物、对复杂的预期性哀伤的咨询、协助家庭获得有助于提供照顾的资源、解决财务需求、倡导病人自决，以及满足其他社会支持和灵性层面的需求。病人可能存在绝望或灵性痛苦，如缺乏意义感，需要得到帮助。病人也可能在医疗方面需要帮助，如与疾病和症状控制相关的问题。如果原来的主治医师能够一直参与治疗，可能会让一些病人感到舒适。此外，协助病人讨论和表达自己的需求以及加速死亡的愿望，将问题正常化和合理化，有助于提升病人的应对能力。医疗团队对病人需求的关注以及对病人愿望的支持，则有助于提升病人的控制感（Varghese and Kelly，2001）。这需要整个跨学科团队合作来共同满足服务对象在生理、心理、社会及灵性方面的需求。

调查显示，在协助自杀合法的美国几个州，当社会工作者收到病人和家人提出的希望讨论协助自杀选择的请求时，其中23%的社会工作者建议请家人参与讨论；17%与服务对象讨论了所有可能减轻痛苦的方法，其中包括协助自杀；16%与服务对象讨论了各种可能，但没有讨论协助自杀；10%建议病人与自己的主治医生进行讨论；6%申请进行精神状况评估；1%改换成其他话题（Csikai，2004）。

对终末期的否认　对于终末期的否认（denial）是一个难以处理的问题，它不仅影响临终照顾的决策，也在很大程度上受到家庭动力的影响。同时，否认也是一个有争议的话题，因为有时难以区别宗教信仰和希望的概念。否认可以被定义为"尽管被告知病情，但仍然缺乏对终末期预后的意识"。Weisman（Connor 于 1986 年引用）提出终末期病人存在以下三种程度的否认。

1. 第一层次的否认——否认患病的主要事实（诊断）

2. 第二层次的否认——否认疾病的严重程度

3. 第三层次的否认——即使接受诊断和疾病的严重程度后，仍然无法相信疾病会导致死亡

否认是 Kubler-Ross 阐述的悲伤阶段之一，也是病人及其亲人当中常见的，是一种经常被认为健康的应对方式（Blacker and Jordan，2004；Parry，2001）。由坏消息（如终末期预后）引发的焦虑导致否认作为一种应对方式（见图 3.1）。否认有助于将死亡焦虑降低到可控的水平，因此，死亡焦虑和否认之间的相互影响通过两种方式产生作用，这一点可以从图 3.1 中的死亡焦虑与否认之间的双向箭头反映出来。在大多数情况下，安宁疗护专业人员认为不需要对否认进行干预。不过，即便不提供干预来降低否认，社会工作者仍然必须提供一些潜在的机会，让服务对象讨论自己的感受，这也许有一点挑战性，但并不是促进和鼓励否认。Parry（2001）讨论了社会工作者需要陪伴正在经历否认的病人，但并不真正地参与否认。

然而，在某些情况下，病人或家庭成员可能会经历不正常的否认（Connor，1993），例如基于病人会康复的设想而做出决定，这会给安全问题及案主自决造成影响。

笔者遇到过这样的案例，一位男性病人已经签署了不急救同意书，并

且也接受了自己终末期的预后。这位服务对象实际上已经经历了六次"死亡"，每次都是他的家庭成员违背他的意愿，拨打"911"送他接受急救。社工和所有安宁疗护团队成员一直在做家人的工作，帮助病人与家人沟通自己的不急救愿望，直到最后一次家人不再拨打"911"，而是遵照病人的意愿让他自然死亡。

处于否认状态的家人也可能将病人放在一边，不提供适当的照顾。一个家庭的沟通限制——换句话说，缺乏关于临终问题的开放式沟通——是终末期病人家庭冲突的重要预测因素（Kramer et al.，2010）。

因此，对于安宁疗护社会工作者来说，很重要的是发展对服务对象这些体验的辨识能力，避免将正常的哀伤体验和加速死亡的理性决定病态化，但在需要时提供临床干预。另外很重要的是发展协助病人及其家人就末期疾病开展诚实沟通的能力，以帮助他们做出预先医疗指示和临终照顾决定（Roff，2001）。

社会工作评估工具（SWAT）中包括对否认的评估，但不是直接询问病人。处于否认状态的服务对象不会报告说自己正在经历否认。这需要社会工作者在评估过程中对病人和家人进行观察。可以询问一些问题，例如病人的状况、是否相信病人会被治愈等。此外，还需要询问一些问题来确认服务对象及其亲人的安全，判断是否由于他们无法认识到疾病和预后的严重性而导致安全问题。

需要再次强调的重要一点是，区分否认——一种缺乏对预后的认识的应对机制——和期待奇迹发生的宗教信仰或希望身体通过某种方式自我疗愈。医生实际上无法准确预测疾病的进程，有一些病人可能会康复或生存时间超过预期。这可能导致病人对更好的结果抱有希望（Finucane，1999）。此外，具备灵性和文化能力的社会工作实践的一个关键因素是尊重服务对象的精神信仰。这可能包括对精神治愈的信念，或相信上帝将创造奇迹。这些信仰与缺乏对预后的认识是不同的，必须得到安宁疗护工作人员的重视和尊重。例如，相信上帝会创造奇迹，这一点在保持传统信仰的非洲裔美国人中可能是很常见的。如果奇迹没有发生，这些信念可能会随着时间的推移而发生改变，从"我们感谢上帝创造奇迹"改为"主，我们不明白您的意愿，但如果您愿意接受弗朗西斯姐妹（注：病人名字），我们祈祷您让她没有痛苦地回归您的怀抱"。尊重服务对象的信仰并且让他们表达信仰，是促进不同文化群体接受安宁疗护服务的关键。

在对否认的干预中，为了保护服务对象的心理健康，社会工作者必须避免与病人对质、否定他们的否认。有时，适当的否认被认为是积极的，服务对象会以自己的速度发展出面对终末期预后的能力，或者有时甚至根本无法面对。安宁疗护工作人员接受服务对象的个别化体验，不与其对质或使用任何强烈的干预措施。安宁疗护的观点是，有时候所有人都可以做的是提供自己的存在。因此，只需要在情形向有害的方向发展时才进行干预。在这种情况下，安全是关键，安宁疗护的价值观是倡导病人自决。没有必要争论预后的问题，而只需要关注实际情况——保证病人或其亲人的安全所需要的照顾及环境条件——是否符合病人所表达的愿望。病人会在否认与接纳现实之间反复，当其准备好时，他会提出有关终末期疾病的问题。不过在某种程度上，病人也可能会跟从医务人员的引导，进行有关死亡的讨论（Chibnall et al., 2002）。

　　一个棘手的情况是病人和家人之间难以开放地讨论临终话题。有可能双方都知道真相，却不希望对方意识到这一点。或者可能是其中一方处于否认状态，而另一方却不是。病人通常希望与亲人谈论自己濒死的事实，但亲人却不愿意进行这种对话。社会工作者可能分别与病人及家人会面，目的是帮助他们接受开放地讨论临终问题。当服务对象准备好了，而且他们希望得到支持，社会工作者就可以举行由病人和家人共同参加的会谈，帮助他们彼此之间讨论这个话题。

　　另一个关键是，如果缺乏对病人当前和未来预期状况的现实理解，将很难做出临终照顾的决策。因此，为了对决策过程有所帮助，可能需要陈述低调的事实。例如，尽管有机会让病人恢复到目前状况，复苏术还是很可能使病人处于昏迷状态，依靠维生治疗生存。在协助病人及其家庭成员制定临终照顾决策时，请护士协助沟通医疗事实会有所帮助。

　　最后，应该处理有关希望的问题。Sullivan（2003）曾经提出，希望不一定只是治愈或生存，而可能是希望得到舒适、尊严、亲密或救赎。Park-Oliver（2002）将希望定义为对生活事件的意义所抱有的积极期待，并强调重点是意义而非生活事件。这个定义反映了前面所讨论的灵性问题的意义。希望可能是在一定时间完成重要的项目或目标、旅行、与亲人或上帝和解，或者体验安详的死亡。治愈（cure）并不总是可能，但疗愈（healing）——重新回归人的完整性——在生命的最后阶段却可能发生（Coffey, 2004；Puchalski, 2002）。安宁疗护社会工作干预可以帮助病人走过否认，产生希望感，从而增进疾病末期的生命质量。

临终照顾决策 临终照顾决策会带来很多心理、社会、灵性和文化方面的影响，社会工作者参与临终照顾决策的讨论被发现是有帮助的（Bern-Klug, Gessert and Forbes, 2001；Csikai, 2004）。社会工作者采取的干预措施包括说明预先医疗指示、倡导病人选择的权利、提供支持性咨询、与团队合作、鼓励家人参与和探索临终照顾的选择及资源（America Social Worker Association, 2011）。图 3.1 中的所有变量直接或间接地影响临终照顾决策。随着时间的推移，对这些问题的干预可能会导致服务对象的偏好和决定发生改变。对于控制感的渴望是导致决定协助自杀的主要因素。灵性和社会支持可以减轻死亡焦虑，从而减少病人通过否认来进行应对的需要。否认的程度会影响病人选择纾缓治疗的意愿。如图 3.1 所示，对灵性的影响也间接影响到临终照顾决策。文化群体和灵性可以增强社会支持，对缓解哀伤和抑郁都有所帮助。如果哀伤变得复杂或发展为抑郁，有可能会导致自杀的想法。

在与病人和家人讨论临终照顾决策时，会出现许多伦理困境。这些困境往往与病人、家人和医疗团队之间的沟通有关。社会工作者对与服务对象自决、服务可及性、预先医疗指示执行和精神能力评估等问题有关的案例表达了伦理上的关切（Egan and Kadushin, 1999）。社会工作技能对于解决这些领域的问题是有帮助的。

有时，安宁疗护机构或医疗机构设有伦理委员会，可以对困难的案例进行讨论，并向团队成员就如何处理可能的道德伦理问题提出建议。安宁疗护社会工作者表示需要这样一个委员会。但是临床上经常需要快速做出决定，导致没有时间去咨询伦理委员会。跨学科团队比较经常召开会议，所以可以利用团队会议的机会，展开关于伦理困境的讨论。如果无法通过团队讨论的形式解决问题，社会工作者往往会和安宁疗护项目负责人进行讨论（Csikai, 2004）。

由于安宁疗护个案通常需要立即采取行动，社会工作者会被要求独立解决很多伦理上的困境。美国社会工作者协会制定了一项政策，指导社会工作者处理临终照顾决策相关问题。不过，很多社会工作者可能并不知道这个政策，这一领域需要发展继续教育（Csikai, 2004）。

大多数美国人，特别是接受安宁疗护服务的个体，通常在制定临终照顾决策时强调生命质量的重要性（Rosenfeld, Wenger and Kagawa-Singer, 2000）。不过，对于秉持传统宗教信仰的个体以及少数族裔群体的成员而言，这种情况就比较少见。病人和家人可能会在预先医疗指示、持久授权书、医疗护理代理人、监护人、不给予或撤除治疗的决定、医院外不施行心肺复苏术的指令、疼痛控制、关于协助自杀的问题以及葬礼和土葬/火葬选择等决策中挣扎。预先医疗指示是病人对临终医疗选择的书面记录，一般由病人本人设立，以防病人临终阶段在精神上无行为能力为自己的治疗做出决定。生前预嘱记录病人不使用维持生命治疗的选择。授权代理人是获得法定授权为病人做出医疗决策的个人。如果个人不能胜任，持久授权书（durable power of attorney）将持续有效。如果病人没有完成任何这些法律文件，美国各州的法律允许亲人为病人做出医疗决定（Nicholson and Matross，1989）。对于一些州来说，这意味着只有血缘亲属或法定配偶才有这样的权利；如果同性婚姻在该州不合法，同性伴侣将无法行使这样的权利。

社会工作者为服务对象提供有关以上方案的咨询，帮助他们了解文化、宗教、伦理和情感价值等可能给临终照顾决策带来的影响。社会工作者帮助服务对象澄清价值观，评估是否存在各种冲突或顾虑。服务对象也可能需要了解很多信息，如当地相关法律和做法，包括家庭医疗照顾休假规定、转介律师及如何获得法律文件等。社会工作者必须了解法律和政策，提供有关预先医疗指示的相关信息，在促进病人自决方面发挥作用。最后，社会工作者在安宁疗护团队和医疗专业人员中扮演病人及其家人权益倡导者的角色。

重要的是要让家庭成员和病人一起，参与到这些重要问题的讨论中来。不过，病人常常喜欢让家庭成员来做决定（Csikai，2004）。他们可能需要社会工作者的帮助，让家庭成员进行这样的讨论。或者，有时病人及其亲人对于治疗决策的看法不一致。社会工作干预有助于解决这些分歧，倡导家庭成员支持病人的意愿。

老年人服务对象、西班牙裔和华裔服务对象可能更喜欢家人的参与。在一些文化传统中，如华人文化，病人可能会遵从家庭中长者的决定。在病人生理或认知功能有限、无法表达个人意愿的情况下，如果没有预先医疗指示和其他法律文件，社会工作者可以帮助家庭成员识别病人的愿望。参与这些重要讨论，要求社会工作者对于家庭动力有一定的了解和处理技巧，并且在实践中具备相应的文化能力。在所有情况下，社会工作者应该意识到自己的个人偏见，并避免其对专业干预造成影响（Galambos，1998）。

美国实用生物伦理中心（The Center for Practical Bioethics）开发了一个"关爱对话"（Caring Conversations）工作手册（可在线获取），帮助家庭讨论临终照顾决策，通过反思、对话、指定和行动等步骤，对病人和家人给予引导。该工作手册包含一些问题，帮助病人表达自己的临终照顾意愿，指导他们如何与亲人讨论这些意愿，协助他们指定医疗决策代理人，以防在某些情况下他们无法自己做出决定，并协助病人准备预先医疗指示。这本手册中的实用方法不是强制性的，信息丰富，而且非常有帮助。此外，还有很多已经开发的工作手册和价值观发展评估工具等，可用于在完成预先医疗指示的过程中给予服务对象协助。

非洲裔美国人和一些其他文化群体的服务对象，可能希望他们的宗教领袖能够参与制定其临终照顾决策。即便这些服务对象的意愿或信仰与安宁疗护哲学之间存在差异，但是也必须得到尊重。

讨论临终照顾决策是首诊评估的重要组成部分；但是，仅仅让病人签署接受安宁疗护服务的知情同意书还不够，需要经常查核服务对象的个人意愿。有时，尽管已经签署了拒绝急救同意书，但是当被问及是否需要抢救时，有些病人还是回答需要（Reese，1995）。重要的是确保服务对象积极参与，准确记录病人的意愿，并且"创造一个真正意义上的知情选择及同意的气氛"（Mizrahi，1992）。

此外，临终照顾决策包括表达对自己生活环境的偏好。服务团队应该引导病人说出自己的偏好，或加以探索。例如，是否想要宠物陪伴自己，是否想睡在自己的床上，或者病人想要把床放在哪里，想要在哪里居住，等等。如果服务对象在情感上准备好了，社会工作者可以帮助他们计划自己希望在哪里及如何离世。

为了帮助服务对象做出这些决定，社会工作者应该获得并提供所需的任何信息。例如，疾病发展的自然过程，死亡时会发生什么，以及可能需要的治疗决定。相对于根治性疗法和复苏术而言，纾缓治疗是最让人感到舒适的，指出这一点很有帮助。这些话题对于服务对象来说是很难面对的，社会工作者应该提供情感支持，帮助服务对象找到适当的应对方式。他们应该支持病人认识到自己的偏好，并且在请求亲人尊重自己偏好的时候感到舒适。当病人倾向于接受根治性治疗时，社会工作者一方面提供信息，帮助病人认识到自己可能无法从根治性治疗受益，但另一方面，社会工作者同时也应该尊重和维护这些愿望。

一个常见的问题是，家庭成员会感到有责任为病人提供根治性治疗，并为自己同意病人接受纾缓治疗感到内疚。社会工作者可以帮助病人与亲人讨论他们的愿望，并帮助家人明白他们不应该对病人的死亡背负责任。

除了与病人和家人合作制定临终照顾决策外，社会工作者的另一个角色是倡导安宁疗护团队尊重病人的选择偏好。最后，社会工作者还需要倡导机构制订和发展尊重病人不同信仰及偏好的政策，从而提升团队的文化能力。例如，不要求病人签署拒绝心肺复苏术指令或在家中死亡的政策，可能有助于消除阻挠非洲裔美国人接受安宁疗护服务的障碍。

指导和督导其他社会工作者　讨论的最后考虑是我们对下一代安宁疗护社会工作者的道德责任（Zilberfein and Hurwitz, 2004; Bradsen, 2005）。安宁疗护社会工作者在积累多年工作经验后，理想情况下应具备注册临床社会工作者执照（LCSW），可以督导社会工作学生进行临床实习。社会工作者应该与当地社会工作学院建立关系，努力使这一点成为可能。积极招募不同背景的学生到机构开展实习，希望其中一些学生在毕业后可以到这个领域就业，从而增加安宁疗护团队的文化多样性。这些学生可以被分配从事一些可能不属于社会工作者工作职责的实践任务，例如拓展服务至多元化社区和政策实践。此外，在获得足够的经验后，社会工作者已准备好担任督导或者安宁疗护中心主任的角色，致力于将在本书第六章中介绍的关于宏观干预的理想。

本节以第三章讨论的理论框架为基础，对安宁疗护服务中的个体干预进行了概述。在服务病人的同时，安宁疗护服务也可以令社会工作者受益；我们有证据显示病人和社会工作者双方都可以在精神层面得到发展，同时也有一种巨大的回报感。一个典型的结论是，社会工作者从他/她的服务对象身上所学到和接受的东西，比他/她向服务对象提供的还要多。自我照顾是非常重要的，而且需要与跨学科团队进行宣传和协作，这些问题将在第五章讨论。下一部分将更深入地探讨安宁疗护社会工作中的灵性问题。

安宁疗护社会工作中的灵性问题

这一部分将扩展到如何处理安宁疗护社会工作实践中的灵性问题。基于第三章所陈述的理论模式、伦理考量、宏观干预以及与灵性相关的理论，我们将讨论在安宁疗护社会工作领域中灵性干预的现状，个人对实践、评估和干预技巧的准备。我们将首先讨论灵性的定义。

笔者将灵性定义为一种二维结构，包括生命哲学的超越性和统一意识的超越性。第一个维度，在生命哲学方面的超越性，在本质上是知性的，有关于宇宙学、生命目的、宇宙本质及个人在其中位置的观点、价值观和信仰系统。宗教和非宗教信仰都可以纳入这个维度。当生命哲学关注所有人的福祉超过个人利益时，生命哲学就变得超越了。

第二个维度，在统一意识上的超越，有关于超理性和直接的灵性体验。"统一意识"一词是马斯洛（Maslow）在他后来的著作（1971）中提出的，他在自己原有需求层次论基础上，于自我超越的最高层次上，又增加了一个新的人类需求。这种新的需求是自我超越，在超越自我的过程中，我们意识到所有人的统一性。这个维度可以被描述为一种与宇宙整体一致的感觉，与上帝、他人、大自然等方面的合一感，与灵性维度的沟通，心灵的平静，慈悲心，或者对更高层次或灵性层面自我的觉察。

目前安宁疗护灵性照顾中的社会工作干预

西西里·桑德斯女士在最开始阐述安宁疗护理念时，认为"灵性工作是最重要的……［而且］一直与我们的医疗工作齐头并进"（Saunders，由 Driscoll 于 2001 年引用）。联邦医疗保险政策也要求提供包括关注灵性需求在内的整体照顾。此外，美国《精神疾病诊断与统计手册（第四版）》（DSM-IV-TR）已经包括一个"宗教或灵性问题"的诊断代码，这意味着社会工作者在伦理道德上要做好准备，帮助服务对象认识和处理这方面问题。

如果把灵性定义为一个与宗教分开的单独概念，社会工作本质上是一种灵性活动。在社会工作文献中，灵性通常被定义为一个区别于宗教的概念。Joseph（1988）将宗教定义为一种信仰的外在表达，由宗教群体中的崇拜活动组成。人们可能在宗教团体之内或之外寻求灵性上的成长。灵性和宗教是高度相关的（Reese，1995 - 1996），但基于已经描述的维度，有组织宗教团体的成员可能不一定是高度灵性的。同时，那些不从属于有组织宗教的个体，却可能是高度灵性的，灵性不需要是有神论的。例如，存在主义和佛教徒的观点，就可能是无神论的。

区分宗教与灵性对于临床咨询工作是有益的，因为这种区分允许专业人士承认灵性的积极影响，虽然同时也意识到对宗教的运用有时会功能失调。这样一来，非神职专业人士在没有接受神学训练的情况下，也可以处理灵性问题，而且发展出可应用于任何服务对象、与宗教观点无关的实践技巧。

　　进入社会工作专业，是建立在超越人生哲学的基础之上，它包含着帮助他人和积极贡献社会的愿望。个人超越以自我为中心，将关心所有人的福利升华为目标。Graham、Kaiser 和 Garrett（1998）提出，帮助关系的核心是灵性层面的，只是社会工作者没有认识到和如此命名这种关系。

　　此外，社会工作实践从优势视角出发；根据这一观点，社会工作者寻求评估和建立服务对象的资源与积极性，而不是关注负面现象；而且，对于许多人来说，他们的灵性本质是一种可以汲取的巨大力量。在许多服务对象身上，灵性被认为是抗逆力的一个因素。

　　自 1995 年以来，美国社会工作教育协会要求将灵性纳入社会工作课程。然而，证据显示，社会工作者仍然认为他们在灵性方面的训练不足（Dane，2004），安宁疗护机构中只有少数案例的灵性评估是由社会工作者进行的，而且没有纳入心理社会照顾方案，并主要关注宗教信仰以及神职人员与病人的互动（Reese，2011）。

　　大多数安宁疗护社会工作者都与他们的跨学科团队讨论灵性问题（Reese，2001）。美国安宁疗护社会工作调查发现，在安宁疗护机构中处理灵性问题时，只有 3% 的社会工作者承担正式角色，例如，负责进行灵性评估。然而，6% 的社会工作者声称，只有牧师不在场的情况下，他们才处理灵性问题（Reese，2001）。

　　此外，社会工作者在服务末期病患时处理灵性问题（Derezotes and Evans，1995；Reese，2001）。事实上，对一家中西部安宁疗护中心的病例回顾发现，服务对象与社会工作者讨论的大多数问题都属于灵性问题。在这家安宁疗护中心，牧师拜访服务对象的频率要低于社会工作者，社会工作者处理灵性问题的频率要超过护士，这也是在安宁疗护服务领域比较典型的现象（Reese and Brown，1997）。因此，在处理安宁疗护服务对象灵性问题方面，社会工作者发挥主要作用，是团队中的关键角色。

　　也有一些问题值得考虑，例如，相对于精神卫生社会工作者而言，医务社会工作者较少处理灵性问题（Russel，Bowen，and Nickolaison，2000）。实际上，安宁疗护社会工作者往往没有意识到他们正在处理灵性问题，因为他们在这方面缺乏足够的训练，无法识别哪些问题在本质上是灵性层面的。虽然在处理某些案例的某些时间点上，大多数社会工作者曾处理灵性层面的问题，但从整体来看，所有案例并没有接受灵性干预。社会工作者访问服务对象的频率越高，处理灵性问题的可能性就越大。如果在某一案例中，病人的家庭收入较低，或者病人重要他人的灵性程度较高，则社会工作者处理灵性问题的频率会更高。一个令人惊讶的结果是，尽管缺乏灵性干预方面的培训、缺乏处理灵性问题的知识，但在安宁疗护服务中，曾经处理服务对象灵性问题的社会工作者，会在不同的成效测量中取得更好的服务对象评估成效。这表明处理灵性问题在安宁疗护社会工作中的重要性（Reese，2001）。

有几个案例研究对末期疾病过程中成功的社会工作灵性干预进行了描述（Dane，2004；Smith，1995）。此外，社会工作评估工具中包括两个测量灵性的问题，通过对比干预前后的测试结果发现，在社工干预成效研究中使用该评估工具成效显著（Reese et al.，2006）。然而，很少有其他专门针对社会工作灵性干预成效的评估研究。虽然已经发展出一些优秀的实践模式［例如，Smith（1995）的超自我模型，Foster 和 McLellan（2002）对于灵性问题家庭干预的讨论］，以及 Canda 和 Furman（2010）通过编写教科书对灵性社会工作知识基础做出了贡献，但是安宁疗护社会工作灵性干预理论基础的发展尚处于起步阶段。

由于缺乏培训和准备、能力不足以及在安宁疗护社会工作灵性干预实践中会遇到一系列组织性障碍，再加上文件所记录处理灵性问题的重要性，给我们留下一些伦理方面的思考。除非社会工作者有能力识别重要灵性问题，并且引发对这些问题的讨论，否则不可能开展充分的灵性评估。这时会带来一些伦理道德方面的思考，例如，社会工作者是否将自己的信仰体系强加于服务对象。试图改变服务对象的宗教信仰显然是违背社会工作伦理的行为，由于基督教在美国社会文化中占主导地位，其他多元化宗教群体会将这种行为视为一种歧视（Joshi，2002）。另一个伦理问题是，如果没有培训，仅靠目前所接受社会工作训练中有关灵性干预的知识，是不足以开展实践的。

需要出台相关规定，要求将灵性内容纳入社会工作课程。而且，需要进一步发展灵性干预的实践模式，同时对那些在实践中应用但未在行业内传播的干预模式进行推广。深入的研究也是必需的，以检验这些实践模式的有效性。社会工作教育需要涉及灵性对于低收入和多元化人群的重要性，涉及社会工作者是否应该处理灵性问题的观点、社会工作者个人问题对于灵性干预的抑制作用、为灵性干预带来障碍的服务对象临床问题，以及如何在病历中对灵性干预进行适当的记录。实际情况是，即便社会工作者缺乏灵性干预的培训及实践模式，缺少对灵性问题的深思熟虑和明确努力，而且临床上处理灵性问题的频率也较低，但令人惊讶的是，结果显示考虑到灵性层面问题的社会工作干预对服务对象成效带来影响。可以想象，如果社会工作者接受更多灵性干预的培训，则可能看到更好的服务成效。

美国安宁疗护社会工作调查（Reese，2001）指出发展安宁疗护社会工作灵性干预时遭遇的一些障碍。第一，一些社会工作者已经处理了灵性问题，但是缺少对灵性干预的记录。第二，尽管调查参与者认为由社会工作者处理灵性问题是适当的，但其中一位参与者声称，只有在社会工作者本人也这样认为的情况下才会发生，而且这也是安宁疗护中心所特有的现象。第三，社会工作者必须做好个人的准备，包括先处理自己的灵性问题，然后才为服务对象提供灵性干预（Jacob，2004）。社会工作者可能对这方面怀有恐惧，特别是在死亡问题上，但有一位与会者指出，安宁疗护服务所带来的情感影响才是它的意义所在。第四，有可能在牧师和社会工作者之间存在"地盘"之争，或者牧师对于灵性的定义与社会工作者不同，或者社会工作者可能觉得牧师更有资格处理灵性问题，从而把这个责任留给他们。第五，增加社会工作和牧灵服务的预算，有助于提升灵性干预，提供足够的灵性关怀。第六，末期病人在去世前接受安宁疗护服务的时间较短，这是全美国范围内面临的问题；需要对联邦医疗保险条例进行审查，找出影响将末期病人转介至安宁疗护服务的障碍，发展包括纾缓治疗和安宁疗护在内的过渡服务方案。

总之，社会工作者会处理临终病人的灵性问题，但很少开展灵性评估，也很少接受这方面的培训，而且基本上很少或根本没有开展对灵性干预有效性的评价研究。此外，缺少社会工作灵性干预的实践模式，因此正在采用的一些干预方式可能缺乏理论指导。培训不足、缺乏实践模式和干预有效性的证明，这些都表明我们需要在这个领域进一步努力。本章通过对安宁疗护社会工作灵性干预理论基础和相关技巧的讨论，希望对这方面有所贡献。

在处理灵性问题时与团队有关的问题

获得委员会认可证书的牧师接受比较专门的培训，为各种宗教信仰的病人提供灵性照顾，这一项政策已经出台并且得到很好的执行（Driscoll，2001）。然而，安宁疗护社会工作者无法将这项工作全部转交给牧灵人员，因为大部分安宁疗护服务对象希望与他们的社会工作者交谈的话题，在本质上都是灵性层面的问题。

　　当笔者第一次开展安宁疗护社会工作服务时，一位服务对象问道："上帝为什么要这样对我？"这让我大吃一惊，因为我从来没有接受过任何灵性方面的培训。我说："让我把你转介给我们团队的牧师。"遗憾的是，在牧师到来之前，病人已经去世了，她的问题没有得到解答。这段经历告诉我，安宁疗护社会工作者必须了解如何处理服务对象的灵性问题。

　　我们注意到，社会工作者在宣称自己拥有安宁疗护专业知识之前需要接受培训。多学科团队内部的"地盘争斗"问题也需要解决。团队障碍包括：缺乏对其他专业知识的了解，角色模糊，由于专业价值观和理论基础之间的差异而产生的矛盾，负面的团队规范，对服务对象的刻板印象和管理障碍（Reese and Sontag，2001）。牧师可能将社会工作者的工作视为对自己"专业地盘"的侵犯（Soltura and Piotrowski，2011）。与此同时，牧师也提供一些在社会工作者看来更应该由社工专业来处理的社会心理照顾（Furman and Bushfield，2000）。

　　美国安宁疗护与纾缓治疗协会的一部分——美国纾缓治疗和安宁疗护专业委员会的社会工作者部和灵性照顾者部——解决了这些难题，并在2005年NHPCO会议上发表的合作论文《灵性照顾中的社会工作及社会工作中的灵性照顾：希望与爱的意义》（The Social Work of Spiritual Care and the Spiritual Care of Social Work：The Meanings of Hope and Love）中提出了解决方案。他们指出了这两个领域之间的语言差异，但指出共同点——侧重希望和爱，并指出了我们共同的最终目的：为安宁疗护病人提供服务（DeFord and Bushfield，2005）。他们继续一起发表其他论文，并合著了一本书（Bushfield and DeFord，2009）。

　　解决团队冲突问题的可能解决方案包括：告知其他团队成员社会工作的角色、价值观、理论以及培训和专业知识领域；了解他们并尊重他们；在处理其专业领域问题时征求他们的意见；在团队会议中制定治疗计划，以明确哪个团队成员将解决案例中的哪些问题；社工应该在自己需要更多技能的领域获得培训，并支持灵性照顾人员被接纳为团队的正式成员。

　　Egan和Labyak（2001）提出了跨学科团队的概念，该团队通过为所有学科提供有关主要生理—心理—社会—灵性需求的核心培训，并以病人及其家庭的价值观来指导干预，从而超越了专业"地盘"的问题。同样，共识会议（Puchalski et al.，2009）建议所有医疗保健专业人员都应培养核心技能，提供具备文化敏感性的灵性评估以识别灵性困扰。

转介给灵性照顾人员的指引

如果社会工作者基于公认的专业知识拥有灵性照顾的知识和技能，那么笔者的观点是，当他们的能力达到一定程度时，就可以满足病人及其家庭的需求。但是，所有专业人员都必须注意自身所接受培训的局限性和执业范围，以便他们能够及时、适当地将病人转介给灵性照顾专家，例如安宁疗护团队中的院牧。

要记住的另一点是，对于某些多元文化群体，例如非洲裔美国人，传统上病人在罹患危及生命疾病和临终时会向自己的牧师寻求指引（Bullock，2006）。在犹太人的信仰中，社区拉比可能是值得信赖的灵性照顾者，病人会与之一起探讨深刻的问题。高效团队的内部合作要求协调干预，确保以一致的方式处理需求和关注点，不重复干预，在探索特定的宗教问题时，能与病人及其家人的灵性照顾者或宗教照顾者合作。与灵性照顾者和支持性灵性团体的关系可能被视为一种精神力量，应鼓励服务对象与这些资源建立联系（Doka，2011）。社会工作者应了解社区中各种宗教和非宗教的灵性支持系统，或者作为社工服务的补充；或者在遇到无法与服务对象一起处理某些灵性问题的情形时，为服务对象提供转介。

处理灵性问题的个人准备

如果我们将灵性定义为与宗教分开的概念，其中一个维度是可能包含或不包含宗教信仰的生活哲学，那么我们的工作重点不是促进某种宗教，而是致力于帮助服务对象阐明他们自己的世界观。这种具备灵性敏感性的帮助关系可以跨越信仰体系而存在（Jacobs，2004）。

社会工作者必须注意保持对服务对象灵性信仰和行为的不批判态度。做好这项工作要求我们将自己的灵性信仰与服务对象的灵性信仰区分开（Dane，2004）。不这样做，反而将自己的观点强加给服务对象，会增加无法帮助服务对象、损害服务对象与社会工作者之间关系的风险（Driscoll，2001）。

笔者在安宁疗护社会工作服务中遇到过一名年轻的天主教患者，她相信自己之所以濒死是上帝因她过去的堕胎而惩罚她。我没有接受过有关如何处理灵性问题的培训，我向患者表达了自己的信念，说："上帝不会因堕胎而惩罚您。"患者无视我，这种说法对她丝毫没有帮助。最后，我将她转介给我们跨学科团队的天主教神父，后者通过执行天主教告解仪式为她解决了这个痛苦的问题。在这种情况下，转介给灵性照顾者是有帮助的，因为特定的宗教信仰是重点，宗教仪式能够解决当事人的灵性冲突。

考虑到灵性信仰的个别化本质，社会工作者很可能具有与服务对象不同的灵性取向。在这种情况下，应该承认这种差异并采取谦卑的姿态，邀请服务对象向你解释他自己的信仰，以此来应对这种差异。在任何情况下，都不应该将个人的灵性价值观强加给服务对象。

为了避免将自己的价值观强加于人，自我认知必不可少（Dane，2004；Nakashima，2003；Sheridan et al.，1992）。一个人的自我世界观通常是无意识的，直到个人面对不同的世界观时，它才成为意识的焦点。此时，不同的世界观似乎具有侵犯性。直到我们意识到自己的世界观并认识到我们如何运用它（Nakashima，2003），以及它只是众多世界观中的一个这一事实之前，我们都可能在无意中将其强加于他人。社会工作者必须阐明自己的信仰体系，并检查自己所有未解决的灵性问题以及任何个人偏见。像在任何干预领域一样，自我认知有助于防止社会工作者将个人问题和疑虑投射到服务对象身上。最后，社会工作者必须评估自己尊重服务对象自决权的能力。承认自决权是本专业的标志，并且，如果在这个方面有风险，临床工作者应考虑将服务对象转介给另一位专业人士。

社会工作实践中的重要领域

社会工作实践中处理灵性问题的重要领域包括：哲学，评估，发展具备灵性敏感度的帮助关系，解决灵性问题以及治疗性地运用灵性维度。先前已经讨论过建立一种具备灵性敏感度的帮助关系；我们将在以下各节中介绍其余领域。

哲学和生活方式　将灵性融入我们的哲学和与服务对象共处的方式意味着我们将服务对象视为神圣的存在。特蕾莎修女是一位曾经服务过印度贫困人群的天主教修女，她说过："我在贫民窟的黑洞里所遇到的是耶稣，是那位在十字架上的裸体男人"（Siemaszko，1997）。当我们将服务对象视为神圣的存在时，我们认为他们具有无条件的价值，拥有无限的成长机会。我们从服务对象的目标和需求所在之处起步，结合服务对象自己的做法和信仰，激发他们成长的潜能。从这个角度来看，危机被视为成长的机会。这是一个相互的过程；社会工作者也在这种关系中成长。

　　　　最初，一名白人老年男性临终病人拒绝让一名非洲裔美国人注册护士助理进入他的家。安宁疗护中心告诉他，为了接受安宁疗护服务，他需要接受指派给他的工作人员。到病人临终时，他已经完全转变了，将非洲裔美国人护士助理看作仁慈的天使，她在他最需要的时候照顾了他。

　　新泽西州的一位私人执业者 Joleen Benedict 发展出一套在见到服务对象之前"创造神圣空间"（creating a sacred space）的方法，目的就是唤起这种理念。它包括一个简短的冥想，社会工作者通过冥想放松并集中注意力，投入当下；然后做一个简短的声明："我打算将此服务对象视为一个独特的神圣存在"（Joleen Benedict，1996）。

　　根据国家社会工作者协会的道德准则（National Association of Social Workers，1999），人的尊严和价值是社会工作的核心价值。我们的道德准则要求我们尊重人的固有尊严和价值，以关怀和尊重的方式对待每个人，注意个人差异以及文化和种族多样性。在社会工作者已经从事实务工作一段时间并成为同情心疲劳的牺牲品之后，实际上可能很难做到这一点。服务对象不一定会因为社会工作者的存在而感到高兴，而且可能表现出没有改变的潜力或改变的欲望。在我们的工作中持有灵性观点会让坚持这一道德原则的可能性更大。

　　灵性评估　灵性评估中要处理的重要方面包括服务对象的信仰体系、灵性问题和疑虑、宗教信仰的有效及不良运用，以及灵性发展。在探索每个领域时，我们可以确定灵性的优势和需求。

　　已经有几种灵性评估的框架被发展出来，这些框架探索一个或多个领域（Hooyman and Kramer，2006）。灵性的向度（domains of spirituality）（Nelson-Becker，Nakashima and Canda，2006）包含四个初步问题。

　　1. 什么能帮助您体验生活中的深刻意义、目的和道德观念？

　　2. 灵性、宗教或信仰在您的生活中重要吗？如果是这样，请举例说明。如果不是，请解释为什么它们不重要。

　　3. 如果对您很重要，那么您更喜欢用什么名词？

　　4. 您想在我们的工作中融合灵性、宗教或信仰吗？请解释。

　　此外，Hodge（2003）发展了一套灵性评估框架，该框架运用访谈问题来探索：①最初的叙述框架，其重点是一生的灵性体验；以及②解释性的人类学框架，与服务对象讨论灵性与情感、灵性行为、认知（宗教/灵性信仰）、共融（与终极存在的关系）、良心（价值观、内疚和宽恕）及直觉之间的关系。

收集有关灵性的信息的另一种方法是使用家系图。家系图可以作为促进关于灵性和案主目标的讨论的有用方法（Bullis，1996）。可以将有关灵性的问题纳入常规家系图的构建中，也可以构建灵性家系图。可以从讨论服务对象对灵性的定义开始，也可以提供我们自己的定义，这比仅仅询问宗教信仰这样更广泛的范畴，可能会更有帮助。灵性家系图记录了服务对象以前的灵性经历，例如习俗、信仰和原生家庭的影响（Bullis，1996；Hooyman and Kramer，2006）。服务对象当前的灵性取向和实践，以及服务对象曾经历过的特定的灵性冲突（例如转变为另一种信仰）会被探讨。它会探索当前服务对象的重要他人对其灵性功能的影响（Bullis，1996）以及对其重要灵性修行的影响，例如阅读灵性或启发灵性的文学、祈祷和冥想（Sheridan et al.，1992）。它评估服务对象对自身灵性生活质量的看法。此外，询问各个家庭成员的灵性本质和力量以及是否有助于他们应对重大的生活事件，这些都很有用。可以通过这种方式，在各个成员和几代人之间对灵性在家庭动力和功能中的作用进行评估。

服务对象的信仰体系　了解服务对象的信仰体系后，社会工作者就可以根据服务对象的观点进行适当的干预。灵性信仰和实践可能是服务对象力量的重要来源（Doka，2011）。信仰体系可能基于宗教或服务对象的个人世界观或人生哲学。社会工作者可能要询问服务对象的宗教背景，当前是否归属于任何有组织的宗教，服务对象或家庭成员希望纳入照顾计划的任何仪式或实践，以及服务对象希望哪些宗教领袖或宗教支持参与照顾。为了以适合服务对象需求的方式做出回应，这些可能是必要的，并且可能是舒适感的重要来源。出于同样的原因，可以鼓励没有传统仪式的服务对象创建传统仪式。灵性干预的作用和性质是由服务对象而不是社会工作者来定义的，我们必须了解服务对象的观点才能做到这一点（Doka，2011）。

例如，传统的非洲裔美国人的观点倾向于"给上帝时间来创造奇迹"（Bullock，2011；Reese et al.，1999）。一些文化观点中有对于讨论死亡的禁忌，例如非洲裔美国人（Bullock，2011；Reese et al.，1999）和华裔（Reese et al.，2010），这使得难以合法地记录临终照顾决策。在这种情况下，可能会推迟或避免做出某些决定。但是，某些决定是必须要做出的，例如，联邦医疗保险要求确认病人处于临终阶段。社会工作者可以认识到开展此类讨论的困难，但可以向服务对象解释为什么需要进行讨论并提供情感支持，而且可以理解服务对象是否因此决定不接受安宁疗护服务。应当指出的是，社会工作者应倡导改变这种政策，以便发展更具文化能力的服务。

关于探索服务对象信仰体系的建议包括：服务对象父母的宗教传统，服务对象自己的灵性信仰和实践，以及服务对象与宗教团体的联系程度（Hooyman and Kramer，2006）。社会工作者必须了解家庭信仰传统在服务对象的整个发展过程中的重要性，以及洗礼、坚信礼、成人礼、人生各种庆祝仪式、成员资格及与家庭宗教取向的任何背离（Bullock，2011；Hodge，2003；Jacobs，2004）。

灵性问题及顾虑 人生哲学范畴内的主要灵性问题包括生命和痛苦的意义、未竟事务以及信仰体系。统一意识范畴内的问题包括与终极存在之间的关系、连接感和超个人体验（Reese，2011）。如何定义和体验终极存在是一个高度个人化的问题，并取决于一个人的信仰体系。这个概念可能指的是上帝或神圣的自我（Bullis，1996），或者是超个人或深层生态学理论家所描述的与一切融合的普遍经验。连接性是指带来支持感和亲密感的人与人之间的关系，以及与灵性层面的连通感。可以询问服务对象有关对话、灵性觉醒、超个人融通和高峰体验，以及当下的超越性存在体验（Hodge，2003）。这些问题可能是自然而然提出的，也可能是通过隐喻或梦想揭示出来的。在评估过程中尽可能了解这些方面会有所帮助。

宗教信仰的有效和不良运用 服务对象有时会运用宗教信仰来解决社会心理问题，但这有可能是宗教信仰的不良运用。社会工作者在做出此判断时必须非常小心，因为这可能是社会工作者对服务对象信仰系统存在批判性态度的结果。这种判断取决于运用宗教信仰是否会导致对服务对象或他人的伤害。一个例子可能是当服务对象运用圣经经文"放开棍子，宠坏孩子"（"Spare the rod and spoil the child."）为虐待儿童辩解的时候。持这种信念的其他人不会伤害他们的孩子：虐待孩子的人不是为了坚持这种信念才这样做——他这样做是因为个人的心理问题。其他例子可能包括对神的被动依赖在某种程度上导致了对疾病的否认，或者借口圣经指示妻子应屈服于丈夫而实施家庭暴力。

笔者在安宁疗护社会工作服务中遇到一个案例，一个30岁的儿子正努力寻找其50岁的母亲因乳腺癌而过早面临死亡的意义。他不敢相信上帝会允许他的母亲死亡；他对此做出的解释是因为母亲对神迹没有足够的信心，所以她才快要死了。他成长于传统的非洲裔美国人文化，这使这个问题更加难以评估——这种文化信仰体系确实包含了对上帝将创造奇迹并治愈病人的期望。文化能力可能让社会工作者尊重这一信念。但是，这种观点如果持有时间太长，就会引起母亲的困扰。情感上的痛苦和躁动让她在床上辗转反侧。只要她的儿子拥有这种观点，她就无法安宁地离世。这个宗教困境使儿子也感到非常痛苦。在这一点上，我们可以认为儿子对于这种信仰的运用是不良的，因为这给他的母亲和他自己造成了极大的困扰。在这种情况下，社会工作者通过询问"如果病人去世是否是病人的过错？"来帮助儿子阐明自己的信念。儿子在思考自己的信念时，能够放弃自己的观点，并根据他的信仰体系"我们爱你，但上帝更爱你"对母亲死亡的意义得出不同看法。他对母亲说："没关系，妈妈，你可以走了。"母亲在二十分钟后离世。

灵性发展 一种评估灵性发展的强大技术是 Bullis（1996）的灵性家系图或时间线。服务对象可以像绘制"灵性"家系图一样绘制它，制作出包含"灵性祖先和影响力"的"灵性家庭树"。这些内容可能包括影响服务对象灵性取向和灵性面貌的重要书籍、经验、演讲、事件、亲戚和朋友。时间线记录的信息类似于灵性家系图，例如对服务对象的灵性产生重要影响的重大事件、人物和经历；但按照时间顺序将其绘制出来（Doka，2011）。这种技术虽然用于评估，但其本身具有治疗性，因为它可以帮助服务对象了解重要生活经历的贡献。下一节将进一步讨论如何使用这种技术作为干预措施。

在安宁疗护中处理主要的灵性问题

灵性的两个维度分别代表一种知识观点和一种体验意识，要求治疗技术同时处理这两个层面的问题。换句话说，既涉及理性层面的讨论，也涉及体验性实践。理性讨论可以帮助服务对象发展新的观点，而引导想象和象征符号的使用可以促进超越理性水平的改变，这些经验也可能令知识观点得到修订。体验性技术可能非常强大，可以在短时间内实现巨大的变化和重大的治疗突破。

但是，由于体验的可能性强度，许多作者指出在使用体验式技术时需要谨慎。Canda 和 Furman（2010）建议社会工作者不要在从未使用过该技术的服务对象身上"尝试"新技术。可能的话，社会工作者应该通过专门的培训，或者通过应用这项技术的重要个人体验来胜任这一方法。此外，如果服务对象在心理或生理上较脆弱，社工应谨慎行事，并相应调整技巧。在安全地超越自我之前，成年人应该有一个完善的自我。尤其是精神病患者可能难以练习有助于改变意识状态的技术。如果该技术需要服务对象所不具备的体能，例如，当服务对象使用氧气并且呼吸困难时运用呼吸技巧，则应为该服务对象选择更合适的技术。但通常简单的锻炼有助于减轻精神或生理上的症状（Canda and Furman，2010）。

最后，处理灵性的干预措施只能在得到服务对象许可并在解释了该技术的目的之后使用。评估应收集有关服务对象信仰体系的信息，而服务契约应确定服务对象有兴趣探索这些问题。干预措施应反映出患者的信仰体系和商定的治疗计划。

灵性的人生哲学范畴

生活和苦难的意义　面对死亡的一项关键任务就是要找到生活和苦难的意义（Doka，2011；Jacobs 2004）。家庭成员也需要在所爱之人的死亡和接受所爱之人的生命中找到意义。Foster 和 McLellan（2002）认为这是做出那些不延长生命的临终照顾决定的关键。

在全美国安宁疗护社会工作调查中，只有 5% 的社会工作者报告曾经处理过有关服务对象生活和受苦意义的问题。不过，在对他们的案例进行病例回顾后，研究人员发现 43% 的社会工作者确实曾经处理过这个问题。这是一个令人不安的提示，提醒我们社会工作在处理灵性问题方面的培训需要。社会工作者使用的干预措施包括帮助服务对象回忆、进行生命回顾、讨论他们的生命意义以及他们的衰弱和死亡的意义，就患者的生命价值举行家庭讨论，以及跟进家庭的要求，为与患者疾病相关的研究工作做出贡献。

怀旧或生命回顾经常被用来帮助服务对象寻找人生意义，将危机视为超越个人的成长机会，发现超越个人的使命，并发展 Erikson（1950）社会心理理论中所阐述的自我整合（Doka，2011；Smith and Gray，1995）。Bullis（1996）进行的灵性家系图练习是一种有效的生命回顾方法，它绘制了服务对象的灵性家系图。服务对象描绘了她的灵性祖先的概念，包括重要的书籍、经验、演讲、活动、亲戚和朋友，这些都影响了她的灵性取向或观念。另外，家系图也可以是代表服务对象生命地图的时间线形式。

完成家系图之后，服务对象可以更清楚地看到高峰体验、最低点体验和高原体验（Maslow，1970）对他的超个人发展的影响。有关逆境导致个人成长的证据可帮助服务对象接受过去的创伤，在痛苦中寻找意义，并发展包括个人死亡观点的信仰体系。安宁疗护病人通常能够从过去的负面事件甚至是终末期疾病中感悟到积极的结果，例如解决与他人的冲突、与家人重新连接等。这种练习可以帮助服务对象回答以下常见问题："为什么上帝会这样对我？"在形成个人对这个问题的答案时，服务对象会形成个人的死亡观点，从而促进灵性人生哲学维度中的超个人成长。

Leichtentritt 和 Rettig（2001）发展了一套戏剧学的方法，曾应用于以色列人，为死亡以及死后赋予新的意义，旨在促进个人的身份、传统和遗产的连续性。它使用八种有意义的策略来构建"善终"。

1. 在戏剧的形式下运用故事

2. 描述多种场景

3. 假设导演和编剧承担不同程度的角色

4. 解释什么不是善终

5. 比较以往的死亡经历

6. 使用问题、明喻和隐喻

7. 用讽刺和黑色幽默来评论

8. 描述梦境

寻找意义的其他方式包括冥想（Canda and Furman，2010）、日志（Vaughn and Swanson，2006）、关于梦和图画的讨论（Goelitz，2001a，2001b）以及基于意义的团体心理疗法（Breitbart and Heller，2003）。尊严疗法通过记录和转录病人对他们生活中最有意义的方面的讨论，增强意义和目的感（Chochinov et al.，2002）。病人及其家人也可以通过利用自己的处境作为帮助他人的机会来发现意义（Trombetti，2006）。Peay（1997）描述了一个垂死的女人，她对生活事件感到痛苦，但是在临终关怀牧师的帮助下，她利用自己的濒死缓解了一位年轻的丧亲母亲的痛苦。病人发生了转变，她整个人"充满了光辉的爱"，她的思想集中在为年轻母亲祈祷和提供帮助上。

Canda 和 Furman（2010）讨论了仪式可能具有的疗愈作用，无论是宗教仪式或者是个人就手边问题发展出的一些象征性的仪式，在解决由创伤经历带来的情感影响时，都可能具有疗愈作用。最后，Besthorn（Besthorn and McMillen，2002）的深层生态学视角为社会工作者提供了一个框架，通过该框架，可以帮助他们的服务对象表达因与自然隔绝而遭受的痛苦和失落。大自然的体验可以治愈这种分裂，帮助服务对象在生活中找到新的目标、意义和连接。这种方法鼓励服务对象利用自然的超个人特性来实现更深刻的自我意识。

未竟事务 社会工作者可以与服务对象一起探讨希望如何利用剩余的时间，以完成未竟事务（Early，1998）。未竟事务可能包括与亲人道别，解决先前的悲伤（Smith and Gray，1995），完成最终目标、从未实现的梦想或最后一次想要的体验（Smith and Gray，1995），与疏远的亲人和解或解决有关罪恶感、愧疚感以及对自我和他人的宽恕（Canda and Furman，2010；Doka，2011；Puchalski et al.，2009）。美国临终关怀社会工作调查（Reese，2001）中有关未竟事务的社会工作干预措施包括宽恕、讨论剩余时间的使用以及协调病人与其重要他人一起去外地旅行。

完成最终目标 在某些情况下，服务对象无法实现最终目标，而社会工作干预的目标可能是帮助服务对象接受这一现实（Goelitz，2001b）。但在某些情况下，也可能为解决这些问题计划一些最后的活动或咨询会议。Early（1998）描述了询问一位濒死的青少年在临终前是否想做些什么，并帮助他和家人一起解决这些问题。身患绝症的服务对象已经计划了他们梦寐以求的邮轮旅行，完成了他们想写的书。这就是"许一个愿望基金会"（Make-A-Wish Foundation）的目标，该基金会协助绝症病人在他们尚存的时间内实现梦想。

与疏远的亲人和解 与疏远的亲人和解变得对某些临终病人非常重要，因此这一领域需要社会工作技能（Bern-Klug，Gessert and Forbes，2001）。

解决关于罪恶感和负罪感的顾虑 社会工作的另一项责任是帮助病人解决因过去或当前行为而产生的罪恶感。如本书前面示例中提到的笔者所经历的案例，一名安宁疗护病人寻求帮助，希望解决自己对战时杀死敌方士兵的内疚感。在另一个例子中，一名天主教患者因过去的堕胎而痛苦不堪，她认为这是罪过，并质疑上帝是否用癌症折磨她作为惩罚。在另一案例中，一名男子持续做噩梦，梦中火焰在他周围跳跃。对于社会工作者而言，这似乎代表地狱的景象。不幸的是，服务对象除了向社会工作者重复提及梦境之外，不会讨论他们。他也不同意与宗教领袖谈话。在这种情况下，安宁疗护社工只是提供在场陪伴，并希望自己所提供的支持能带给病人舒适，甚至可以帮助服务对象默默地解决问题。

如果服务对象对自己在世俗追求中投入生命感到后悔，那么最后的崇高举动，例如捐赠器官、改变一种消极方式或做出其他捐赠，可能帮助减轻这些懊悔（Peay，1997）。在某些情况下，宗教仪式可以帮助当事人解决内疚；如果服务对象有兴趣，社会工作者应当转介适当的宗教领袖。可以转介给神职人员，通过宗教机构来解决一些问题，如婚姻、服务对象与宗教机构之间的和解，或解决特定的宗教信仰的问题。

> 一位安宁疗护病人与伴侣一起生活了很多年，根据他的信仰体系，他认为应该通过和她结婚来使她成为"诚实的女人"。他穿着西装，站在床旁，临终关怀牧师被召到床旁举行仪式，帮助病人完成未竟心愿并安息。

Loewenberg（1988）概述了如何评估罪恶感是否存在客观原因或者是否基于想象中的过犯。如果内疚感是真实的，他建议帮助服务对象将导致内疚的行为转变为更有道德和令人满意的行为。对不道德的行为不宽恕，但是接受犯过错的个人，这是支持解决此类问题的关键。Loewenberg（1988）也建议帮助服务对象重新专注于自己的长处。或者，如果内疚感不是基于实际的过失，社会工作者可以帮助服务对象理解其感受的非理性基础。判定行为是否不道德应基于服务对象自己的信仰体系，而不是社会工作者的个人信仰。

对自我和他人的宽恕　服务对象可能需要向他人请求原谅，或需要因过去所受的伤害而原谅别人。宽恕会解除对自己或他人的痛苦、内疚、羞耻和愤怒。原谅并不意味着该人"原谅并忘记了"，而是他从错误中汲取了教训并继续前行。服务对象可以让别人走各自的路，而不会陷入对抗心态。他们放弃了复仇的需要，释放了痛苦和怨恨。

Swett（1990）开发了一项功能强大的引导想象技术，即使在服务对象无法与需要原谅的人面对面接触的情况下，也可以协助服务对象原谅过去所受的伤害。在此练习中，服务对象想象一条脐带将她与需要宽恕的人连接起来，并设想在这个连接上有一个过滤器，只有正能量可以流过。接下来，服务对象想象积极的精神能量流过她、脐带以及其他人，因此所有人都被清除了负能量。如有必要，可以完全断开连接，并允许其他人使用不同的方式。

如果服务对象对自己过去的行为感到内疚，则有可能安排其与得罪的人会面以请求宽恕。或者，与服务对象需要原谅的人进行会面。Marshall Rosenberg

（2011）开发了一套解决冲突的模型，即"非暴力沟通"，参与各方表达自己的感受和需求："当你做＿＿时，我感到＿＿，因为我需要＿＿。"目标是每一方都可以满足自己的需求而无须评判对方。Worthington 和 DiBlasio（1990）概述了在陷入困境的人际关系中促进相互宽恕的技术。其中包括承认伤害性的行为，避免将来的伤害，原谅对方过去造成的伤害，为给对方造成的伤害赎罪，并为对方做出牺牲。

信仰体系　末期疾病所固有的危机可能会挑战某些服务对象的信仰体系（Jacobs，2004）。有些人可能会感到被上帝抛弃，对上帝愤怒，或无法参加如祈祷或仪式等通常作为应对机制的活动。社会工作者可以邀请服务对象讨论信仰并澄清价值观，信仰系统的发展可能有助于减轻死亡焦虑。Peay（1997）建议阅读文章并研究各种信仰体系。让服务对象坚持写灵性日记可能会有帮助，记下有关上帝、来世、宗教或灵性的任何想法或感受（Smith，1993；Vaughn and Swanson，2006）。此外，与个人灵性照顾者或安宁疗护灵性照顾者保持联系也是很有必要的。

包括 Assagioli（1977）的心理综合研究在内的几种模型特别着重于帮助服务对象发展超个人信念系统。去认同练习要求服务对象坚定信念并确认以下事实："我有身体，但我不是我的身体。我有情感生活，但我不是我的情感或感受。我有理智，但我不是那个理智。我是我，纯粹意识的中心。""我"可以观察和控制自我的其他方面。通过发展这种观点，个人获得了对自我的这些部分进行认同的能力，并意识到了存在的超个人本质。这种新的观点有助于减少死亡焦虑。

Assagioli（1977）进行了另一项练习，要求服务对象回答"我是谁？"的问题，服务对象通常会从其社会角色的角度进行回答。回复后，请他再次回答"我是谁？"这个问题。每次提问，服务对象都会提供更深层次的回答，更能体现出对自我本质的超个人看法。

Smith（1995）的自我超越模型也促进了超个人发展进入自我超越阶段。帮助服务对象摆脱认同自我和社会角色的另一种方法包括通过可视化方式，抛开之前定义自己的角色（Peay，1997）。美国临终关怀社会工作调查中，一些社会工作者通过探讨关于来世的信念、讨论患者死亡焦虑的原因来处理服务对象的信念系统（Reese，2001）。

灵性的统一意识范畴

与终极存在之间的关系　统一意识或与所有一切的连接感，通常在美国文化中反映为对与上帝关系的担忧（Doka，2011）。应该记住的是，这个问题与文化而且也许与发展有关。香港的专业人员没有注意到病人这方面的问题（Reese et al.，2010），一项对丧亲儿童灵性问题的研究也没有记录这个问题（Reese and Rosaase，1999）。

然而，在一份对安宁疗护工作人员处理患者灵性和社会心理问题的病历回顾中，无论何种专业背景，与上帝的关系都是最经常提及的问题（Reese and Brown，1997）。病人在终末期阶段可能会遇到的第一个问题是"上帝为什么要对我这样做？"，这可能会导致对上帝的愤怒（Jacobs，2004），并可能觉得是因为某种违规行为而受到上帝的惩罚。也许有人担心来世和不被上帝所接受。在这种情况下，向病人保证在终末期或生命危机期间对上帝的愤怒是正常的。社会工作者可以提供消除愤怒并与之和解的机会。社会工作者可以询问服务对象有关他与上帝之间关系的顾虑以及处理这种局面的想法。如果服务对象愿意，社会工作者可以协助祈祷。与服务对象一起祷告的道德准则将在后面讨论。同样，如果服务对象希望的话，这可能是将其转介给灵性照顾者的时机，通过宗教仪式帮助其与上帝和解。

Joseph（1988）发现人与上帝之间的关系可能受到发展阶段尚未解决的问题的影响。服务对象在小时候与父亲的关系可能反映在她对上帝的看法中，特别是如果上帝的本性被认为是男性的话。如果服务对象小时候与父亲的关系有冲突，她可能不会信任上帝或与上帝亲近，可能会害怕上帝对她的要求，可能会将上帝视为专制、批判和不宽恕的。将上帝概念化为父亲或男性形象可能会给那些遭受男人虐待的人造成障碍。一个例子是一位被父亲虐待的妇女，在将上帝概念化为女性母亲形象之前，她无法感觉到自己与上帝之间的关系。在与上帝的关系受到发展问题影响的情况下，这有助于服务对象将对上帝的感受与重要他人分开，帮助其阐明自己对上帝的看法，并在咨询中着重于未解决的发展问题，以处理服务对象与上帝关系中的问题（Joseph，1988）。可以用来促进与终极存在之间连接的另一种技术是"灵性淋浴"（请参见下面文本框），服务对象被要求想象白色的灵性之光沐浴在自己身上，从头顶进入并从手脚流出。起初，光将所有黑暗、疾病区域、负面的能量或情绪冲淡。接下来，要求服务对象想象自己手脚上的毛孔关闭，光线充满了自己的身体，进入所有空间，最后溢出身体的毛孔，成为无法穿透的光泡。解决这个问题的其他方法包括讨论对上帝的价值，处理影响服务对象对上帝概念的发展问题（Joseph，1988），转介神职人员讨论特定的宗教信仰，以及通过艺术描绘个人对上帝概念（Smith，1993）。

连接感　许多问题都会影响服务对象的连接感和统整感（Doka，2011）。社会工作者最擅长的技能之一是帮助恢复亲密关系并解决与他人的冲突。有用的方法包括帮助服务对象和家人探索保持亲密关系的方法，强调分享感受作为应对方式的重要性，帮助家人向服务对象保证可以与他们谈论疾病和死亡，安排服务对象与他们希望和解的人会谈。社会工作者可以要求孩子与病人联系，帮助家人与病人告别、放手并允许病人死亡。服务对象的信仰团体可能是其重要的支持来源（Doka，2011）。安宁疗护中心可以是一个有助于提高服务对象归属感的有凝聚力的社区，社会工作者与服务对象之间的关系本身亦有助于提升与其他人类的共同性意识（Graham，Kaiser and Garrett，1998）。社会工作者可以帮助病人建立对安宁疗护工作人员和家庭成员的信任。最后，Canda 和 Furman（2010）指出了人与自然之间的互惠关系对体验深刻连接感的影响。

超个人体验　终末期疾病可以激发灵性成长（Jacobs，2004；Nakashima，2003），而根据 Wilber（1993），超个人体验发生在超个人发展的最高阶段。在 Gibbs 和 Achterberg-Lawlis（1978）的研究报告中，住院末期病人样本中的一半自愿分享了自己想象当中上帝、其他宗教人物或已故家庭成员的影像。这些经历令人感到安慰，并且病人为自己能够在不害怕被拒绝的情况下对这个问题进行讨论而感到宽慰。Pflaum 和 Kelley（1986）在濒死患者的经历中发现了五个常见的反复出现的主题：①面对死亡的存在，②准备旅行或改变，③看到一个地方，④选择何时死去，以及⑤知道死亡时间。

笔者（Reese，2001）对东北部某州接受居家安宁疗护服务的 66 位末期病人进行调查，询问他们："我们发现安宁疗护病人经常有灵性体验。您有没有任何经历是有关灵性的？"9 位病人拒绝回答这个问题，有人说："我不想谈论这个问题。"在其余的 57 位病人中，有 44% 的人回答是肯定的。

超个人体验的特征是超越了物理感官的意识，通常是与非物理维度之间的统一意识、沟通感、认识或连接有关，或失去独立个体的感觉，反而被一种与更高层次的存在融为一体的感觉所取代（Nakashima，2003）。Singh（1998）提出，对于每一个濒死的个体来说，这种转化的潜力都是强大的。正是通过这些经历，濒死的人们才能获得极大的灵性成长。它们使病人感到舒适，并带给他们平和的感觉（Nakashima，2003）。

灵性沐浴

目的：将一个人从情绪压力中净化和解脱。

1. **身体放松**。找一个安静的地方，舒适地坐下。放松身体的每个部位，一次放松一个部位。想象自己坐在宁静的环境中。

2. **想象一个令人不安的情况、人际关系或情绪负担**。承认问题，但不要从情感上介入。

3. **想象在你的心灵之眼中有一个盒子**——一个打开的盒子，附近有个盖子。将情绪、伤害、怀疑、困惑、忧虑等都放在盒子里，并盖好盖子。你所爱的人依然和你在一起，但是所有其他的情感碎片都放进了盒子里。

4. **想象一道灿烂的光**，来自爱的光，从上方射向你。将封闭的盒子放入光里。放开盒子，看着它被光线吸收。感受来自光的温暖和爱。必要时，也可以想象其他的负担。

5. 将所有负担放入光中后，**你需要净化自己的残余问题**。想象一下，它就像一种粉尘，例如煤灰一样，遍及你的表面和内部。想象一股从你头顶流下的温暖光线（像是莲蓬头喷出的水），然后向下冲洗整个身体。看到光冲洗掉所有黑暗的污垢和碎屑。感觉到从身体向下流到手和脚的光——洗涤、净化和疗愈。想象手脚上有开口，看到黑的东西（你的负担）从你的手和脚的开口中流出，并被带入光中。你身体中的黑的东西不断被抽出，直到一点也不剩下。

6. 关闭手脚上的开口。继续观察从头顶流下的温暖的光。但是，现在光不是流出来，而是从脚开始一直向上延伸到头顶，**这光充满了你的身体**。

7. **让光疗愈任何损伤**，并填充你体内的任何空白处。想象自己被光线充满的图像，直到你感到轻松、舒适和完整。

（L. Swett）

笔者的调查（Reese，2001）中，病人的回答中最常见的是描述逝去的亲人（通常是配偶或家庭成员）出现在面前的经历。例如，可能是已故配偶或家庭成员来陪护病人的想象，有时会说"加油"或告诉病人一切都会好起来的。三名病人曾看到宗教人物（耶稣或天使）。一名病人和他的妻子都看到一束光穿过院子，进入窗户，进入病人的心脏。一名病人体验了先知的经历，他看到侄女与自己的兄弟交谈，而这正好出现在事件实际发生之前。只有一位病人描述了他的早期的类似先知的经历，而不是濒死过程中的经历。

　　一位病人的妻子将丈夫告诉自己的故事转达给笔者。该病人死于心脏病发作，他走过了一条黑色的隧道，在隧道的末端有一小束亮光。他在隧道里看见耶稣基督，递给他一张纸条。病人觉得自己曾经过着不道德的生活，他不敢看纸条，因为他担心纸条上会说他要下地狱。他最终读了纸条，上面写着："我会给你指路。"下面签名"耶稣基督"。这时，病人不由自主地复活并感到自己充满了"圣灵"。床在摇晃，病人在喊，在那天之后病人被"救活"并"重生"。主给了他应该在教堂里读的圣经。换句话说，他认为自己是在传播来自上帝的信息，而不是发展自己的布道。他变成了另外一个人，他为所有人祈祷。一天晚上他再次看到耶稣在床脚下，知道一切都会好起来的。他一直对妻子说："难道你看不到他吗？"

社会工作者该如何回应表述这种经历的服务对象或其家庭成员？在美国临终关怀社会工作调查（Reese and Raymer，2004）中，只有5%的社会工作者报告曾经直接处理过服务对象的灵性体验，而病历回顾显示只有6%。社会工作者采用的干预措施包括确认家庭对于神迹的信仰、确认照顾者为神迹而祈祷、确认祈祷的运用以及讨论濒死体验，一些社会工作者还会在床旁与病人和照顾者一起祈祷。

我们建议重要的是要区分社会心理和灵性层面（Graham，Kaiser and Garrett，1998；Robbins，Canda and Chatterjee，1998），而不是用唯物主义的方式来分析服务对象的体验（Grof and Grof，1989）。"对灵性问题给出心理或社会层面的答案，意味着不能充分聆听服务对象并和'服务对象在一起'"（Graham，Kaiser and Garrett，1998：53）。社会工作者应该将那些面对死亡和濒死的体验视为正常化，并视这些体验为面对死亡时灵性成长的结果。如果适当的话，社工可以帮助服务对象理解其体验的含义和象征意义。如果体验象征着困境或未竟事务，则可以协助服务对象解决问题。例如，坚持自己必须打包并准备上火车的服务对象可能在担忧死亡准备。社会工作者可以协助服务对象安排葬礼、准备遗嘱。解决了服务对象所关心的问题后，Pflaum 和 Kelley（1986）注意到服务对象的烦躁情绪有所减弱。

Grof（1988）将治疗师在应对超个人体验时所扮演的角色描述为：就疗愈的本质而言，治疗师应该带着充分的信任去支持服务对象的体验过程，即使不能充分理解其含义，也无须尝试去加以改变。Gibbs 和 Achterberg-Lawlis 解释说："随着生存下去变得愈加不现实，死亡意象与病人更近距离接触，病人最有意义的想法已不太可能在理智的氛围下暴露"（1978：568）。Nakashima（2003）主张，社会工作的常见干预领域基于自我心理学和认知导向咨询，而这些与濒死者干预关系不大。认知能力可能会在濒死阶段受到损害，这些传统工作方法缺乏对濒死病人"似乎超出自我功能的非凡体验"的解释（Nakashima，2003：371）。

如前所述，这些体验通常不会困扰病人，反倒是令他们感到安慰，并且可以减轻死亡焦虑。不过，这样的体验可能对病人的家人更具挑战性，他们可能需要帮助以接受和支持病人的体验（Pflaum and Kelley, 1986）。在美国主导文化中，除了精神疾病外，我们可能没有其他情境来理解此类体验。同样，不同的文化根据其文化内容及宗教信仰可能会对此有不同的解释。在具有中国传统信仰的家庭中，对已故家庭成员的想象可能令人恐惧，他们可能会被描述成在没有为错误的和过早的死亡复仇之前不能转世的"饥饿的幽灵"（Reese et al.，2010）。这些信仰必须得到尊重，社会工作者可能效仿病人及其家人的方式来对这种体验做出反应，例如宗教仪式或灵性照顾者的支持是否有帮助。同时，对于社工来说，说明这种经历在末期病人中很常见可能会有帮助，通常会给病人带来安慰。

灵性维度的治疗性运用

Smith（1995）如此描述今天美国社会中关于死亡的两个主要观点：

1. 一个观点否认死亡的必然性，死亡被视为失败，是一种无意义的结局，是被仇恨和恐惧的敌人；

2. 一个观点认识到生存和死亡的连续性，将死亡视为一个自然过程——生命周期的最后阶段——并且通常包括对死亡意义的哲学解释。

Smith（1995）和 Nakashima（2003）指出，传统上的西方心理学反映了第一个观点，即关注个人或自我；而东方心理学则反映了第二种观点，它关注的是更宏大的事物或自我的超越。藏传佛教徒投入正念，即专注于充分体验并活在当下。Nakashima（2003）指出，这种练习有助于培养个人对死亡的觉知，当他在经历每时每刻的流逝时，这带来一种平和感。佛教的传统包括对死亡的静观，《西藏生死书》（Tibetan Book of the Dead）为临终提供指引。身处这种文化的老年人修行为濒死和死亡做准备的技能。

这是一种积极的死亡应对方法，有助于超越自我（Nakashima，2003；Smith，1995）。Nakashima 指出，"濒死个体的成长经历通常来自超个人或超自我的境界"（2003：371）。Smith（1995）认为，那些持有第二种观点并深刻反思自己的死亡的人会期望在生活中秉持更有意义的目标和承诺。

Smith（1995）指出，寻求将人性的两个方面即自我和超越自我整合在一起，可能被认为是一个人在灵性上的努力。她教导说，如果这两个方面没有整合，则该人会遭受灵性困扰。Smith（1991）创立了一个衡量超个人发展的量表，发现实际上该量表的分数与幸福感有关。她断言，如果我们可以帮助服务对象开始整合自我的这两个方面并在死亡中找到某种意义，那么就会感受到一种灵性上的幸福感。

超个人社会工作实践会从更高意识水平的存在来审视问题，并支持服务对象向该水平发展。根据我们的理论框架，超个人发展可以缓解死亡焦虑和抑郁，增强社会支持，提供控制感，并促使服务对象有能力做出临终照顾决策。表 4.2 列出了许多超个人干预技巧，这些技巧被认为是抗逆力和疗愈能力的来源，并且其效果比保持在更高认知水平的谈话疗法更直接、更有效。这些技巧必须反复使用以保持效果，例如体育锻炼或良好的营养。

Canda（1990）使用了"祈祷活动"（prayer activities）一词，它不仅包括口头祈祷，还包括冥想、静观和仪式以及表 4.2 中列出的许多技巧。祈祷这个广义的定义通常是指灵性修炼，它是"与神、超验性的实在或神圣自我沟通和联系的一种手段"（Bullis，1996：62）。祷告可被定义为与宇宙、上帝或绝对存在之间的交流。从 Canda 的角度来看，无论它是否包括口头祈祷，从整体上而言祷告可帮助理解灵性层面敏感的关系。他指出，生活本身可能会成为一种祈祷——整体的祈祷成为一种存在方式，而不仅局限于特定的口头祈祷行为。祷告可以是有意识的或潜意识的，"当生活变成祈祷时，一个人的灵性成长就将引导其超越以自我为中心，从本质上发展为以上帝、所有人和所有造物为中心"
（Canda，1990）。社会工作者可以根据服务对象的灵性观点，和服务对象一起运
用祷告，也可以在会谈之外私下使用。

表 4.2　超个人干预技巧

来自所有传统的冥想
运动冥想
瑜伽
经过训练的呼吸技巧
引导性想象
疗愈性想象
身心整合疗法
象征符号和仪式的治疗性运用
生物反馈疗法
自省日记
艺术和音乐疗法
深层放松运动
修行中运用直觉
各种形式的灵性修行
来自所有传统的祈祷
仪式
阅读经文
疗愈性的庆祝仪式
小组诵经
梦想成真
荣格（Jungian）的积极想象
弗里茨·佩尔斯（Fritz Perls）的格式塔练习
针灸
格罗夫（Grof）的全向呼吸法
静观

伦理考量　Canda（1990）讨论了将灵性修行融入社会工作干预时必须遵守
的伦理考量因素。他指出，只有在灵性评估中了解到服务对象有此要求和需要，
并且服务对象表示已准备好和感兴趣之后，才可以运用祈祷。灵性干预应仅仅
应用于支持服务对象自决，根据服务对象对宗教和灵性的承诺以及对宗教社区
的参与，应用灵性干预来强化其力量。它用于促进服务对象的灵性成长，而不

是工作人员将自己对灵性成长的偏见强加于服务对象。社工与和自己持不同宗教信仰的服务对象一起进行口头祈祷是不合适的。灵性干预用于支持符合专业社会工作实践标准的专业化助人项目和过程，补充而不是替代社会工作专业知识和技能。为了投入灵性干预，社会工作者与服务对象之间的关系必须包括相互信任和尊重，可以公开讨论双方的灵性观点。社会工作者必须通过培训和个人准备来胜任灵性干预，且自身在灵性层面的发展应该完善。否则，当需要提供灵性干预但自身不满足这些条件时，社会工作者可以将服务对象转介至他处。Canda（1990）指出，神职人员提供的咨询或牧灵辅导应该存在，以帮助社会工作者应对可能遇到任何困难。

另外需要考虑的是对患有精神病的服务对象进行灵性干预。通常避免这种情况，因为患有精神病的服务对象在灵性修炼过程中进入改变的状态后可能无法恢复正常的意识水平。但是，应该指出的是，与笔者有关的气功练习者声称可以通过练习气功来改善精神病，因为它教导服务对象如何控制这些状态。

其他考虑因素包括国家许可委员会关于社会工作灵性干预以及没有接受过特别训练的社会工作者提供灵性干预的规定。另外应该指出的是，未经传统宗教领袖批准而使用某种宗教传统的神圣实践，可被视为无礼和冒犯。例如，在灵性与社会工作协会的一次会议上，与会人员演示了一项传统的美国原住民灵性疗愈仪式。根据该仪式起源部落的信仰，该仪式只能由经授权的灵性领袖来执行。演示这一仪式的与会人员不是美国原住民部落的成员，更不用说是灵性领袖了。尽管他们的目的是尊重和珍视这种灵性传统，但这些与会者对观众中的美洲原住民造成了极大的冒犯。

有人可能会认为，考虑到与服务对象进行灵性修行特别是祈祷的争议性以及潜在的道德问题，避免为服务对象提供灵性干预可能会更简单。服务对象通常要求社会工作者进行灵性干预，尤其是祈祷。在生死的问题上，当很明显这一要求对服务对象很重要时，基本的慈悲心决定了社会工作者会遵从服务对象的要求。

　　　　一个家庭的父亲去世了，家人都站在他的床边。社工问家人："过去帮助您解决问题靠的是什么？"一位家人说："我们一直在祈祷。"社工说："您现在想祈祷吗？"服务对象说："是的。"社工问："您想带我们祷告吗？"服务对象问："可以请您这样做吗？"在这种情况下，社工觉得她不能拒绝这个家庭的要求。关键时刻。在问了一些有关家庭宗教信仰的问题之后，社工说了一段她觉得适合这个家庭信仰体系的普通祷告："上帝，我们请求您祝福这个家庭的亲人，并在失落中安慰他们。"

下面的讨论阐述了可以运用于灵性层面的几种治疗方法。

冥想　教授传统的冥想练习和与服务对象一同练习对于促进灵性成长（Bullis，1996；Grof and Grof，1989）以及缓解压力非常有价值。冥想可以采取多种形式。Canda 和 Furman（2010）描述了基本的冥想技巧：① **注意力集中**——帮助病人培养正念和对存在的真正本质的意识，例如，品味和所爱的人在一起的每时每刻，意识到每时每刻的珍贵。② **有意识地呼吸**——减轻压力，有助于进一步集中注意力：人们可以增加一种"咒语"，可以是宗教性的，或者是自己的想法。例如，在吸气时默念"和平"，在呼气时默念"为了所有人"。此外，Bullis（1996）开发了一种冥想方法，包括放松、形象化、肯定、确认、欣赏和结论。

引导想象　Assagioli（1977）创立了**玫瑰花开的练习**，以促进超个人发展。这是一种虚弱和卧床不起的临终病人也可以运用的想象技巧。即使身体严重衰弱，这项技巧也可以促进人们的灵性觉醒。以下练习来自 Assagioli 的说明。

服务对象想象玫瑰花从花苞开始绽放，这象征着他自己的灵性成长。想象过程包括观察玫瑰花丛、想象一个带有叶子和花蕾的花枝。花蕾开始非常缓慢地绽开，直到完全开放为止。想象闻到香味，将视野扩大到整个玫瑰花丛。想象生命力从根部传递到花朵，是它开启花朵绽放的过程。把自己看作玫瑰——想象我们就是玫瑰——和赋予整个宇宙生命力并创造玫瑰花奇迹的同一个力量在我们体内产生，甚至创造更大的奇迹——我们的灵性存在被唤醒和萌发，并蔓延开来。

Smith 的自我超越模型　Elizabeth Smith（1995）发展了自我超越模型，其名称来自 Wilber（1993）超个人理论中灵性发展的自我超越阶段。自我超越模型的目的是"使一个人从恐惧的反应性态度转变为一种主动的意识觉知，从而在面对个人死亡时实现最佳的成长"（Smith，1995）。它可用于解决因任何形式的失落而引起的焦虑（Smith 也曾将其运用于离婚案例）以及因预期性哀伤而导致的死亡焦虑。该模型基于这样的观点，死亡是实现重大成长和转型的可能契机，我们应致力于促进这一过程。Smith 的自我超越模型显示在方框 4.2 中，它由四个阶段组成，每个阶段包含两个步骤。

Smith 的自我超越模型

第一阶段：死亡正常化

　　　步骤 1：认识角色的束缚。

　　　步骤 2：解决先前的悲伤和恐惧。

第二阶段：对存在主义自我的信念

　　　步骤 1：发现人生意义。

　　　步骤 2：确定意志或"主我"（"I"）。

第三阶段：自我"去依附"

　　　步骤 1：发现死亡的意义。

　　　步骤 2：去认同。

第四阶段：自我超越

　　　步骤 1：认识超个人自我。

　　　步骤 2：发现个人的超个人使命。

（Smith，1995）

第一阶段：死亡正常化

1. **步骤 1：认识角色的束缚**。服务对象经历过对死亡的否认后，开始发展对死亡现实的觉知。此阶段的目标是帮助服务对象定义自己末期病人的新角色。

2. **步骤 2：解决先前的悲伤和恐惧**。在此阶段可以使用的一种技巧是"死亡排练"，服务对象可以计划死亡时的情形，包括他希望何人在场。这可能引发对不希望哪些人在场的讨论，创造机会探索过去未解决的伤害、愤怒和未竟事务，社会工作者可能会帮助解决这些问题。

第二阶段：对存在主义自我的信念

1. **步骤 1：发现人生意义**。此阶段使用 Frankl（1984）的意义疗法（logotherapy）来帮助病人发现自己的生活意义。Frankl 指出，寻找意义的愿望是希望的基础。在面对死亡的过程中，个人最痛苦的想法之一就是认为他们将与对他们有意义的一切都割裂开来。这个阶段的目的是回顾一个人的生活，在此过程中确定一个人的重要他人和对象，并将其融入自我。社会工作者探索这些关系的意义，并帮助服务对象发现自己为其赋予的意义——驻留于其内在，永远无法与自身分离的意义。Smith举例描述了一个病人，弹钢琴的能力是她对自我身份定义的重要部分。社工与病人一起探讨了她还保留的才华，即使病得太重和死后将无法演奏的事实也无法从她身上拿走所拥有的才华。

2. **步骤2：确定意志或"主我"**。此阶段基于Assagioli（1977）的心理综合学（psychosynthesis）以及符号互动论（Mead et al.，1990）。帮助服务对象区分主观"客我"（me）（在关系中行动的自我）和"主我"（独立行动的自我）。Assagioli提出了这样的观点，即主我在某种程度上是"意志"（will），可用于赋予真实自我以能量。自我的赋能使人们能够通过重新定义死亡、从被动立场转变为主动立场来重拾对死亡的控制。

第三阶段：自我超越

1. **步骤1：发现死亡的意义**。这一步也是发掘意义，但重点却从寻找生命的意义转变为寻找死亡和濒死的意义。它结合了Maslow（1985）的"存在认知"概念，即与宇宙合一的感觉——统整、整全、独立自足。它解决了二分法、两极分化和冲突。换句话说，人们可以通过体验存在认知来体验痛苦的意义，这与死亡是无意义的想法相反。面对死亡人们可能会感到完全失去控制并无能为力，但是可以通过在死亡中寻找意义来改变这一点。一个技巧是找出服务对象经历感觉万物一体的神秘体验的时间。服务对象可以探索经历这种有意义的体验的背景，并将其与当前死亡的可能性相关联。这些经历是什么样的？它们有何不同？

2. **步骤2：去认同**。Assagioli（1977）的心理综合学包括"去认同"的概念。"我是谁？"练习可帮助个人识别符号互动主义的"我"（Mead et al.，1990）。治疗师询问服务对象："你是谁？"服务对象将以社会角色（符号互动论的"我"）做出回应，如律师、单身汉、天主教徒等。治疗师会继续询问："你是谁？"当这个问题反复询问时，服务对象将用完所有的社会角色，剩下的就是"主我"。面对一个人的死亡，自然需要剥夺这些角色。服务对象经历了某种自我（ego）的死亡，剩下的就只是主我。

服务对象可以考虑自己不需要采取任何行动，而只是单纯地做自己，这种想法让他们感到自由。一个人不是指一个人的身体、一个人的思想或一个人的情感。了解到这些，是个人意志的表达，也是超自我的实现（Nakashima，2003；

Smith，1995）。

在 Smith（1995）的案例中，服务对象躺在床上看着窗外。她失去了跳舞的身体能力，但看到风在树叶中吹过，觉得风是在树叶间跳舞，她觉得自己就是那风。她感到自己与万物或统一意识之间的一种连接。

Smith（1995）还从服务对象身份的其他方面来讨论去认同问题。例如，服务对象因脱发而感到困扰，社工问："你是你的头发吗？"她帮助服务对象识别头发的含义，服务对象具有这些特质，而不是头发。她帮助服务对象去除对头发的认同，并重新定义没有头发的自己。可以使用类似的技巧来处理乳房、四肢或其他容貌的丧失，为自我形象赋予新的含义，并体验完整和圆满的自我。

第四阶段：自我超越

1. **步骤 1：认识超个人自我**。这个阶段的目标是通过结合理想化的自我形象来定义超个人自我，从而实现解脱。存在认知的体验有助于识别和定义更高层次自我或超个人自我。超个人自我被描述为一个人心理过程的超然观察员。这个阶段涉及自我重新定义，但这种自我重新定义源自爱，而非源自恐惧。当恐惧出现，社会工作者可以通过自我超越模型中前面的一些阶段来帮助服务对象处理恐惧。如 Smith 所说，服务对象提供恐惧的具体内容，而社工人员提供上下文语境。

2. **步骤 2：发现个人的超个人使命**。这个阶段的目标是发现一个人的超个人使命，换句话说，就是死后生命的意义。这基于服务对象自己的宗教信仰、灵性或意识觉知。如果服务对象相信来世，这可能有关于服务对象死后要完成的使命。若非如此，也可能有关于来世的使命，或是逝者遗留下来对在世者意义重大的事物。为此，服务对象将自我投射到超个人的境界中，并按照自己的理解来定义超个人自我的目标——成为更高层次自我的原因。Smith 描述了一种用于实现此目标的技巧。

> 社会工作者："你认为自己死去后会是什么样？你会在做些什么？"
> 服务对象："我将在耶稣的右边。我会在天堂与动物一起工作。我将成为我丈夫和孩子们的美好回忆。"

Smith 举了一个例子，说明如何跟进表示自己将成为回忆的服务对象。她目前正在帮助一位服务对象成为最好的回忆。服务对象开始积极制作录音带和录像带，为未来写卡片，并计划与家人一起度过最后一个假期。将自己投射到作为记忆的未来，可以帮助她重建当下的希望感和意义感。

儿童的灵性

Reese 和 Rosaasen（1999）研究了丧亲儿童的灵性需求。有迹象表明，丧亲会影响儿童发展，而在童年时代失去父母与成年后的问题有关。而灵性问题的解决是否会影响儿童的发展及生物、社会和心理层面？我们与成人打交道的经验表明，事实确实如此。根据 Smith（1995）的自我超越模型，超个人或灵性发展是通过灵性意识和个人死亡观点的发展而产生，这种发展减少了面对死亡的心理社会困扰。成年人被认为面临心理、灵性危机，为了解决危机并进一步发展，必须面对灵性问题。

发展阶段对这一过程产生影响。老年人的灵性发展程度更高，死亡焦虑感较低，而青少年和年轻人则特别对死亡感到焦虑，灵性发展程度较低。这可以由青少年和年轻人根据其发展水平建立自己的身份认同和独立自我意识来解释。因此，他们还没有准备好失去这种独立身份感。

Joseph（1988）描述了宗教和灵性层面如何动态地与各种人格维度互动，并在成长的背景下对此进行检视。她推荐从业人员询问一些开放式问题，这些问题被设计用于确定与特定发展阶段、生命周期相关的宗教和灵性问题，从学龄前阶段到脆弱的老年阶段。

学龄前儿童　宗教是学龄前儿童的兴趣和好奇心的来源。上帝被视为具有魔力和全能。这个年龄的孩子将上帝与他们和父母相处所遇到的问题相混淆。

学龄儿童　宗教为孩子设定行为准则（即使父母不信奉宗教）。

青少年　青少年开始质疑对信仰的字面接受，寻找信仰，超越家庭教义，并可能拒绝制度性宗教。或者，基于父母和同伴的观点，他们可能会高度参与宗教运动。青年的理想主义发挥了作用。

Reese 和 Rosaasen（1999）的研究使用定性方法来了解丧亲儿童面临的问题。我们访谈了 10 个 2～13 岁的丧亲儿童的父母。通过 Glaser 和 Strauss（1967）常数比较法分析数据，我们评估儿童的需求是否与本章前面曾详细介绍的 Reese

对末期疾病灵性问题的分类法相一致。所有参与者都提到了宗教联系，所有孩子都涉及宗教或灵性意识形态。

所有参与者都报告自己的孩子在访谈时适应良好。我们询问孩子们存在的各种需求；而根据我们的分类法，这些需求大多数属于灵性上的需要。

灵性人生哲学维度

生命和受苦的意义 儿童想知道为什么这些事会发生在他们身上。一个孩子很生气，想对一个朋友大喊大叫，因为她问自己的父亲为什么死了。另一个孩子需要信息——她想阅读父亲自杀的遗书，想知道爸爸为什么病情没有好转，想知道他如何度过最后一天的。

未竟事务 除两个家庭外，所有家庭都表述了这个问题；最小的孩子似乎没有表述出来。一个儿子没有机会与父亲度过一个约定的周末，他感到被骗了，所以拒绝参加葬礼。其他孩子感觉以前所有自己今后和父亲一起生活的想法都是欺骗。另一个祖父自杀的案例，一家人都觉得他留下很多没有完成的事情，例如一起去湖边、庆祝生日的计划。

信仰体系 所有的孩子都相信他们所爱的人生活在天堂。一个孩子想知道所爱的人死后的生活是否还好。一个孩子所画的爸爸拥有翅膀、光环并身着白袍。

灵性的统一意识维度

与终极存在之间的关系 孩子们没有提及他们与至高无上的存在或灵性层面统一意识之间的关系。这是灵性问题分类法中唯一没有在访谈中出现的问题。

这使我们感到惊讶，因为其他指标表明了该问题的重要性——在对成年安宁疗护病人的病历回顾中，与上帝的关系是最经常讨论的问题（Reese and Brown，1997）。Joseph（1988）写到了童年时期与父母的关系如何影响与上帝的关系，也许孩子与父母的关系比他与上帝的关系更重要（如果孩子相信上帝）。在 Theresa Porter（1999）所进行的一项针对信奉撒旦主义的青少年的未发表的研究中，与父亲的关系破裂（包括死亡）似乎是被撒旦主义吸引的一个因素。这表明丧亲可能破坏灵性发展，并支持 Joseph（1988）的发现，即孩子可能将上帝与他们和父母相处所遇到的问题相混淆。

连接感 被访者表述了很多连接的需求。孩子们需要与在世的父母保持连接。孩子们要求与在世的父亲有更多的相处时间，想见他，与他电话交谈，表达对在世父母的福利的关注，希望在世父母承担已故父母的角色（例如，母亲教儿子如何刮胡子）。孩子们变得更加亲近在世的父母，要求与他们同寝，表达对他们更多的爱的渴望，并最终开始相信在世父母不会也同样离开他们。孩子们也表达了与过世亲人之间连接的需要——一个孩子想要送给过世的妹妹一个气球。一个孩子给已故的父亲写了一封信。一个孩子说他希望自己能和妹妹在一起，希望他自己也死了，所以可以和她在一起。所有的孩子们都认为所爱的人在精神上与他们同在。参与者还表达了一种孤立感，他们不愿意与朋友及老师分享自己的体验，他们似乎认为自己各自不同且独特。

超个人体验　一个孩子分享了一个故事，讲述了已故的父亲坐在沙发上与他交谈的感觉。另一个孩子提到有天使来访。还有一个人在走廊上看到了已故的父母。像这样的许多故事表明，孩子们有与已故亲人交流的经验。

总结

参与者指出，孩子的灵性水平决定了他们对丧亲的适应。一个没有强烈的灵性的感觉的少年更难以适应丧亲，他患有严重的惊恐发作，在压力很大的时候会呕吐。我们得出的结论是，儿童在死亡和濒死方面的灵性问题似乎与成年人相似。除了与终极存在之间的关系外，这些问题显然与发展水平无关。灵性可以预测丧亲风险的结论是有道理的，因为研究总结的所有需求基本上都是灵性需求，并且与我们使用的灵性问题分类学相一致。从解决这些灵性问题的角度来看，较高的灵性发展水平意味着在丧亲期间有更好的适应。通过许多研究我们认识到，灵性减少了成年人面对死亡时的心理困扰和死亡焦虑。

儿童的灵性和与儿童灵性干预实践是社会工作教育中尚未彻底解决的领域。我们需要发展这一领域的实务技巧。我们还需要进一步研究丧亲和与父亲的关系对灵性发展的影响。

灵性是安宁疗护的主要方面，社会工作者需要专注于该领域的技能发展。本章回顾了当前安宁疗护社会工作中的灵性干预实践，指出社会工作干预主要集中在灵性层面，但该领域的社会工作培训仍然不足。我们注意到，社会工作者和灵性照顾者之间的地盘之争可能会妨碍这方面的安宁疗护干预，讨论了解决这些问题的方法，以及有关何时将服务对象转介给灵性照顾者的准则。我们讨论了个人准备及其对处理灵性问题的重要性，讨论了社会工作实践中的重要领域：哲学和存在方式、对灵性的评估、对灵性问题和顾虑的临床干预、宗教的有效和不良运用以及灵性发展。我们回顾了治疗性运用不同灵性维度的方法，指出伦理方面的考量因素，其中包括社会工作者的资格，以及根据服务对象的世界观和信仰调整干预措施的必要。本章只是一个开始，是强化本领域干预的其他阅读材料的指南。下一章将回顾对安宁疗护社会工作（包括与家庭、团体和跨学科团队合作）的中观层面干预。

（刘晓芳　译）

参观文献

Addington-Hall, J., and A. O'Callaghan. 2009. "A Comparison of the Quality of Care Provided to Cancer Patients in the UK in the Last Three Months of Life in In-Patient Hospices Compared with Hospitals, from the Perspective of Bereaved Relatives: Results from a Survey Using the VOICES Questionnaire." *Palliative Medicine* 23, no. 3: 190 – 197.

American Psychiatric Association. 2000. *Diagnostic and Statistical Manual of Mental Disorders IV-TR.* 4th ed. Arlington, VA: American Psychiatric Association.

Arnold, E. M., K. A. Artin, D. Griffith, J. L. Person, and K. G. Graham. 2006. "Unmet Needs at the End of Life: Perceptions of Hospice Social Workers." *Journal of Social Work in End-of-Life and Palliative Care* 2, no. 4: 61 – 83.

Assagioli, R. 1977. *Psychosynthesis: A Manual of Principles and Techniques.* New York: Penguin.

Back, Anthony L., Jeffrey I. Wallace, Helene E. Starks, and Robert A. Pearlman. 1996. "Physician-Assisted Suicide and Euthanasia in Washington State: Patient Requests and Physician Responses." *Journal of the American Medical Association* 275, no. 12: 919 – 925.

Bassett, S., J. Magaziner, and J. R. Hebel. 1990. "Reliability of Proxy Response on Mental Health Indices for Aged, Community-Dwelling Women." *Psychology and Aging* 5, no. 1: 127 – 132.

Bern-Klug, M., C. Gessert, and S. Forbes. 2001. "The Need to Revise Assumptions About the End of Life: Implications for Social Work Practice." *Health and Social Work* 26, no. 1: 38 – 48.

Berzoff, J. 2004. "Psychodynamic Theories in Grief and Bereavement." In Joan Berzoff and Phyllis R. Silverman, eds., *Living with Dying: A Handbook for End-of-Life Healthcare Practitioners*, pp. 242 – 262. New York: Columbia University Press.

Berzoff, J., and P. R. Silverman, eds. 2004. "Introduction: Clinical Practice." In Joan Berzoff and Phyllis R. Silverman, eds., *Living with Dying: A Handbook for End-of-Life Healthcare Practitioners*, pp. 265 – 272. New York: Columbia University Press.

Besthorn, F. H., and D. P. McMillen. 2002. "The Oppression of Women and Nature: Ecofeminism as a Framework for an Expanded Ecological Social Work." *Families in Society* 83, no. 3: 221 – 232.

Blacker, S., and A. R. Jordan. 2004. "Working with Families Facing Life-Threatening Illness in the Medical Setting." In Joan Berzoff and Phyllis Silverman, eds., *Living with Dying: A Handbook for End-of-Life Healthcare Practitioners*, pp. 548 – 570. New York: Columbia University Press.

Bradsen, C. K. 2005. "Social Work and End-of-Life Care: Reviewing the Past and Moving Forward." *Journal of Social Work in End-of-Life and Palliative Care* 1, no. 2: 45 – 70.

Bregman, L. 2001. "Death and Dying." Christian Century 118, no. 17: 33 – 37.

Breitbart, W., and K. S. Heller. 2003. "Reframing Hope: Meaning Centered Care for Patients Near the End of Life." *Journal of Palliative Medicine* 6: 979 – 988.

Breitbart, W., B. Rosenfeld, H. Pessin, M. Kaim, J. Funesti-Esch, M. Galietta et al. 2000. "Depression, Hopelessness, and Desire for Hastened Death in Terminally Ill Patients with Cancer." *Journal of the American Medical Association* 284: 2907 – 2911.

Browning, D. 2004. "Fragments of Love: Explorations in the Ethnography of Suffering and Professional Caregiving." In Joan Berzoff and Phyllis R. Silverman, eds., *Living with Dying: A Handbook for End-of-Life Healthcare Practitioners*, pp. 21 – 42. New York: Columbia University Press.

Bullis, R. 1996. *Spirituality in Social Work Practice*. Washington, DC: Taylor and Francis.

Bullock, K. 2006. "Promoting Advance Directives Among African Americans: A Faith-Based Model." *Journal of Palliative Medicine* 9, no. 1: 183 – 195.

——. 2011. "The Influence of Culture on End-of-Life Decision Making." *Journal of Social Work in End-of-Life and Palliative Care* 7, no. 1: 83 – 98.

Bushfield, S. and B. DeFord. 2009. *End-of-Life Care and Addiction: A Family Systems Approach*. New York: Springer.

Byock, I. 1997. *Dying Well: Peace and Possibilities at the End of Life*. New York: Riverhead.

Canda, E. 1990. "An Holistic Approach to Prayer for Social Work Practice." *Social Thought* 16, no. 3: 3 – 13.

Canda, E., and L. Furman. 2010. *Spiritual Diversity in Social Work Practice: The Heart of Helping*. New York: Oxford University Press.

Chibnall, J. T., S. D. Videen, P. N. Duckro, and D. K. Miller. 2002. "Psychosocial-Spiritual Correlates of Death Distress in Patients with Life-Threatening Medical Conditions." *Palliative Medicine* 16: 331 – 338.

Chochinov, H. M., T. Hack, S. McClement, M. Harlos, and L. Kristjanson. 2002. "Dignity in the Terminally Ill: An Empirical Model." *Social Science Medicine* 54: 433 – 443.

Chung, K. 1993. "Brief Social Work Intervention in the Hospice Setting: Person-Centered Work and

Crisis Intervention Synthesized and Distilled. " *Palliative Medicine* 7, no. 1: 59 – 62.

Cincotta, N. 2004. "The End of Life at the Beginning of Life: Working with Dying Children and Their Families. " In Joan Berzoff and Phyllis R. Silverman, eds. , *Living with Dying: A Handbook for End-of-Life Healthcare Practitioners*, pp. 318 – 347. New York: Columbia University Press.

Coffey, E. P. 2004. "The Symptom Is Stillness: Living with and Dying from ALS. " In Joan Berzoff and Phyllis R. Silverman, eds. , *Living with Dying: A Handbook for End-of-Life Healthcare Practitioners*, pp. 43 – 56. New York: Columbia University Press.

Connor, S. 1986. "Measurement of Denial in the Terminally Ill: A Critical Review. " *Hospice Journal* 2, no. 4: 51 – 68.

——. 1993. "Denial in Terminal Illness: To Intervene or Not to Intervene. " *Hospice Journal* 8, no. 4: 1 – 15.

Conte, H. , M. Weiner, and R. Plutchik. 1982. "Measuring Death Anxiety: Conceptual, Psychometric, and Factor-Analytic Aspects. " *Journal of Personality and Social Psychology* 43, no. 4: 775 – 785.

Csikai, E. L. 1999. "The Role of Values and Experience in Determining Social Workers' Attitudes Toward Euthanasia and Assisted Suicide. " *Social Work in Health Care* 30, no. 1: 75 – 95.

——. 2004. "Advanced Directives and Assisted Suicide: Policy Implications for Social Work Practice. " In Joan Berzoff and Phyllis R. Silverman, eds. , *Living with Dying: A Handbook for End-of-Life Healthcare Practitioners*, pp. 761 – 777. New York: Columbia University Press.

Csikai, E. L. , and A. A. Manetta. 2002. "Preventing Unnecessary Deaths Among Older Adults: A call to action for social workers. " *Journal of Gerontological Social Work* 38, no. 3: 85 – 97.

Cutrona, C. 1986. "Behavioral Manifestations of Social Support: A Microanalytic Investigation. " *Journal of Personality and Social Psychology* 51, no. 1: 201 – 208.

Dane, B. 2004. "Integrating Spirituality and Religion. " In Joan Berzoff and Phyllis R. Silverman, eds. , *Living with Dying: A Handbook for End-of-Life Healthcare Practitioners*, pp. 424 – 438. New York: Columbia University Press.

DeFord, B. , and S. Bushfield. 2005. "The Social Work of Spiritual Care and the Spiritual Care of Social Work: The Meanings of Hope and Love. " Paper presented at the National Hospice and Palliative Care Organization annual clinical conference.

Derezotes, D. , and K. Evans. 1995. "Spirituality and Religiosity in Practice: In-depth Interviews of Social Work Practitioners. " *Social Thought* 18, no. 1: 39 – 56.

Doka, K. J. 1995/96. "Coping with Life-Threatening Illness: A Task Model. " *Omega* 32, no. 2: 111 – 113.

——. 2011. "Religion and Spirituality: Assessment and Intervention. " *Journal of Social Work in End-of-Life and Palliative Care* 7, no. 1: 99 – 109.

Driscoll, J. 2001. "Spirituality and Religion in End-of-Life Care. " *Journal of Palliative Medicine* 4, no. 3: 333 – 335.

Duffy, S. A., F. C. Jackson, S. M. Schim, D. L. Ronis, and K. E. Fowler. 2006. "Racial/Ethnic Preferences, Sex Preferences, and Perceived Discrimination Related to End-of-Life Care. " *Journal of the American Geriatrics Society* 54, no. 1: 150 – 157.

Early, B. 1998. "Between Two Worlds: The Psychospiritual Crisis of a Dying Adolescent. " *Social Thought: Journal of Religion in the Social Services* 18, no. 2: 67 – 80.

Egan, M., and G. Kadushin. 1999. "The Social Worker in the Emerging Field of Home Care: Professional Activities and Ethical Concerns. " *Health and Social Work* 24, no. 1: 43 – 55.

Egan, K. A., and M. J. Labyak. 2001. "Hospice Care: A Model for Quality End-of-Life Care. " In B. R. Ferrell, and N. Coyle, eds. , *Textbook of Palliative Nursing*, pp. 7 – 26. New York: Oxford University Press.

Erikson, E. H. 1950. *Childhood and Society*. Philadelphia: Norton.

Finucane, T. E. 1999. "How Gravely Ill Becomes Dying: A Key to End-of-Life Care. " *Journal of the American Medical Association* 282, no. 17: 1670 – 1672.

Foster, L., and L. McLellan. 2002. "Translating Psychosocial Insight Into Ethical Discussions Supportive of Families in End-of-Life Decision-Making. " *Social Work in Health Care* 35, no. 3: 37 – 51.

Frankl, Viktor E. 1984. "Logotherapy. " In Raymond J. Corsini, ed. , *Encyclopedia of Psychology*. Vol. 2. New York: Wiley.

Furman, L., and S. Bushfield (formerly S. Fry). 2000. "Clerics and Social Workers: Collaborators or Competitors?" ARETE: *Journal of University of South Carolina School of Social Work* 24, no. 1: 30 – 39.

Galambos, C. 1998. "Preserving End-of-Life Autonomy: The Patient Self-Determination Act and the Uniform Health Care Decisions Act. " *Health and Social Work* 23, no. 4: 275 – 281.

Gallup International Institute. 1997. *Spiritual Beliefs and the Dying Process*. Princeton: Nathan Cummings Foundation.

Gard, C. J. 2000. "Coping with Loss. " *Current Health* 26, no. 7: 26 – 28.

Gardia, G. 2010. "Rapid Response: Addressing Suffering When Time Is Very Short. " Paper presented at the Eleventh Clinical Team Conference, National Hospice and Palliative Care Organization, September, Atlanta.

Gardner, D. S. 2011. "Palliative Social Work with Older Adults and Their Families. " In Terry Altilio and Shirley Otis-Green, eds. , *Oxford Textbook of Palliative Social Work*, pp. 397 – 411. New York: Oxford University Press.

Gibbs, H., and J. Achterberg-Lawlis. 1978. "Spiritual Values and Death Anxiety: Implications for Counseling with Terminal Cancer Patients. " *Journal of Counseling Psychology* 25: 563 – 569.

Glajchen, M. 2011. In Terry Altilio and Shirley Otis-Green, eds., *Oxford Textbook of Palliative Social Work*, pp. 223 – 233. New York: Oxford University Press.

Glaser, B. G., and A. L. Strauss. 1967. *The Discovery of Grounded Theory: Strategies for Qualitative Research.* New York: Aldine.

Goelitz, A. 2001a. "Dreaming Their Way Into Life: A Group Experience with Oncology Patients." *Social Work with Groups* 24, no. 1: 53 – 67.

——. 2001b. "Nurturing Life with Dreams: Therapeutic Dream Work with Cancer Patients." *Clinical Social Work Journal* 29, no. 4: 375 – 385.

——. 2005. "Identifying Suicidality at End of Life." *American Academy of Hospice and Palliative Medicine Bulletin* 6, no. 3: 1 – 2.

Graham, M., T. Kaiser, and K. Garrett. 1998. "Naming the Spiritual: The Hidden Dimension of Helping." *Social Thought* 18, no. 4: 49 – 61.

Grof, S. 1988. *The Adventure of Self-discovery.* Albany: State University of New York Press.

Grof, S., and C. Grof. 1989. *Spiritual Emergency.* New York: Putnam.

Harrawood, L. K. 2009. "Measuring Spirituality, Religiosity, and Denial in Individuals Working in Funeral Service to Predict Death Anxiety." *Omega: Journal of Death and Dying* 60, no. 2: 129 – 142.

Henoch, I., B. Axelsson, and B. Bergman. 2010. "The Assessment of Quality of Life at the End of Life (AQEL) Questionnaire: A Brief but Comprehensive Instrument for Use in Patients with Cancer in Palliative Care." *Quality of Life Research* 19, no. 5: 739 – 750.

Hodge, David R. 2003. *Spiritual Assessment: Handbook for Helping Professionals.* Botsford, CT: North American Association of Christians in Social Work.

Hooyman, N. R., and B. J. Kramer. 2006. *Living Through Loss: Interventions Across the Life Span.* New York: Columbia University Press.

Ivanko, B. 2011. "Quality Improvement and Organizational Change." In Terry Altilio and Shirley Otis-Green, eds., *Oxford Textbook of Palliative Social Work*, pp. 745 – 752. New York: Oxford University Press.

Jacobs, C. 2004. "Spirituality and End-of-Life Care Practice for Social Workers." In Joan Berzoff and Phyllis R. Silverman, eds., *Living with Dying: A Handbook for End-of-Life Healthcare Practitioners*, pp. 188 – 205. New York: Columbia University Press.

Jones, B. 2006. "Companionship, Control, and Compassion: A Social Work Perspective on the Needs of Children with Cancer and Their Families at the End of Life." *Journal of Palliative Medicine* 9, no. 3: 774 – 788.

Joseph, M. 1988. "Religion and Social work Practice." *Social Casework* 69: 443 – 452.

Joshi, K. Y. 2002. "Patterns and Paths: Ethnic Identity Development in Second Generation Indian Americans. " *Dissertation Abstracts International*, A: *The Humanities and Social Sciences* 62, no. 10: 3585 – A.

Kovacs, P. , and L. Bronstein. 1999. "Preparation for Oncology Settings: What Hospice Workers Say They Need. " *Health and Social Work* 24, no. 1: 57 – 64.

Kramer, B. T. , M. Kavanaugh, A. Trentham-Dietz, M. Walsh, and J. A. Yonker. 2010. "Predictors of Family Conflict at the End of Life: The Experiences of Spouses and Adult Children of Persons with Lung Cancer. " *Gerontologist* 50, no. 2: 215 – 225.

Kubler-Ross, E. 1970. *On Death and Dying*. New York: Macmillan.

Kubler-Ross, E. , and D. Kessler. 2001. *Life Lessons*. Llandeilo, Carmarthenshire: Cygnus.

Kulys, R. , and M. Davis. 1986. "An Analysis of Social Services in Hospice. " *Social Work* 11, no. 6: 448 – 454.

Lavretsky, H. 2010. "Spirituality and Aging. " *Aging Health* 6, no. 6: 749 – 769.

Leichtentritt, R. D. , and K. D. Rettig. 2001. "The Construction of the Good Death: A Dramaturgy Approach. " *Journal of Aging Studies* 15, no. 1: 85 – 104.

Levine, A. , and W. Karger. 2004. "The Trajectory of Illness. " In Joan Berzoff and Phyllis R. Silverman, eds. , *Living with Dying: A Handbook for End-of-Life Healthcare Practitioners*, pp. 273 – 296. New York: Columbia University Press.

Linder, J. 2004. "Oncology. " In Joan Berzoff and Phyllis R. Silverman, eds. , *Living with Dying: A Handbook for End-of-Life Healthcare Practitioners*, pp. 696 – 722. New York: Columbia University Press.

Loewenberg, F. 1988. *Religion and Social Work Practice in Contemporary American Society*. New York: Columbia University Press.

McGregor, B. , C. Carver, M. Antoni, S. Weiss, S. Yount, and G. Ironson. 2001. "Distress and Internalized Homophobia Among Lesbian Women Treated for Early Stage Breast Cancer. " *Psychology of Women Quarterly* 25: 1 – 9.

McMillan, S. , and B. Small. 2002. "Symptom Distress and Quality of Life in Patients with Cancer Newly Admitted to Hospice Home Care. " *Oncology Nursing Forum* 29, no. 10: 1421 – 1428.

Magaziner, J. 1992. "The Use of Proxy Respondents in Health Studies of the Aged. " In R. Wallace and R. Woolson, eds. , *The Epidemiologic Study of the Elderly*. New York: Oxford University Press.

Markstrom, C. A. , V. M. Sabino, B. J. Turner, and R. C. Berman. 1997. "The Psychosocial Inventory of Ego Strengths: Development and Validation of a New Eriksonian Measure. " *Journal of Youth and Adolescence* 26, no. 6: 705 – 732.

Maslow, A. 1970. *Motivation and Personality*. 2d ed. New York: Harper and Row.

——. 1971. *The Farther Reaches of Human Nature*. New York: McGraw-Hill.

Mead, G. , B. N. Melzer, P. L. Berger, T. Luckmann, S. S. Duval, and R. R. Wicklund. 1990. "The Social Context of Consciousness. " In J. Pickering, M. Skinner, J. Pickering, M. Skinner, eds. , *From*

Sentience to Symbols: *Readings on Consciousness*, pp. 190 – 215. Toronto: University of Toronto Press.

Miller, P. J. , M. A. Mesler, and S. T. Eggman. 2002. "Take Some Time to Look Inside their Hearts: Hospice Social Workers Contemplate Physician Assisted Suicide. " *Social Work in Health Care* 35, no. 3: 53 – 64.

Mizrahi, T. 1992. "The Direction of Patients' Rights in the 1990s: Proceed with Caution. " *Health and Social Work* 17: 246 – 252.

Mutran, E. J. , M. Danis, K. A. Bratton, S. Sudha, and L. Hanson. 1997. "Attitudes of the Critically Ill Toward Prolonging Life: The Role of Social Support. " *Gerontologist* 37, no. 2: 192 – 199.

Nakashima, M. 2003. "Beyond Coping and Adaptation: Promoting a Holistic Perspective on Dying. " *Families in Society*: *The Journal of Contemporary Human Services* 84, no. 3: 367 – 376.

National Association of Social Workers. 1999. *Code of Ethics of the National Association of Social Workers*. Retrieved from http://www. socialworkers. org/pubs/code/code. asp.

——. 2011. NASW Standards for Social Work Practice in Palliative and End of Life Care. Washington, DC: Author.

National Hospice and Palliative Care Organization (formerly National Hospice Organization). 1997. *A Pathway for Patients and Families Facing Terminal Illness*. Arlington, VA: NHPCO.

Nelson-Becker, H. , M. Nakashima, and E. R. Canda. 2006. "Spirituality in Professional Helping Interventions. " In B. Berkman, ed. , *Handbook of Social Work in Health and Aging*, pp. 797 – 807. New York: Oxford University Press.

Nicholson, B. L. , and G. N. Matross. 1989. "Facing Reduced Decision-Making Capacity in Health Care: Methods for Maintaining Client Self-determination. " *Social Work* 34: 234 – 238.

Noppe, I. C. 2004. "Gender and Death: Parallel and Intersecting Pathways. " In Joan Berzoff and Phyllis R. Silverman, eds. , *Living with Dying*: *A Handbook for End-of-Life Healthcare Practitioners*, pp. 206 – 225. New York: Columbia University Press.

Orloff, S. F. 2011. "Pediatric Hospice and Palliative Care: The Invaluable Role of Social Work. " In Terry Altilio and Shirley Otis-Green, eds. , *Oxford Textbook of Palliative Social Work*, pp. 79 – 86. New York: Oxford University Press.

Otis-Green, S. 2006. "Psychosocial Pain Assessment Form. " In K. Dow, ed. , *Nursing Care of Women with Cancer*, pp. 556 – 561. St. Louis, MO: Elsevier Mosby.

Panzarella, C. , L. B. Alloy, and W. G. Whitehouse. 2006. "Expanded Hopelessness Theory of Depression: On the Mechanisms by Which Social Support Protects Against Depression. " *Cognitive Therapy and Research* 30, no. 3: 307 – 333.

Parker Oliver, D. 2002. "Redefining Hope for the Terminally Ill. " *American Journal of Hospice and Palliative Care* 19, no. 2: 115 – 120.

Parry, J. K. 2001. *Social Work Theory and Practice with the Terminally Ill.* 2d ed. New York: Haworth Social Work Practice Press.

Payne, D. , and M. J. Massie. 2000. " Anxiety in Palliative Care. " In H. M. Chochinov and W. Breitbart, eds. , *Handbook of Psychiatry in Palliative Medicine*, pp. 63 – 74. New York: Oxford University Press.

Peay, P. 1997. "A Good Death. " *Common Boundary*, September/October. Retrieved from commonboundary. org.

Pessin, H. , B. Rosenfeld, and W. Breitbart. 2002. "Assessing Psychological Distress Near the End of Life. " *American Behavioral Scientist* 46, no. 3: 357 – 372.

Pflaum, M. , and P. Kelley. 1986. "Understanding the Final Messages of the Dying. " *Nursing*86 16, no. 60: 26 – 29.

Porter, T. 1999. "Satanism in Youth. " Unpublished MS.

Puchalski, C. M. 2002. "Spirituality and End-of-Life Care: A Time for Listening and Caring. " *Journal of Palliative Medicine* 5, no. 2: 289 – 294.

Puchalski C, B. Ferrell, R. Virani, S. Otis-Green, P. Baird, J. Bull, H. Chochinov, G. Handzo, H. Nelson-Becker, M. Prince-Paul, K. Pugliese, and D. Sulmasy. 2009. "Improving the Quality of Spiritual Care as a Dimension of Palliative Care: The Report of the Consensus Conference. " *Journal of Palliative Medicine* 12, no. 10: 885 – 904.

Raymer, M. , and G. Gardia. 2011. "Enhancing Professionalism, Leadership, and Advocacy: A Call to Arms. " In Terry Altilio and Shirley Otis-Green, eds. , *Oxford Textbook of Palliative Social Work*, pp. 683 – 687. New York: Oxford University Press.

Raymer, M. , and D. Reese. 2004. "The History of Social Work in Hospice. " In Joan Berzoff and Phyllis R. Silverman, eds. , *Living with Dying: A Handbook for End-of-Life Healthcare Practitioners*, pp. 150 – 160. New York: Columbia University Press.

Reed, P. 1987. "Spirituality and Wellbeing in Terminally Ill Hospitalized Adults. " *Research in Nursing and Health* 10, no. 5: 335 – 44.

Reese, D. (formerly D. Ita). 1995. "Predictors of Patient and Primary Caregiver Ability to Sustain a Planned Program of Home Hospice Care. " Ph. D. diss. , University of Maryland, 1994. *Dissertation Abstracts International.* University Microfilms No. 9526600.

——. 1995 – 1996. "Testing of a Causal Model: Acceptance of Death in Hospice Patients. " *Omega: Journal of Death and Dying* 32, no. 2: 81 – 92.

——. 2001. "Addressing Spirituality in Hospice: Current Practices and a Proposed Role for Transpersonal Social Work. " *Social Thought: Journal of Religion in the Social Services* 20, nos. 1 – 2: 135 – 161.

——. 2011a. "Interdisciplinary Perceptions of the Social Work Role in Hospice: A Replication of the Classic Kulys and Davis Study. " *Journal of Social Work in End-of-Life and Palliative Care* 7, no. 4: 383 – 406.

——. 2011b. "Spirituality and Social Work Practice in Palliative Care. " In Terry Altilio and Shirley Otis-Green, eds. , *Oxford Textbook of Palliative Social Work*, pp. 201 – 213. New York: Oxford University Press.

Reese, D. , R. Ahern, S. Nair, J. O'Faire, and C. Warren. 1999. "Hospice Access and Utilization by African Americans: Addressing Cultural and Institutional Barriers Through Participatory Action Research. " *Social Work* 44, no. 6: 549 – 559.

Reese, D. , and S. Beckwith. 2005. "Organizational Barriers to Cultural Competence in Hospice. " Paper presented at the National Hospice and Palliative Care Association, Opening Doors, Building Bridges: Access and Diversity Conference, August, St. Louis.

Reese, D. , L. Braden, C. Butler, and M. Smith. 2004. "African American Access to Hospice: An Interdisciplinary Participatory Action Research Project. " Paper presented at the Clinical Team Conference, National Hospice and Palliative Care Organization, March, Las Vegas.

Reese, D. , and D. Brown. 1997. "Psychosocial and Spiritual Care in Hospice: Differences Between Nursing, Social Work, and Clergy. " *Hospice Journal* 12, no. 1: 29 – 41.

Reese, D. , C. Butler, M. Raymer, R. Huber, S. Orloff, and S. Gerbino. 2007. *Social Work Assessment Tool: Information Booklet.* Online publication, accessible to members only. National Hospice and Palliative Care Organization. Retrieved from www. nhpco. org.

Reese, D. , C. L. W. Chan, W. C. H. Chan, and D. Wiersgalla. 2010. "A Cross-National Comparison of Hong Kong and U. S. Student Beliefs and Preferences in End-of-Life Care: Implications for Social Work Education and Hospice Practice. " *Journal of Social Work in End-of-Life and Palliative Care* 6, nos. 3 – 4: 1 – 31.

Reese, D. , and E. Melton. 2003. "Needs of Lesbian Women in End-of-Life Care. " Unpublished MS.

Reese, D. , and M. Raymer. 2004. "Relationships Between Social Work Services and Hospice Outcomes: Results of the National Hospice Social Work Survey. " *Social Work* 49, no. 3: 415 – 422.

Reese, D. , M. Raymer, S. Orloff, S. Gerbino, R. Valade, S. Dawson, C. Butler, M. Wise-Wright, and R. Huber. 2006. "The Social Work Assessment Tool (SWAT): Developed by the Social Worker Section of the National Council of Hospice and Palliative Professionals, National Hospice and Palliative Care Organization. " *Journal of Social Work in End-of-Life and Palliative Care* 2, no. 2: 65 – 95.

Reese, D. , and C. Rosaasen. 1999. "Spiritual Needs of Bereaved Children. " Paper presented at the Society for Spirituality and Social Work National Conference, June, St. Louis.

Reese, D. , and M-A. Sontag. 2001. "Barriers and Solutions for Successful Inter-Professional Collaboration on the Hospice Team. " *Health and Social Work* 26, no. 3: 167 – 175.

Reith, M. , and M. Payne. 2009. *Social Work in End-of-Life and Palliative Care*. Chicago: Lyceum.

Robbins, S. P. , E. R. Canda, and P. Chatterjee. 1998. *Contemporary Human Behavior Theory: A Critical Perspective for Social Work*. Boston: Allyn and Bacon.

Roff, S. 2001. "Analyzing End-of-Life Care Legislation: A Social Work Perspective. " *Social Work in Health Care* 33, no. 1: 51 – 68.

Rosenberg, M. 2011. "Center for Non-Violent Communication. " Retrieved from http: www. cnvc. org/.

Rosenfeld, B. , W. Breitbart, S. Krivo, and H. M. Chochinov. 2000. "Suicide, Assisted Suicide, and Euthanasian in the Terminally Ill. " In H. M. Chochinov and W. Breitbart, eds. , *Handbook of Psychiatry in Palliative Medicine*, pp. 51 – 62. New York: Oxford University Press.

Rosenfeld, K. E. , N. S. Wenger, and M. Kagawa-Singer. 2000. "End-of-Life Decision Making: A Qualitative Study of Elderly Individuals. " *Journal of General Internal Medicine* 15: 620 – 625.

Russel, R. , S. Bowen, and B. Nickolaison. 2000. "Spiritually Derived Interventions in Social Work Practice and Education. " Paper presented at the Annual Program Meeting of the Council on Social Work Education, New York.

Saulnier, C. 2002. "Deciding Who to See: Lesbians Discuss their Preferences in Health and Mental Health Care Providers. " *Social Work* 47, no. 4: 355 – 366.

Schroepfer, T. 2008. "Social Relationships and Their Role in the Consideration to Hasten Death. " *Gerontologist* 48, no. 5: 612 – 621.

Schroepfer, T. A. , J. F. Linder, and P. J. Miller. 2011. "Social Work's Ethical Challenge: Supporting the Terminally Ill Who Consider a Hastened Death. " In Terry Altilio and Shirley Otis-Green, eds. , *Oxford Textbook of Palliative Social Work*, pp. 651 – 659. New York: Oxford University Press.

Sheridan, M. , R. Bullis, C. Adcock, S. Berlin, and P. Miller. 1992. "Practitioners' Personal and Professional Attitudes and Behaviors Toward Religion and Spirituality: Issues for Education and Practice. " *Journal of Social Work Education* 28, no. 2: 190 – 203.

Siemaszko, C. 1997. "Angel of the Poor. " Daily News, September 6. Retrieved from http:// articles. nydailynews. com/1997 – 09 – 06/news/18043708_1_mother-teresa-calcutta-irish-sisters.

Simon, J. 2010. *Solution-Focused Practice in End-of-Life and Grief Counseling*. New York: Springer.

Singh, K. 1998. *The Grace in Dying*. San Francisco: Harper.

Smith, D. 1993. "Exploring the Religious-Spiritual Needs of the Dying. " *Counseling and Values* 37: 71 – 77.

Smith, E. D. 1991. "The Relationship of Transpersonal Development to the Psychosocial Distress of Cancer Patients. " *Dissertation Abstracts International* 51 (January).

——. 1995. "Addressing the Psychospiritual Distress of Death as Reality: A Transpersonal Approach. " *Social Work* 40, no. 3: 402 – 412.

——. 2001. "Alleviating Suffering in the Face of Death: Insights from Constructivism and a Transpersonal Narrative Approach." *Social Thought: Journal of Religion in the Social Services* 20, nos. 1 – 2: 45 – 62.

Smith, E., and C. Gray. 1995. "Integrating and Transcending Divorce: A Transpersonal Model." *Social Thought* 18, no. 1: 57 – 74.

Smolinski, K. M., and Y. Colon. 2011. "Palliative Care with Lesbian, Gay, Bisexual, and Transgender Persons." In Terry Altilio and Shirley Otis-Green, eds., *Oxford Textbook of Palliative Social Work*, pp. 379 – 386. New York: Oxford University Press.

Social Work Policy Institute. 2010. *Hospice Social Work: Linking Policy, Practice, and Research.* Washington, DC: National Association of Social Workers.

Soltura, D. L., and L. F. Piotrowski. 2011. In Terry Altilio and Shirley Otis-Green, eds., *Oxford Textbook of Palliative Social Work*, pp. 495 – 501. New York: Oxford University Press.

Sullivan, M. 2003. "Hope and Hopelessness at the End of Life." *American Journal of Geriatric Psychiatry* 11, no. 4: 393 – 405.

Swett, L. N. d. "Spiritual Shower." Unpublished manuscript.

Thoits, P. A. 1995. "Stress, Coping, and Social Support Processes: Where Are We? What Next?" *Journal of Health and Social Behavior* 35: 53 – 79. Special issue, Forty Years of Medical Sociology: The State of the Art and Directions for the Future.

Triplett, George, David Cohen, Wilbert Reimer, Sharon Rinaldi, Curtis Hill, Simin Roshdieh, Elizabeth M. Stanczak, Karen Siscoe, and I. Donald Templer. 1995. "Death Discomfort Differential." *Omega: Journal of Death and Dying* 31: 295 – 304.

Trombetti, I. A. 2006. "Meanings in the Lives of Older Adults: In Their Own Voices." Dissertation Abstracts International: Section B: The Sciences and Engineering 66 (9 – B): 5130.

van Loon, R. A. 1999. "Desire to Die in Terminally Ill People: A Framework for Assessment and Intervention." *Health and Social Work* 24, no. 4: 260 – 268.

Varghese, F. T., and B. Kelly. 2001. "Counter Transference and Assisted Suicide." *Issues in Law and Medicine* 16, no. 3: 235 – 258.

Vaughn, M., and K. Swanson. 2006. "Any Life Can Be Fascinating: Using Spiritual Autobiography as an Adjunct to Therapy." In: K. B. Helmeke and C. F. Sori, eds., *The Therapist's Notebook for Integrating Spirituality in Counseling: Homework, Handouts and Activities for Use in Psychotherapy*, pp. 211 – 219. New York: Haworth.

Waldrop, D. P. 2008. "Evidence-Based Psychosocial Treatment at End of Life." *Journal of Gerontological Social Work* 50, no. S1: 267 – 292.

Walsh, K., and S. Hedlund. 2011. "Mental Health Risk in Palliative Care: The Social Work Role."

In Terry Altilio and Shirley Otis-Green, eds. , *Oxford Textbook of Palliative Social Work*, pp. 181 – 190. New York: Oxford University Press.

Walsh-Burke, K. 2004. "Assessing Mental Health Risk in End-of-Life Care. " In Joan Berzoff and Phyllis R. Silverman, eds. , *Living with Dying: A Handbook for End-of-Life Healthcare Practitioners*, pp. 360 – 379. New York: Columbia University Press.

Weisenfluh, S. 2011. "Social Work and Palliative Care in Hospice. " In Terry Altilio and Shirley O-tis-Green, eds. , *Oxford Textbook of Palliative Social Work*. New York: Oxford University Press.

Wilber, K. 1993. 2d ed. *The Spectrum of Consciousness*. Wheaton, IL: Quest.

Worthington, E. and F. DiBlasio. 1990. "Promoting Mutual Forgiveness Within the Fractured Rela-tionship. " *Psychotherapy* 27: 219 – 223.

Zigmond, A. S. , and R. P. Snaith. 1983. "The Hospice Anxiety and Depression Scale. " *Acta Psy-chiatrica Scandinavica* 67: 261 – 70.

Zilberfein, F. , and E. Hurwitz. 2004. "Clinical Social Work Practice at the End of Life. " In Joan Berzoff and Phyllis R. Silverman, eds. , *Living with Dying: A Hand book for End-of-Life Healthcare Practi-tioners*, pp. 297 – 317. New York: Columbia University Press.

第五章　中观层面的安宁疗护社会工作家庭、小组及跨专业团队的服务

本章从中观层面探讨安宁疗护社会工作实践，包括家庭、小组及跨专业团队的服务。社工在这几个方面的服务有特殊的技能，可以为安宁疗护做贡献。安宁疗护社工服务的优越性及独特性体现在服务的对象囊括了病人、家庭及亲人。这使得社会工作系统化的视角在进行干预时得到充分的发挥，让病人及亲人极大受益。社工的另一项特殊技能是小组干预。在安宁疗护社会工作为家属、病人及工作人员提供的服务中，小组干预均可在这几方面发挥作用。全人照护是安宁疗护的强项，本章最后部分将回顾在跨专业团队的安宁疗护服务中，需要考虑哪些方面。首先，我们关注家庭。

家　庭

家庭评估

虽然"社工评估工具"为评估病人及主要照顾者提供了指引，但这套工具着重微观层面的评估，可以配合系统化视角对家庭进行评估。需要考虑家庭所处的发展阶段，包括他们是否有过失落的经历，是否面临身体健康问题，家里是否有小朋友需要照顾，是否有家庭成员的年龄已经老迈。利用系统化的视角进行评估时，需要收集有关家庭社会环境、灵性及文化观念的信息（Doka，2011），相关的内容包括家庭结构及家庭动力、应对和情感反应的经历、家庭的优势、社会经济因素和资源（Blacker and Jordan，2004）。

安宁疗护社会工作的家庭干预

安宁疗护以外的其他医疗服务通常倾向于只服务病人（Foster and McLellan，

2002)。住院机构的探访条例通常限制病人与直系家属的接触，专注于为住院病人提供服务，强调的是身体层面的照顾（Harris et al.，2009）。虽然在某些情况下，社工或者院牧也会加入为病人提供服务，但是社会心理及灵性照顾均被视为"附属服务"，得不到同等程度的关注。而安宁疗护则不同，部分原因可能源于安宁疗护创始人西西里·桑德斯的社工背景，安宁疗护理念纳入了社会工作的系统化视角，为病人及其社会网络提供服务。

事实证明社会工作干预对每一个安宁疗护病人的服务成效有着显著影响（Reese and Raymer，2004；Reese et al.，2006）。但是我们也要知道，有关丧亲（Reese，2003）及主要照顾者（Reese et al. 2006）的研究成果显示，社会工作干预成效并不理想。我们找不到原因所在，也许是由于研究进行的时间短，所以看不到照顾者及亲人的状况改善。然而这些研究成果提醒我们，应该对社工在家庭干预方面所做的努力进行回顾，确保我们为病人及其家庭提供同等程度的照顾服务。

我们首先要注意"家庭"（family）一词在传统观念上可能暗示了局限于有血缘关系的亲人。我们提倡的是另一个由"家族"（familiness）一词所传达的观念（Schriver，2010）。"家族"认为家庭的组成并不局限于核心家庭，或有血缘关系的亲人，或法律认可的家人。譬如，同性恋伴侣也许未能得到与经法律认可的婚姻关系对等的权利，非洲裔美国人、亚裔、西班牙裔、美国原住民等文化群体的家庭可能会把非核心家庭成员看成家庭的一部分，非洲裔美国人及美国原住民家庭可能是由许多没有血缘关系的亲人组成的。俗语"一村人养大一个孩子"源自非洲裔美国人和美国原住民的文化，体现了与社会主流文化截然不同的观点。因此在本章中，当提及服务"家庭"的时候，我们指的是被病人认可为家人的亲人。

服务家庭系统 Chung（1993）列出了当几名家庭成员同时出席会谈时，需要观察的家庭动力的内容：了解哪些家庭成员意见一致或存在矛盾，哪些家人能够开诚布公地进行沟通或存在沟通障碍，哪位家人具有决定权，以及有哪些规则（Blacker and Jordan，2004）。然后，社工才能够协助家庭寻找方法应对危机，着手为死亡做准备，比如道别、道谢、予以原谅或寻求原谅，以及做出临终照顾的各项决定。Kramer及其研究团队发现，如果家人之间曾经有过矛盾或者沟通上的困难，那么就会很容易再次出现冲突（Kramer et al.，2010）。

家庭角色的转变 当有一名家人罹患末期疾病时，家庭需要应对的第一个问题就是家庭成员角色的转变（Blacker and Jordan, 2004；Hooyman and Kramer, 2003）。在我们的社会，妻子与母亲通常扮演着照顾者的角色。如果角色发生变动，其他家人承担起妻子或母亲的照顾责任，家庭的角色就会经历艰难的转变。当家中的权威者，承担着家庭绝大部分责任的丈夫或父亲变成了病人，家庭也一样会经历角色转变的困难。如果家庭成员曾经是以病人为依靠的，而现在要承担起家庭的责任，那么家庭模式及稳定性就会遭受打击。当家庭成员扮演起控制病人的新角色时，这个家庭就存在着冲突的危机（Kramer et al., 2010）。与角色死板、难以灵活调节的家庭相比较，健康的家庭，即家人的角色可灵活转变的家庭能够更好地应对末期疾病所带来的困境。前一类家庭的应对方式可能是病人及家人都会否认疾病及预后，忽略病人生理上的需求，让病人继续其照顾者的角色。特别当末期病人为女性，曾经由于父母的忽视或过往的困难生活经历而被迫承担照顾者的角色，更倾向于采取这种应对方式（Blacker and Jordan, 2004）。

这种困境需要运用家庭系统理论模式（family systems approach）解决（Fineberg and Bauer, 2011）。Roberts、Baile 和 Bassett（1999）为社工提出了以下建议：①填写家庭史，列出过往的照顾者角色；② 通过家庭系统理论和女性主义框架对家庭目前的功能进行评估；③ 根据病人家庭功能的信息，与医疗团队其他成员进行沟通；④ 提供持续的家庭咨询服务。照顾者的多元压力及应对模式（multivariate stress and coping model for caregivers）（Kinsella, Cooper, Picton, and Murtagh, 2000）扩展了家庭系统方法，可利用此方法评估背景及环境因素、压力来源及对压力的评价，并获取所有社会心理资源，提升照顾成效。Kramer及其研究团队提议发展并测试干预方法，以促进共同决策，提升面对危机时家庭成员之间的坦诚交流（Kramer et al., 2010）。

这位年轻的妈妈是安宁疗护中心的末期癌症病人，她来自单亲家庭，带着两个小孩。这位妈妈经历了否认病情的阶段。虽然已经无法下床，但她仍然独自承担照顾两个年幼孩子的责任。工作人员找不到可以为她提供支持的家人或朋友。也许在某种程度上，这位妈妈意识到她的死亡会令她失去两个孩子，这强化了她照顾孩子的欲望。为了孩子的安全，社工必须对妈妈进行咨询，帮助她意识到她已经没有能力胜任某些照顾工作，需要为两个孩子找到日托或居家照顾。同时，社工鼓励这位妈妈尽量去做她可以做到的事情，比如床上的亲子活动、为孩子讲故事、梳头发、一起玩玩具等。

自我照顾：家庭服务中文化的重要性

家庭服务与对文化观念的了解及文化敏感性息息相关。本章各节小标题所指的是非洲裔美国人家庭关于死亡与濒死的传统观念——自我依赖及共同支持，而非仰赖医疗体系。具有对文化观念的敏感性，我们才能够提供家庭可接受的相关服务，并让家庭在接触安宁疗护服务之后愿意通过该服务而非其他服务来迎接死亡（Reese et al.，2004）。虽然文化传统对每个家庭的重要性有很大差异，但当遭遇巨大压力时，比如家人逝世，即使不重视传统的个人也很有可能变得比平时更依赖传统，这是寻求慰藉及应对方式的来源。文化传统与宗教信仰及相关仪式可能存在交叉，宗教也有助于应对可预见的丧亲与哀伤。在预备死亡、往生后的照顾及哀悼仪式时，社工要知道不同家庭的偏好。遗体处理的意愿及当死亡降临时家人的需求都可能跟文化相关。正统犹太家庭可能不相信尸检；笔者在服务过的一个案例中，曾经为了尊重家人的信仰，向当地验尸官呼吁略过法律关于突发死亡需要进行尸检的相关规定。鉴于病人有心脏病史，死亡也是预期之内，验尸官最终同意不采取尸检。文化能力在安宁疗护服务中的重要性将会在第七章详细讨论。

灵性

当病人面对死亡或濒死时，需要处理与亲人之间未了的事务、妥协、解决矛盾、原谅及寻求被原谅；同样，家庭成员也会经历这些过程（Foster and McLellan，2002）。从笔者的观点看来，这些属于灵性的问题；家人也和病人一样有灵性上的需求，如果需求获得满足就会得到灵性上的提升。当预期亲人的死亡时，灵性是其家人主要的应对方式（Blacker and Jordan，2004）。家人需要从亲人的死亡中寻求意义，接受死亡的事实（Doka，2011）。Foster 和 McLellan（2002）认为，这是决定是否有能力进行安宁疗护照顾决策的关键。Byock（1997）列出可以令关系得到完满的五个重要信息："请原谅我"，"我原谅你"，"我爱你"，"谢谢"及"再见"。让病人说出这五个信息，而家人也要对病人表达出来，这样会让病人走得安乐。

在生命最后几个月，病人往往会经历超个人体验，这令他们与灵性层面相连接。除了被界定为精神病或药物的副作用，我们所处的社会无法解释为何会产生这种经历。因此，家人也许需要一些帮助才能应对并理解病人这种超个人体验。社工需要就此问题与家人进行沟通，让他们理解这是濒临死亡的正常现象。有时这种经历可能是一种象征性的沟通方式，譬如一位病人准备坐火车去旅行。有时则可能看起来是濒死体验，譬如病人会提及三次见到已过世的妻子对他说话："来吧，我在等你，我不能一个人走。"有此经历的病人，如果有人愿意聆听且不加评判，可以令其得到释放。社工要帮助家人学会不加评判地聆听，理解并认识到这种体验是死亡过程中正常的一部分（Pflaum and Kelley，1986）。

　　一位病人告诉社工，她看到了过世的丈夫。她的丈夫好像站在门口开门，当她起床来到门边时，丈夫当着她的面把门关上了。社工不加任何判断地聆听病人的诉说，然后问她："这个经历对你来说意味着什么呢？"病人回答说："意味着我的时间还没到。"

社会支持

社会支持是决定安宁疗护病人家属在应对（Hooyman and Kramer，2006）及丧亲（Silverman，2004）方面的成效的关键因素。在凝聚力强大的文化群体中，社会支持是一个更强烈的主题，比主流白人文化更以社区为导向。Smith（1999）的研究发现非洲裔美国人的女儿丧母后，她们主要的应对策略是互相支持、家族传承，以及定义年迈母亲的逝世是家族及社区重大损失的认知策略。

安宁疗护社工在对家人的鼓励及支持中扮演重要角色（Beresford，Adshead and Croft，2007；Blacker and Jordan，2004；Glajchen，2011）。如果照顾者不满来自朋友和家人的支持，社工的鼓励及支持更显得重要（Silverman，2004）。如果病人在最后阶段才被转介至安宁疗护，那么安宁疗护的支持也是一个重要因素；当病人在生命最后一个月或几周才被转到安宁疗护中心时，家人由于长时间照料病人可能已经精疲力竭。

社工的另一个角色是帮助病人与家人及朋友保持联系、解决矛盾、寻求原谅及被原谅。如果缺乏非正式的支持，那么支持性小组会起到很大作用

（Glajchen，2011；Sutton and Liechty，2004）。维持与伴侣之间的密切关系是重症病人面临的众多问题之一。经历重病可能会让夫妻关系变得更亲密，也可能因为无法满足对方的需求而转为疏离（Gallo-Silver，2011）。

> 一位老人罹患癌症，丧失了性交能力，但还顾及着妻子性欲的需求。他为此咨询社工，社工建议采取其他方式，比如使用震动自慰器，以满足妻子的性欲需求。

另外一种特殊情况是为艾滋病病人的伴侣提供社会支持。随着医疗技术的进步，艾滋病引发的病症不再是末期疾病，而是慢性疾病。疾病发展到晚期阶段，病人需要接受安宁疗护照顾。艾滋病病人的伴侣可能会面对一些较为特殊的问题，比如社会仍然存在对艾滋病的歧视，伴侣被艾滋病病人传染的问题。

> 笔者曾服务过这样的个案。一位照顾者在自己家中照料一位艾滋病末期病人，但照顾者从未对社工或其他工作人员透露他与病人的关系。他也不愿意讨论关于是否被传染疾病的问题。因为他不愿意提及关于性取向方面的话题，社工难以提供深层次且有意义的支持，也无法帮助他解决遇到的困难。所幸的是，该照顾者与一个支持艾滋病病人的网络有着联系。这个支持网络给予照顾者很大的情感支持，当病人过世之后，很多人前来参加丧礼。随后，照顾者搬离了原先居住的社区。Kenneth Doka 在其出版的《被剥夺的哀伤》（*Disenfranchised Grief*，2002）一书中讨论了因关系不被社会认可而产生的困难性哀伤（Gerbino and Raymer，2011）。

在医疗系统内提倡为男女同性恋者提供服务是必要的（Smolinski and Colon，2011）。在一个定性研究中，作者选取了 7 位女同性恋者作为研究对象，她们都曾经是末期病人的伴侣和照顾者（Reese and Melton，2003）。受访对象都表示希望由自己的伴侣来为她们的临终照顾做决定。大部分受访者表示病人并不包含在其伴侣的医疗保险中。

大部分受访者认为她们如若罹患疾病，会得到女同性恋者社区的支持，包括料理家务、协助洗澡穿衣、借钱、给予参考意见，以及提供长达数周的住宿。有一位受访者则表示，女同性恋者社区否认其伴侣罹患末期疾病的事实，没人来看望过她。这位照顾者并不熟悉安宁疗护服务；她的伴侣接受的是医院的照顾。病人接受了安宁疗护服务的话，如果受访者需要，社工会设法让其女同性恋者社区的朋友了解病人的预后，并为其提供社会支持。

部分受访者在接触医疗系统的过程中，有过一些不错的经历。例如，支持女同性恋的医生用其行动给其他同事上了一课，另一位医生邀请病人的同性恋伴侣参与所有的病情讨论。其他受访者在与医疗人员的互动中则遭受了挫折，这些医疗人员被描述为"同性恋憎恶者"。一位医生拒绝与女同性恋照顾者谈话，即使她有病人的授权书；伴侣留在医院陪病人的时候，医疗人员会觉得不自在。所有受访者都告知其医生她们是女同性恋，是病人的伴侣；一名受访者认为表明关系让医疗人员了解其投入照顾病人的程度，有助于提升医疗照顾的质量。所有接受过安宁疗护服务的受访者都认为安宁疗护医疗人员欠缺对同性恋女性临终照顾需求方面的训练。受访者都体验过旁人批判的态度，一名受访者甚至被安宁疗护中心的护士问道："除了你们两个，病人还有丈夫吗？"

受访者提出了一些医疗政策改变的建议，以期更好地服务同性恋病人，并维护女同性恋伴侣的权利。她们认为医疗保险应该纳入伴侣双方，与正常的婚姻关系一样。她们提出伴侣应该有权利为另一半做临终照顾的决定。有受访者表示被剥夺了去医院探访病人的权利，因为她们既没有血缘关系，也没有婚姻关系。她们认为女同性恋者应该被赋予婚姻上的权利，她们的伴侣应该有获得遗属抚恤金的权利。一位受访者表示其伴侣罹患末期疾病的时候，对她来说是一个重大的危机时期，但她却因为是女同性恋而被孤立。她说："如果不是女同性恋社区的支持，我可能会自杀。"

死亡焦虑、哀伤及抑郁

濒死癌症病人家庭照顾者的焦虑及抑郁分数比普通人群高（Gough and Hudson，2009）。Clukey（2003）把预期性哀伤定义为一个不断变化的过程，从情感及认知上做出转变，以应对预期的失落。她把这个过程分为五个步骤：认识现实，关怀照顾，存在，寻找意义及转变。在预期性哀伤过程中，家人经历的情感包括伤心、愤怒、感觉被压垮、疲累、陷入困境、内疚、沮丧、释放、下定决心和责任感。她发现照顾者对病人的情感依附反映了照顾者的个人成长。家庭照顾者需要牺牲社交活动及工作任务，引致经济上的困难及孤独的感受，且由于情感上的痛楚得不到释放，增加了死亡风险（Glajchen，2011）。Springer

（1999）发现影响照顾者的几个主题包括个人愿望和遗憾、观念的改变、疾病带来的意外、面对困难的现实、过渡以及收拾残局。照顾者的应对策略包括支持、社会活动、家庭以外的角色、适应性的活动、灵性以及逃避（Glajchen，2011；Hooyman and Kramer，2006）。

家庭角色的瓦解，以往担当照顾者角色的家人现在变成需要被照顾以及经济困难，这些都是令人沮丧、愤怒的因素，随后可能产生内疚感，并尝试抑制这些情绪。家庭成员的人生计划和个人发展都可能由于病人的疾病而中断，这些都是社工需要探索的内容（Roberts，Baile，and Bassett，1999）。

如果哀伤得不到解决，家人可能无法放手让病人离开。这影响到家人做生命末期决定的能力。Sanders（1989）指出："放手是最痛苦的哀伤。"Foster 和 McLellan（2002）认为最痛苦的不是亲人的丧失，而是是否有能力为丧失赋予意义。意义属于灵性的范畴，也就是说灵性对解决哀伤起着影响作用。

危机干预技巧应当对家庭有所帮助，特别是因为安宁疗护社工与家人接触的频率通常只有一至两次，必要时可以提供行为应对的建议，给予直接解决问题的方法。譬如家人已经长时间服侍在病人床旁，那么社工要鼓励和允许家人有休息的时间。有助于提升沟通技巧的干预、技巧训练、提供病情相关资讯等都可能有很大帮助。研究表明早期转介安宁疗护服务，对照顾者的情感有益（Glajchen，2011）。

协助家庭制定临终照顾决策

在美国，当制定临终照顾决策时，主流的白人文化导向是个人自主权，法律也依循个人自主的原则。例如"病人自决法案"赋予每个病人自主决定医疗的权利。家人并没有被正式包含在该法案里面。但在其他很多甚至是大部分的文化群体中，病人的医疗决策是由家中的长辈决定的（Borgmeyer，2011）；在现实中，主流文化群体的大多数长者中也是由年纪较长的家人做决策（Foster and McLellan，2002）。因此，笔者建议在讨论病人的生命末期照顾决策的时候，家人也要一起加入讨论（Glajchen，2011）。虽然和家人一起讨论存在一些困难，但是社工的帮助会起到非常大的作用。

其中一个困难就是在家人面前，病人无法坦诚讨论临终的问题。对家人来说也是如此，他们也许可以和社工单独讨论这个话题，但在病人面前却难以开口。双方都害怕令对方难受。很多情况下，病人及家人也许会采取否认的应对方式。但在一些情况下，一次敞开心胸的讨论才是有帮助的应对方式。是否可以公开讨论决定了生命末期决策的选择。在这种情况下，社工也得遵循尊重隐私、公布事实、重视矛盾、自我决定的原则（Csikai，2004）。

当要达成生命末期照顾决策的家庭共识，事项的优先性发生冲突时，需要做出决断。家人担心的往往是照顾病人的责任，这也许令他们觉得有责任去延长病人的生命。笔者见证过丧亲家人复杂的哀伤之情，因为他们看到罹患末期疾病的亲人遭受痛苦，但在其濒死时没有拨打"911"急救电话，为此而感到愧疚。因为饮食代表对病人的悉心照料，家人可能难以接受在病人生命末期停止营养供给，因此产生应对困难。如果病人能够公开表达不采取维生治疗的意愿，会使得家人比较能够放手让死亡自然发生。若病人身体状况已经太弱，无法做出决定，也没有生前预嘱，那么情况会变得更加复杂（Borgmeyer，2011；Csikai and Bass，2000）。

在任何情况下，家人都需要情感的支持，医护人员也要意识到他们需要了解的信息，用专业技能协助家人做好应对亲人死亡的准备，协助他们做生命末期的决策（Glajchen，2011）。家人需要了解随着疾病的恶化，病人身体会发生什么变化，有哪些确实可行的治疗选择，这些选择对生命的质量及长度会有哪些影响（Forbes，Bern-Klug and Gessert，2000；Gerbino and Henderson，2004）。此外，要评估病人疼痛管理的理念及其所担忧的问题，并与照顾者一起处理这些问题（Parker Oliver et al.，2009）。

Foster 和 McLellan（2002）指出，社工必须根据家庭系统理论的视角，帮助家人探索其个人伦理困境与生命末期照顾决策之间的关系，因为这样有助于解决家庭的道德痛苦，例如与责任、内疚及承诺有关的问题。家庭讨论可以让成员在集体层面上探讨道德困境。Foster 和 McLellan 强调家庭动力，比如寻找代罪羔羊、三角关系，会对家庭决策产生影响。比如有这样一个例子，一位病人已经成人的孩子，家人认为他没有担起应负的照顾责任，那么这孩子有可能被归咎为导致病人病情日下的原因；或者一位分居的配偶可能会想取得病人末期生命照顾的决策权，但由于她没有承担过家庭的责任，家人不能接受她作为决策者。参考家庭动力的运行机制，会使对生命末期决策背后的动机得出的结论截然不同；一位主要照顾者，看起来很不愿意撤除其伴侣的维生仪器，实际上可能是为了避免成为代罪羔羊，被家人责怪结束其伴侣的生命。社工如能从家庭系统的观念出发，解决其伦理困境，那么在帮助服务对象的时候，会减少对他们的评判，也会减少否认的标签。家庭讨论让亲人在符合其家庭道德观念的情况下达成一致的生命末期决策。参与家庭讨论为家人完成重要的生命末期的任务创造了机会。笔者认为以下这几个任务是属于灵性方面的内容，包括理解自身经历的意义、处理好未竟事务以及与家人重新连接。

对某些家人来说，否认或逃避病人临终的预后是其主要的应对机制（Parry，2001）。如果家人都处于否认状态或与病人的观念不一致或有未解决的哀伤而无法放手（Foster and McLellan，2002），那么社工可能就有必要倡导家人一起支持病人被动安乐死的意愿。一项针对持否认态度的主要照顾者的研究发现，照顾者更倾向于让病人住院治疗，病人也可能在医院过世，而不是尊重病人的意愿让其在家里治疗直到过世。对亲人来说，这可能是一种必要的行动，是他们对病人即将逝去的哀伤表现。但如果行动违反了病人清楚表达的意愿，那么社工可能就得做出行动支持病人的意愿。社工可能需要温和地调节家人否认的态度，帮助他们与病人坦诚讨论其意愿。同时，社工还有必要让急救车、急症室、医院的医疗人员都知道病人的意愿。在某些州，由于道德上以及法律的规定，医疗人员必须为病人采取急救措施，除非病人有书面指示放弃急救。在这种情况下，通常的做法就是让病人带着列明意愿的卡片。如果没有书面指示，而病人又无法表达意愿，工作人员会寻求直系家属的意见。

也有可能发生相反的情况。笔者曾经访问了几位安宁疗护病人，他们的病历中都有"放弃急救的指示"的记录（Reese，1995），但当询问他们是否想要急救措施的时候，大部分人都说"是"！这背后的原因并没有做记录；当病人被要求做出是否急救的选择时，他们可能对问题不理解，也有可能后来又改变了主意。当末期的预后这个令人痛苦的认知被病人从情感上接受的时候，他们往往在否认与接受之间徘徊不定。但也有可能是他们最初不采取急救措施的意愿发生了转变。如果这样的话，社工就有责任帮助病人修改意愿。另外，说明虽然医疗系统愿意为病人医治，但这些医治措施已回天无力；大多数接受了心脏复苏急救的病人都是依赖维生设备度过余生，不能如以往一样过有质量的生活，这可能有助于人们做出决策。

表 5.1 列出了安宁疗护社工与家属所讨论的问题及干预技巧，数据来源于美国安宁疗护社会工作调查（Reese and Raymer，2004）。

表 5.1　美国安宁疗护社会工作调查中社工与家属所讨论的问题及相应的干预

评估

问题		评估技巧
社会支持	评估家人照顾居家病人的能力	焦虑情绪的评估
		家人滥用药物的风险
		通过照料病人表达爱的心意
	评估需求	评估病人从医院转到家里后，家人表现如何
		家庭动力/支持系统
		主要照顾者的需求
		风险评估/转介为家人提供更多的支持
	家庭动力	评估/探索家庭动力
临终照顾决策	实体环境 +	实体环境的风险评估

　　模型中社工没有评估的因素：发展水平、面对死亡、文化群体、控制感、灵性、死亡焦虑、哀伤、抑郁、否认

干预

问题		评估技巧
发展水平	发展迟缓的家人	与发展迟缓的女儿讨论死亡/丧礼的方式
		关注发展迟缓的女儿对死亡的反应
控制感	支持意愿掌控	帮助家人支持病人的决定
		支持病人/家属的意愿掌控/限制安宁疗护的介入
灵性	生命范畴的哲学	
	生命及受苦的意义	引导照顾者/家人进行生命回顾/病人的生命对他们的正向价值
		照顾者/家人表达对病人的感受/想法/缅怀
		探索家人的愤怒
	允许死亡	给予病人死亡的许可
		放手/道别
	信仰系统	请牧师探访家人
		认可家人奇迹发生的信念
		照顾者承认死亡，但祈祷奇迹发生
社会支持	自我照顾	认可各方面的自我照顾
	协调给予照顾者的支持	鼓励家人在病人过世之后支持照顾者
		探索照顾者在病人过世之后的选择
		计划未来/照顾者的需求
		认可照顾者制定来访者时间长短的策略
		给居家病人最理想的照顾时，照顾者的需求

干预		
问题		评估技巧
	工作人员提供的支持	照顾者/家人的情感支持
		照顾者利用家人/朋友作为其情感支持
		鼓励照顾者利用支持系统
		与照顾者讨论如何从家人获得更多的支持
		工作人员参加葬/丧礼
		支持家人度过死亡及进入丧亲阶段
		慰问电话
		死亡降临之时
		死亡发生时，协助打电话
		隔离病人，不让人看到其受苦
	病人的安全	联系成人保护服务
		开会讨论与病人同住的酗酒儿子/女儿的问题
	家庭动力及沟通	沟通的教育
		鼓励坚定自信
		病人对照顾者的口头虐待：给予教育，提供方法
		家人之间关系的调节
		与配偶讨论家庭动力
		支持家庭照顾中正向的方面
		找出家庭的强项
	改变家庭的角色	允许其他家人照顾病人
		与病人讨论，给予照顾者更多的决策权
		教导照顾者简单的工作，体现其价值
死亡焦虑	照顾者的害怕	照顾者害怕单独与病人相处
		照顾者害怕病人在家中过世
		照顾者害怕病人孤独离世
	家人的害怕	家人间进行讨论，讨论害怕之情，舒缓压力和焦虑
哀伤	教育	哀伤过程的教育
		教育/认可病人/照顾者关系的重要性
	家庭的公开讨论	病人濒死引起的家庭痛苦
		组织讨论，让家人讨论早期的失落
抑郁	病人的抑郁	帮助家人处理病人的抑郁
		讨论自杀的风险
否认	教育	教育照顾者死亡的过程

续表

干预			
问题			评估技巧
			教育诊断
	病人坦诚公开的需求		就病人对疾病的坦诚公开的需求，与病人/家属一起处理
			协调病人/照顾者对于预后的看法进行讨论
情感压力的一般应对	滥药		为照顾者转介药物成瘾咨询
	教育		教育压力对健康的影响
			教育划分任务
	主张自我照顾		照顾者/家人的自我照顾
	疏通情感		鼓励照顾者/家人进行情感表达
临终照顾决策	医疗信息		教育照顾的需求
			教育病人未来的照顾需求
			与家人讨论濒死的症状
			教育，为照顾者提供处理病人昏迷的资料
			教育居家支持/资源
			关于疏忽的教育
	支持做决策		协调家人的沟通/讨论/决策
			家庭讨论，讨论死亡的过程
			认可家人对于照顾病人的能力问题的担心
	支持计划		帮助照顾者制定家人轮流陪伴的计划
			家人夜间照护的任务

模型中社会工作干预没有讨论的问题：文化群体

数据来源：美国安宁疗护社会工作调查（Reese and Raymer, 2004）。

服务临终的儿童病人及其家人

临终儿童病患的社会心理评估包括微观、中观及宏观这几个层面。也就是对每一位家庭成员的单独评估，家庭整体的评估，家庭所在的社区组织、团体（包括文化及信仰群体）的评估，以及整个社区的评估。安宁疗护向来都是全人的评估方式，评估包括生理、心理、社会、灵性及家族史（Orloff, 2011）。

一项关于儿童丧亲的研究发现他们会经历与成人一样的灵性问题，但儿童不会考虑与上帝的关系（Reese and Rosaasen, 1999）。他们说出了很多超个人的经历，与 Morse 编写的书《更接近光》（*Closer to the Light*, 1991）里面所描述的关于儿童接近死亡的经历一致。

　　社会工作对于儿童病人的干预手段包括艺术和游戏治疗，儿童通过这些治疗表达其感受及担忧，从而做出应对。其他的干预是通过关于死亡和濒死的儿童文学及给哀伤的兄弟姐妹、老师及同学提供支持。儿童及家庭与医疗人员的关系对于应对儿童的死亡至关重要，社工这方面的技能非常出色。父母强烈需要医疗人员提供真实的信息（Orloff，2011）。

　　父母培养儿童玩乐的天性有助于提升儿童的舒适度和幸福感。做计划让孩子拥有好玩的经历，比如买一只宠物，进行一次旅行，这会成为全家人珍贵的回忆。继续正常的活动，保持朋友的联系在孩子最后的生命里都是重要的（Jones，2006）。如果儿童的身体条件不允许旅行，一些简单的活动比如把雪、花朵、蝴蝶这些物件带到室内，也会为家庭带来一刻欢乐（Cincotta，2004）。Cincotta（2004）还提醒我们儿童只要活着就会不断成长，在成长的过程能够学习，经历新事物。临终儿童病患的支持小组对他们来说也是很大安慰，他们很自然地和同龄孩子连接起来（Cincotta，2004）。

　　失去孩子是人类最痛苦的经历之一，失去孩子的父母可能会引发创伤后遗症（Orloff，2011）。没有能力在死亡面前保护孩子，对父母来说是最严重的失败，这会引发极度脆弱的感情。不出所料的，在疾病期间，一位母亲对治疗决策所具有控制感对她来说可能非常重要（Goldring and Solomon，2011），控制感也会让哀伤期的应对更佳。一位父亲如果认识到他已经尝试了所有的治疗方法，那么他会觉得较好地尽了一个父亲的责任。代表孩子签署不急救同意书可能比签署自己的更困难。在这种情况下，社工非常重要的任务就是"和服务对象在一起"（meet the client where he or she is）（Orloff，2011）。

　　父母在经历预期性哀伤的同时还要支持孩子的需求，这是非常艰难的。他们可能在孩子还未离世之前就已经开始情感分离的过程。同样地，为了保护小孩，父母可能逃避讨论预后，产生一种"狭窄的沟通气氛"（Cincotta，2004：319）。现实中，孩子通常知道发生在自己身上的事情，也能够进行坦诚的讨论，这种沟通对孩子颇有益处（Cincotta，2004；Jones，2006）。虽然有些时候，孩子为了保护父母会逃避这个话题，但他们却可以自由地与社工沟通。Cincotta（2004）提出一个重要的观点，他认为孩子会模仿父母对死亡的态度。如果父母能够表达接受死亡是一个自然的过程，坦诚地讨论死亡，那么孩子也会一样坦然接受。

　　或者孩子会通过象征的方式表达，如艺术、做梦、玩具、艺术作品、画册及笔记可能可以帮助孩子表达发生在他们身上的事情，这也是送给父母的一份珍贵的礼物。这个过程可以帮助孩子进行生命回顾，如成年人一般，这会给他们带来安慰。这些媒介也可以用于小朋友的游戏治疗中（Cincotta, 2004；Goldring and Solomon, 2011）。Cincotta 建议生命回顾也可以变成孩子的"生命前瞻"，叙述如果他们可以活得更长，"生命将会是怎样的"（2004：333）。

Kempson（2000/2001）记录了触摸治疗对哀伤的母亲的积极作用。同样，Cincotta（2004）也提出一些父母的哀伤可能影响其照顾孩子的能力，父母也许有强烈的欲望去关注孩子的需求，这种行为可能有利于他们的应对。认可他们作为父母的能力，鼓励他们继续照顾孩子也是有所帮助的。随着时间的推移，他们会学习到处理疾病的技能，了解到各种医疗资源，这会提升他们作为父母的胜任感。让父母各种强烈的情感（爱、愤怒、悔恨、依恋、分离、哀伤、恐惧）得到疏通也是有益处的。认可父母希望与过世后的孩子交流的想法同样也能起到帮助（Cincotta, 2004）。

社工可以鼓励父母接受别人帮助减轻其他的责任，让他们可以有更多的时间与孩子在一起。维持家庭常规的活动模式可能也是重要的。要让每位家人都有机会接触孩子，即使治疗不是在本地进行。孩子的疼痛可能会被低估，需要密切监察（Cincotta, 2004）。

濒死孩子的兄弟姐妹非常脆弱，也需要特别的支持。兄弟姐妹也许会因为生病的不是自己而觉得内疚，或者因为与病人有过矛盾而内疚。他们可能会感到在疾病期间被父母忽略，这可能也会进一步变成内疚感。Cincotta（2004）指出兄弟姐妹也可能会被逼变得独立，这成为他们以后人生中的优势。兄弟姐妹哀伤小组可能有助于整理好所有这些情感。

Cincotta（2004）指出这种痛苦的经历也衍生积极的方面，就如其他所有末期病人的经历。父母与孩子均会有灵性与情感的成长，"与死亡一起生活能感受到前所未有的情感，在未来的生命阶段产生空前的情感亲密"（Cincotta, 2004：322）。

儿童个案对安宁疗护工作人员来说极为棘手，他们可能也需要社工的支持。表达哀伤的情感，为孩子的逝世赋以意义，都能起到作用。社会工作的价值能够被同行所重视是重要的，培训及员工支持小组可能有所帮助（McCoyd and Walter, 2007）。

本节回顾了中观层面的安宁疗护社会工作家庭干预。我们必须记住家庭的定义包含了非血缘亲属、大家庭的家人、男女同性恋者的伴侣，以及没有任何关系但病人视其为家人的人。下一节将讨论安宁疗护社会工作的小组干预。

安宁疗护社会工作的小组干预

社工接受过专门的小组干预训练，是病人及员工小组的理想团队成员。下面将讨论家人、病人及安宁疗护工作人员的心理教育小组或治疗小组。

家人的心理教育小组

虽然很难劝诱家人，特别是主要照顾者，离开病人床边半步，但自我照顾对于经历预期性哀伤的亲人来说是重要的。当家人参加小组的时候，让义工坐在病人旁边会有所帮助。在这种情形下，一种简要的干预模式非常实用，而且被发现对有精神问题的病人的家庭照顾者有帮助（So et al.，2006）。相关知识、应对办法以及照顾负担都可以通过心理教育形式讨论（Glajchen，2011）。

这种小组为照顾者提供社会支持，减少与社会隔离的感觉。与有过同样经历的人在一起有助于把感觉正常化。参与者可以亲身到场，也可以用电话或者更灵活的形式举行。这种类型的支持可以提升照顾者及家人的应对（Sutton and Liechty，2004）。

病人支持小组

关于终末期病人小组的文献很少。Breitbart 和同事（2010）评估了一个为末期癌症病人举办的以意义为中心的治疗小组，结果在灵性幸福感、意义感、焦虑以及死亡渴望这些方面都发现了显著成效。由于身体的症状，很难把安宁疗护病人组织成一个小组。笔者自己了解过一个成功的在线小组，工作人员为病人准备了电脑，让他们可以在床上进行交流。然而，评估研究却未能发现临终病人在线小组的成效。

慢性疾病病人的在线小组则有众多被记录在案的成效。这种小组可以是自助小组，只需要一位协调人员，但社工可以担当起小组带领者的角色以便进行预期的干预。有时候帮助小组进行调节是让小组保持活跃的必要条件，但是很费时（van Ulden-Kraan et al.，2008）。

Rada（2007）发现小组组员的情况越接近，他们在小组中就可以越放开地表达他们的想法。这种表达是有益处的，因为可以让病人说出他们预期性的哀伤过程，包括愤怒和痛苦的情绪，他们遭遇的身体折磨、抑郁以及其他复杂的哀伤情感（Zerbe and Steinberg，2000）。

关于在线小组的成效研究发现，如果参与者感觉了解的情况越多，则对疾病的接受程度越高，越自信，还提高了自尊心，变得更加乐观、具有控制感（van Ulden-Kraan et al.，2008）。他们从彼此的故事分享中获益，且感到被其他病人所理解（Hess，Weinland，and Beebe，2010）。无论参加者是活跃参与还是纯粹只是听别人读出资讯，都一样获益（van Ulden-Kraan et al. 2008）。然而，Barker（2008）提出了不同的观点，认为会有这样的问题产生：病人形成了自己的医疗观念，而这种观念与通行的专业知识相矛盾，但病人之间互相支持，一起寻找与他们观念一致的医生。

工作人员支持小组

在临终照顾这么有挑战的环境中，压力、精疲力竭、同情心疲劳、二度创伤和情感彻底枯竭是工作人员可能出现的问题。工作人员除了必须面对自己的死亡之外，还要与病人的家人一起经历哀伤。表现出来的症状包括心里想的都是病人、睡不好觉、焦虑及伤心。失去一个病人可能会引起工作人员对过往失落的哀伤之情。员工可能发现自己与服务对象一起哭泣。如果个案对某个工作人员的影响特别大，可以减少其与服务对象的接触，这样可能有助于工作人员的情感应对。为了抵制脆弱和伤心的情感，他们可能会出现烦躁不安、沮丧。要走过这个哀伤的过程，他们需要有机会去处理失落（Renzenbrink，2004）。

陪伴病人及家人走过死亡的过程在本质上就容易引发哀伤，有些病人及家属可能还很难应付。愤怒是 Kubler-Ross（1970）典型哀伤阶段中的一个，很难说要埋怨谁，难以界定该向谁发怒。首先提出的问题可能是"为什么上帝要这么对我？"但通常情况下，这种愤怒会投射到医务工作人员身上（Zerbe and Steinberg，2000）。

工作人员的应对方法可能是通过彼此谈论难以服务的病人，来疏通其情绪反应。然而，这种同辈支持可能会强化对服务对象的负面看法，或者给一个在个案处理上有问题的员工以情感支持及赞扬，而没有理解服务对象这种行为背后的原因，没有新的方式处理难以服务的个案（Pullen，2002）。由社工来督导社工对安宁疗护的成效有重要影响（Reese and Raymer，2004），原因可能是这样就可以有人指导如何处理这种困难个案。但在处理这种困难个案时,另外一个处理员工情感需要的方法是通过员工支持小组。

行政上的支持让员工小组得以成立,通过同侪的支持,小组成员会感到压力缓解(Nally,2006)。社工是带领这种小组的合适人选,因为他们接受过这个方面的专业培训。

负面情感是影响安宁疗护工作人员工作满意度的一个重要因素。事实上,行政支持被认为是安宁疗护工作人员工作满意度的一个重要因素(Renzenbrink,2004)。支持小组应该教导参加者了解有关同情心疲劳的知识(Nally,2006)。面对死亡,解决病人离开的哀伤,可能会产生灵性需求,这种需求需要得到处理。组员需要表达他们的情感,哀悼他们的失落。表达的情感内容可能包括:后悔、愤怒,以及通常夹杂着觉得某些事情本可以做得更好的内疚情绪的哀伤。应该提醒小组参与者,这些情感都是正常的。小组应该提出自我照顾及应对哀伤的建议,包括运动的益处、饮食、休息、社会支持及娱乐活动(Renzenbrink,2004)。安宁疗护中心通常举行一年一次的纪念仪式,这是认可、允许和应对工作人员经历过的哀伤过程的重要方式,应该鼓励员工参与。

尽管安宁疗护工作人员在服务病人的过程中面临情感挑战,但其收获却远远超过付出。研究显示安宁疗护工作人员与病人及其家人的灵性同步成长(Renzenbrink,2004)。从笔者的经历看来,我从病人身上学到的东西远大于我教会他们的。成为安宁疗护社工是一段令人敬畏、奇妙的经验,绝对是一段让个人成长的时间。

表5.2列出了安宁疗护社工提出的有关安宁疗护工作人员的问题及干预(Reese and Raymer,1994)。

表5.2　美国安宁疗护社会工作调查所记录的工作人员的问题及干预

评估	
评估工作人员哀伤的需求	评估工作人员对哀伤服务的需求
干预	
支持工作人员的哀伤	情感支持
	教育,正常化,认可工作人员的哀伤过程
	鼓励说出来
	为工作人员提供个别的咨询

资料来源:未发表数据,美国安宁疗护社会工作调查(Reese and Raymer,2004)。

本节回顾了安宁疗护社会工作的小组干预。小组对病人及其家人和工作人员均有帮助。社工接受过系统理论的专业培训，因此安宁疗护团队中可以提供中观层面的干预。这种系统理论观点使他们为跨专业团队服务做好准备，这一点将在下一节讨论。

与跨专业团队合作①

社工在安宁疗护的跨专业团队中扮演着关键角色。在一个安宁疗护全国调查中，Reese 和 Raymer（2004）发现社会工作服务的发展程度越高，可以预见团队的效能越好。而且，团队效能对安宁疗护的成效有重要影响。该调查还发现社会工作服务的发展程度越高，可以预见病人平均住院时间降低，居家照顾费用减少，护理费用减少，人力支出减少，总的安宁疗护服务费用降低。本节讨论安宁疗护跨专业团队的历史发展，团队中可能出现的问题以及解决的办法，高效能运作团队的特征，社工在高效能运作团队中的作用及角色。

在跨专业团队中缺乏社会工作功能的充分发挥

英国安宁疗护的创始人，西西里·桑德斯是一名社工、护士，也是医生。这样的背景让她能够理解各个专业在团队中以及灵性照顾中的作用，发展了跨专业团队的全人照顾理念。

安宁疗护在美国的发展是基于英国跨专业团队的模式，但由医生及护士主导。美国安宁疗护的最初倡导者是伊丽莎白·库伯勒·罗丝，她是一位医生；美国第一所安宁疗护中心建立于康涅狄格州，由来自耶鲁大学的一个团队所创立，这个团队包括一名护士、两名儿科医生及一位牧师。美国安宁疗护运动向来都是围绕桑德斯的安宁疗护全人照顾理念展开，但负责心理社会照顾的则是医护人员，直到 1983 年在美国联邦医疗保险的规定之下才加入社会工作服务。一位长期在安宁疗护机构服务的护士告诉笔者："在没有社会工作之前，我一直在提供社会工作服务"，这说明早期的安宁疗护团队并不希望社工的加入，虽然跨专业团队的服务模式已经开展了几十年，但直至今天，社会工作者的加入

①　本书作者在此鸣谢多位共同作者的协助，他们是 Stephen Connor, Kathy Egan, Donna Kwilosz, Dale Larson, and Mary-Ann Sontag。这几位作者为本章节的撰写付出了很大努力。

仍然在很多团队面对阻力。

自 1983 年以来，所有经美国联邦医疗保险认证的安宁疗护机构都加入了社会工作服务，但社会工作的角色相对有限。联邦医疗保险要求每个团队都必须有一名社工，评估每一位病人的社会心理需求，但是并没有规定新病人的首诊评估需要社工的参与，首诊评估之后也没有要求提供社会工作服务。安宁疗护社工必须参加经国家认证的本科或硕士学位课程并获取学位，或者有相关领域的本科学历，社会工作的功能因此被局限在转介和基本访问技巧。护士（Ben-Sira and Szyf, 1992）和医生（Abramson and Mizrahi, 1996）趋向于把社会工作角色看成一些具体服务的提供者，要想让社会工作干预超越这种固有的观念会引起矛盾（Dawes and Dawes 2004）。通常情况下，护士是安宁疗护机构的管理者，并由他们督导社工。这种情况导致社会工作的角色不能被理解，局限了社工在团队中所能发挥的作用（Raymer and Reese, 2004；Reese and Raymer, 2004）。

不仅其他专业缺乏对安宁疗护社工角色的理解，一些社工本人也不理解这方面的服务，他们经常反映缺乏濒死与死亡方面的培训。Reese（2011）的一个调查显示，甚至连担任安宁疗护机构管理者的社工也把社会工作的很多角色排除。Kadushin 和 Egan（1997）发现，在他们的调查样本中只有 51% 的医疗健康课程提及社工的角色，还有一些调查发现社工缺乏适当的专业知识和培训（Clark, 2004；Kovacs and Bronstein, 1999）。

团队内部不同专业之间的竞争

医疗管理者、医疗保险公司以及联邦医疗保险均要求降低医疗费用，这种要求导致了医疗照顾者之间出现竞争。在预算被削减的情况下，能够表现出为病人提供最佳医疗照顾的专业才有可能生存。护士在这方面做得最成功，他们具有更为成熟的成效研究。管理者的回应就是在护士的职责描述中增加了越来越多的责任，使得传统的社会工作责任都转移到护士身上（Reese and Sontag, 2001）。

在 1987 年，Kulys 和 Davis 发现安宁疗护服务的领导者以及护士都认为护士起码具有和社工相同的资质，能够执行传统上属于社工的工作。他们发现社会工作功能列出的所有职责，都由护士执行，只有两项没被护士执行；他们因此得出结论，认为社工在安宁疗护服务中并不具备特有的角色。随着社工在记录服务成效方面的进步，以及在安宁疗护领域所付出的努力，这种观念已经有很大转变，但有些社工认为属于他们的职责仍然被分配给了护士。譬如，一份针对美国安宁疗护领袖的调查显示，以下这些工作更多地是由护士执行（Reese, 2011）。

- 民事及法律援助
- 随时待命的责任
- 病人/家属关于安全问题的咨询
- 督导安宁疗护工作人员
- 承担安宁疗护领袖角色
- 出院计划
- 维护（病人）对（照顾）环境的选择
- 作为倡导者

社工认为这些角色至少得与他们平均分配。社工的部分角色被护士所取代，令他们感到气馁；被取代之后效果适得其反，护士由于担负了过多责任而筋疲力尽，最后离了安宁疗护服务领域。社会心理照顾传统上都是社工的职责，而由于护士这方面的培训甚少，经常难以胜任这方面的工作。这也导致了全美国的护士人力短缺（Reese and Sontag, 2001）。

同样，社工也在逐渐进入传统上属于灵性照顾者的工作范畴，处理病人的灵性问题。社会工作对灵性范畴越来越重视（Canda and Furman, 2010），很多医疗社工因此涉足被大众公认属于牧师的工作职责领域。就如社工与护士竞争执行社会心理服务一样，牧师可能也认为社工入侵他们的专业工作领域（Soltura and Piotrowski, 2011）。而且，牧师提供的社会心理照顾，社工也认为最好由他们来执行（Furman and Bushfield, 2000; Reith and Payne, 2009）。

实际上，社工的角色可能与团队里其他专业人士所知道的有所不同。一项针对一家安宁疗护中心的病历回顾显示，在最近由护士、社工、牧师为37名家居病人提供的家访服务中，虽然与其他两个专业比较，灵性照顾者处理更多的灵性问题，但是社工处理灵性问题的频率比护士高。另外，社工比其他两个专业更多地处理社会心理问题（Reese and Brown, 1997）。美国安宁疗护社会工作调查结果（Reese and Raymer, 2004）显示，在不增加本职之外的任务且社工与服务病人的比例提升的情况下，与本科学历的社工比较，具有硕士学历的社工所在的团队能够预见到团队效能的更好发挥。发挥团队效能对安宁疗护的成效有重要影响，可以预期到病人入院次数减少，家居医疗辅助、护理、人力以及总体的安宁疗护服务费用都会降低。从另一个方面来说，症状控制不良，提供超出病人本人要求的侵入性治疗，这些都与团队沟通欠佳相关（Childress, 2001）。

导致团队达成最佳运作的障碍

对其他专业知识的认识欠缺　不同领域的医疗专业人士的训练通常是分开的（Reese and Sontag, 2001），造成对其他专业的专长、技能、训练、价值观以及理论基础都不了解。如前一节所讨论的，团队里其他专业人员欠缺对社工的理解（Reith and Payne, 2009）。同样，社工对其他专业所扮演的角色、训练以及专长也不尽了解（Kovacs and Bronstein, 1999），社工可能会把专业之间的文化差异误解为队友的个人缺点（Soltura and Piotrowski, 2011）。

这种情况会导致难以集合全体专业人士共同处理个案。由于不理解其他专业可以在个案处理中发挥哪些作用，各个专业都想独自进行个案处理，而无须其他专业太多插手。出于对其他专业人士的不信任或者想保护本专业的工作范围，可能会有队友不愿把本专业的知识与其他团队成员分享。这会进一步分离团队成员，导致差劣的服务水平，削弱安宁疗护的全人照顾（Reese and Sontag, 2001）。举个例子来说，护士在团队会议中报告病人因社工与其讨论家庭的矛盾而心情难受，队员可能会责怪社工不够专业，而不理解这是社会心理干预可能出现的一个正常过程；但他们会因此而不让社工参与个案服务。遗憾的是，要想成功地发挥团队效能，是需要认可同事的专长的（Soltura and Piotrowski, 2011）。

建议解决方法　需要进行跨专业团队教育，让每个专业人员都意识到其他专业的专长（Corless and Nicholas, 2004；Parry, 2001）。如果没有这样的教育准备，团队领导者应该设立团队规范，规定尊重其他专业的知识，队友之间互相分享专业知识。新入职员工培训以及继续教育项目都应该包括对各专业角色的介绍。团队一起家访有助于队员了解不同专业的功能。社工如果可以有一天的时间跟着医生工作，会很有教育意义（Kovacs and Bronstein, 1999）。Sontag（1995a）创造了一个角色划分的练习活动，这个活动要求各个专业轮流分享本专业的知识，同时也参与培训。社工应该主动承担教育队员有关社会工作角色的任务，社会工作督导者应该与团队沟通，让其了解社工的这个期望（Reese and Sontag, 2001）。

角色模糊　Egan（1998）设计了一个以病人—家属价值观为基础的临终照顾模型，其中就强调了团队成员之间的角色分享。

这是一个理想的模型，团队成员放弃保护专业壁垒，从病人出发进行问题讨论，包括生理、心理、社会及灵性的问题。这个模型的缺点是在所有专业被团队完全接纳之前，护士会利用这个时机去执行大部分的照顾任务。如果安宁疗护中心雇用护士的人数是社工的三倍，且护士与灵性照顾者的比例差别更大（灵性照顾者通常都是兼职员工，甚至可能只是义工而非受雇员工），这个团队就不能采用这个模型。

在团队成员的服务还未能平均分配之前，跨专业团队角色重叠的问题会一直成为各学科充分发挥功能的障碍。角色模糊会导致专业间的竞争，降低服务质量（Raymer and Reese，2004）。一位安宁疗护牧师与笔者分享了一个案例。牧师为病人提供了长达一小时的咨询，旨在解决病人的内疚感。但牧师后来得知，社工在他到达的前几分钟才离开，这位社工同样地和病人进行了长达一小时关于内疚感的咨询。虽然，牧师与社工都是同样采用冲突理论的咨询方式，但病人还是备感疲惫与困惑。导致角色模糊的一个原因是不愿承认个人知识有限（Reese and Sontag，2001）。

建议解决方法　团队需要建立一套管理程序，根据个案的情况自动转介给具体的团队成员（Reese and Sontag，2001）。可以发展一套筛查工具作为评估表格的一部分，指示什么时候适合把个案转介给哪些团队成员。譬如，研究显示社工/医生的团队能够有效帮助病人设立生前预嘱（Schonwetter，Walker and Robinson，1995）；因此，如果设计生前预嘱的讨论，则应该自动转介给社工。其他研究（Reese and Brown，1997）显示社工比其他专业更有可能跟病人谈论死亡焦虑及社会支持的问题。因此，虽然团队成员会对病人的各种问题做出简要的回应，但随后仍然要把该问题转介给社工。最后，应该在团队会议期间设定治疗计划，明确每个队员的任务分工，利用每个人独有的强项（Reese and Sontag，2001）。

专业价值不同引发的冲突　团队中的每个专业都接受了截然不同的专业文化培训，倡导不同的价值观及理论观点（Soltura and Piotrowski，2011）。队员通常都意识不到这种专业文化差异，但是可以看到其他成员特质的缺点或认知上的局限。这会引致团队的公开冲突，或者相反地，当团队中的信任度偏低时，就会变成防卫性的"息事宁人"或回避冲突（Reese and Sontag，2001）。

社会工作的价值观与传统医疗专业的价值观形成鲜明对照。传统医疗注重抢救生命而非生命的质量，医生设定治疗目标，而病人没有主导权设立治疗目标。传统上，医生与病人的关系是医生具有权威性，社会工作的价值观是病人有自主决定权。因此，才衍生出众所周知的"医嘱"（doctor's order）这样的词语。医生着重行动与成效，缺乏专业人士与病人关系方面的训练，而社工更着重关系的层面。社工的取向更趋向团队工作，而医生可能更趋向自主（Reese and Sontag，2001；Soltura and Piotrowski，2011）。一个医学学生与社工学生的对比调查（Reese et al.，2005）发现两者在文化及宗教信仰上有很大不同。社工趋向于认为自己是"灵性的，但不是有宗教信仰的"（spiritual but not religious），而同时却有一些传统文化及宗教信仰的坚持（令人意外的，中国传统文化、以色列和美国的信仰都包含其中）。

在安宁疗护社工实践中，笔者观察到一些护士和牧师都趋向权威性的立场。尽管安宁疗护价值观重视病人自主，但其他团队成员可以自由为病人提供行动上的建议。

团队成员对病人隐私的取向也会有所不同。譬如，灵性照顾者对隐私就有不同的看法。历史悠久的跟牧师告解的传统就看重对告解者的信息保密，甚至对团队成员也保密。在某些情况下，一些牧师觉得在团队之外把病人的隐私信息告知社工也是可以的。相反的，社工会觉得有责任把所有个案信息告知团队，但不能在团队之外讲述。对待儿童虐待和忽视的个案却是例外，社工有权利进行报告，也接受过训练把疑似儿童虐待案例报告给儿童保护机构，遇到虐待长者时，情况也是类似。另外，因为告解的保密传统，牧师可能没有被强制要求报告，他们会为虐待儿童事件向当局保密，除非儿童遭到极端虐待。

实践经验再一次告诉我们，护士与社工对于维护专业界线的观点可能不同。护士不像社工那么关心发展个人与病人的关系。社工的训练更多的是服务弱势群体及来自不同文化背景的群体。相对比之下，其他专业可能缺乏文化能力方面的训练，难以了解来自不同文化的服务对象（Reese and Sontag，2001）。

建议解决方法　虽然团队的专业之间存在很多不同，但要着眼所有专业的聚合力。所有专业都是在为病人的福祉努力（Corless and Nicholas，2004），都持守安宁疗护的理念。Nardi 及其同事发现社工与牧师的潜在观点是一致的，双方都着重坦诚沟通，把死亡视为自然的过程，积极提供咨询及重视病人知情权（Nardi et al.，2001）。这些是更高层面的价值观，超越团队成员之间的差异。

一个高效能的团队能够关注这些价值观，而不是个人的工作表现或工作份额的竞争。而且，所有安宁疗护的专业人员都持守安宁疗护的理念。这是一套更高层次的价值，会取代由专业不同产生的价值观差别。在团队发展早期，需要预定时间讨论团队价值观和共享的意义。随着团队的发展进步，出现失误及产生冲突都是自然的，察看和讨论这些问题会起到帮助（Reese and Sontag，2001）。

当观点不同时，应该在互相信任的氛围中坦诚地分享不同的看法，认可每个专业的成就及优势。譬如，护士为病人所做出的贡献，牧师对病人隐私的尊重。如果员工可以彼此信任，他们会更愿意开放分享。社工督导应该促进员工对其他专业价值的了解，引导社工不仅要忠诚于社工部，也要忠诚于整个组织机构；团队超然的目标要放在个别专业观点前面。最后，Abramson（1984）建议团队应该花一些时间理清个人与团队的价值观，学习一种共同的道德语言，建立意义一致的道德概念。

团队成员中的理论差异　社会工作教育注重循证实践，社会心理干预是以源于理论的治疗模型为基础的，并在可能的情况下进行成效检验。社工理论观念同时还是以系统理论为导向的，问题的根源及解决的方式都不是单独在于病人。评估问题、计划干预方案的时候，考虑的是整个大社会系统与病人的相互作用。另外，社工培训的一个重点是与服务对象的关系。

这些理论观念可能与团队中的其他队员的导向形成鲜明对比（Corless and Nicholas，2004）。护士、医生及牧师不会把社会心理理论作为干预的基础。事实上，根据笔者的实践经验，有些护士及牧师会说出来的内容与理论刚好相反。有些护士可能觉得以理论为基础的评估是把病人"分门别类"加入理论中去。他们可能还会反对将他们看起来是正常的哀伤过程视为病态的有缺陷的方法（deficit approach）。灵性照顾者所持有的观点与社会工作解决问题的方法可能也是互不兼容的。譬如，笔者曾听到牧师支持病人"留在神秘未知中"，而不是鼓励其找寻"为什么上帝这么对我？"这个问题的答案。其他专业可能偏向于以医疗模式为导向，而社工会自然地运用系统化方式，这种方式更有助于找出个体问题的来源及解决方式；会与病人建立更真诚的关系，而不只是刻意地干预。最后，医生的导向更偏向于生理上的照顾，而非社会心理方面的问题（Reese and Sontag，2001）。

建议解决方法　把所有这些观点纳入考虑有助于社工工作，这些观点有一定优势，也可以令我们的一些看法得到缓和。团队成员要了解冲突的根源，并解决冲突。在讨论的过程中尊重不同观念、呈现多样性可能有助于成长并更好地理解问题的所在。用不加批判的态度接受不同的观念，社会工作的技能可以帮助团队中不同的专业文化找到彼此认同的途径。不同的专业也可以迅速重视其他专业的强项，例如护士会很乐意把社会心理和社区服务的工作交给社工负责（Reese and Sontag，2001）。

消极的团队准则　设置团队指引准则是团队发展的一部分。与非跨专业团队一样，跨专业团队所设置的团队准则也有消极的一面，不利于高质量照顾服务。以下列出一些消极的团队准则。

缺乏对团队进展的担当　队员可能很容易被个人动机分散精力，削弱团队为病人所提供的照顾服务。例如，可能有队员会努力提升自己的专业，排挤其他专业，就像笔者在一个团队会议所听到的这种言论："他们不想让社工加入"，"我觉得他们处理不了有关社会心理问题的讨论"，"她并没有宗教信仰，不会想要牧师去家访"。有些队员可能表现出对其他专业不感兴趣，对团队凝聚力漠不关心。

不乐意平均分担团队工作　作为一名安宁疗护社工，笔者有时候观察到部分社工不够自信地坚持常规性地参加所有个案服务及待命工作任务。也许社工逐渐接受自己只是安宁疗护的辅助部分（能够为团队锦上添花，却可有可无），而不是坚定执行社工该做的工作。或者可能因为社工的工作量太大，让他们没办法增加额外的工作（Reese and Raymer，2004）。社工这种缺乏自信坚定执行任务的态度虽然可以理解，却让社工只能一直处于辅助的角色位置。如今，很多机构为了节约成本而缩小规模，社工若把自己看成辅助团队可能会导致这个专业的消亡。

高效的跨专业团队会把所有专业的目标和意见结合起来设定治疗方案，由每个专业分担任务共同执行治疗计划。所有专业人士的参与是实现安宁疗护全人照顾这个初衷的必要条件。

解决方法建议　教导积极团队准则的一个方法是利用 Sontag（1995a）设计的规则练习法。做这个练习的时候，每个队员写下他们对团队规则的建议。团队领导者把所有规则集合在一起；然后全体成员把规则过一遍，并达成共识。当产生矛盾时，团队领导者应该根据事先设立的团队规则讨论对队员的行为期望。

另一个解决方法就是领导者带领团队制定共同分担责任的计划（Sands，

Stafford and McClelland，1990）。在这个计划中，任务分工要明确，且为大家所接受，让每位队员的能力都得到充分发挥。领导者要提醒队员安宁疗护全人照顾理念，及所有专业共同参与制定治疗计划的重要性。采取该方法时，领导者对队员成就的认可态度要始终如一。如果出现计划失败的情况，就要回顾修改行动计划，而不是责怪某个队员（Health Resources and Services Administration，1993）。

在笔者的实践经验中，另外一个重要的策略就是让每个队员倾情参与到讨论中。社工应该提出需要讨论的社会心理问题，详细解释社会工作如何协助病人。如果督导社工的领导本身也是社工，那么社工会在团队中扮演更活跃的角色（Reese and Raymer，2004）。另一个有效的方法就是由每个专业派出一位代表成立一个小分队，让每个人都有更多参与的机会。

失能的团队动力

代罪羔羊　可能队员会出现对自己的行为及对团队的决定不负责任的表现，把责任归咎到执行治疗计划的某个专业人士身上（Health Resources and Services Administration，1993）。

无效沟通　团队里面衍生出了数个小系统，这些系统互相竞争，这就是无效沟通的例子。同样的，也可能有个别队员与团队其他成员产生冲突的现象。队员或者领导者可能会想主宰其他人或者孤立某些成员。或者一位成员与团队的所有其他成员形成了对立关系。

另一种无效的沟通表现较为隐晦，队员为了避免冲突只能选择一致的意见，有异议的队员则被忽略。

团队中的权利差异　医疗系统的文化中，等级划分差别是很大的，个案照顾由医生负责，他们专注的是生理上的照顾（Connor et al.，2002）。专业之间处于不同地位是矛盾产生的来源，具有较高地位的专业观念可以左右治疗方案（Corless and Nicholas，2004）。薪资也可能与受教育程度不对等。在安宁疗护中心，与社工受教育程度相同的护士领取的薪资更高。某些专业的人数可能远超其他专业，比如，安宁疗护中心护士的人数是社工的三倍（Reese and Raymer，2004）。

某些专业总是处于领导位置。举例来说，美国联邦医疗保险就规定由医生负责安宁疗护团队。然而，医生可能会阻碍团队其他专业充分发挥其特长。护士及社工都曾为了在医疗中取得独立地位而抗争过，他们互相竞争领导者的地位，提供相同的服务（Corless and Nicholas，2004）。

到目前为止，胜出的是护士。在最近一个调查中，宁养院的领导者有67%都是护士，只有12%是社工（Reese，2011）。参与调查的领导者认为护士更有资格督导员工。护士在这个领域的掌控是矛盾的来源。尽管社工在为服务对象提供高质量服务的过程中是不可或缺的，却得不到应有的地位、权利及自主权（Reese and Sontag，2001）。

建议解决方法　有些时候，团队需要检视自身表现来解决团队动力失能的问题（Parker Oliver and Peck，2006）。Sontag（1995a）就这个问题设计了两套练习方案。一个方式是观察者练习，一位队员被任命观察一个团队会议。观察者把所观察到的内容记录下来，包括团队互动及讨论的内容。然后观察者把结果反馈给队友，并全队一起进行讨论。另一个方式是评估练习，让队员填写关于团队会议的过程及内容的不记名问卷。然后团队会得到反馈并共同进行讨论。

解决团队中权利差异的一个策略是，通过团队运作的合作或共识模型，制定团队成员的平等地位，着重平等主义、凝聚力及团队解决问题的方法。应该避免权利竞争，所有专业轮流行使团队的领导权（Kovacs and Bronstein，1999），社会工作管理者应该向医院管理者寻求支持，解决队员工资不平等及数量差异大的问题。社工和护士应该联合起来建立与医生同等的地位，而不是视对方为竞争者。把医疗系统的权利平衡由医生转移到管理层，这样可能更加切实可行（Corless and Nicholas，2004）。

社工管理者的一个策略就是编制程序逐个解决对医院管理影响重大的问题。处理整体的机构目标有助于支持社会工作，拓展社工的角色。由美国安宁疗护协会社工部执行的"美国安宁疗护社会工作调查"就采用了这个策略（Reese and Raymer，2004）。该调查通过讨论安宁疗护管理者的工作事项，阐明社会工作对其工作的重要性。调查在结尾处展示了社会工作服务能够降低安宁疗护的费用支出，且对其他的重要成效均有益处。

在我们未能获得平等地位之前，完整的全人照顾的理念是难以实现的，我们为病人提供的服务质量也会因此下降（Corless and Nicholas，2004；Reese and Raymer，2004）。但是，由于社会工作被看成医疗系统的辅助专业，目前在现实中的地位差别仍然无法改变（Corless and Nicholas，2004）。因此，社工应该具备各种合作的手段，在必要的情况下解决地位差别的问题，当其他队员在互动中表现地位平等时，社工也要注重责任的分享（Soltura and Piotrowski，2011）。

病人的成见　实践经验告诉本文作者，有时候，无法充分利用团队成员是因为病人不愿意与某些团队成员（通常是社工和牧师）一起参与治疗讨论。这可能是由于病人对这些职业存在偏见或者误解。譬如，病人可能认为社工的访问只是评估他们是否符合条件领取福利，或以为社工只是为了保护性服务做调查。他们会误以为牧师是给他们传教，而意识不到牧师是从病人的观念出发帮助他们解决灵性的问题。

建议解决方法　访问新病人的时候，应该采用跨专业团队的方式，社会工作者应该参与病人访问。研究发现社工参与新病人的访问，不仅可以给病人留下全人照顾的印象，还有助于安宁疗护的多项成效，包括社工会帮助解决更多的问题，还可以降低家居医疗辅助、人力及整体的安宁疗护服务支出（Reese and Raymer，2004）。

初次访问新病人时，如果难以组建跨专业团队，访问病人的工作人员（通常是护士）应该向病人展示全人照顾的理念，让病人知道社工和牧师的访问是服务的一部分。团队领导者应该鼓励队员与病人讨论他们担心见到社工和牧师的原因，帮助他们消除成见及误解。

管理障碍　美国管理式照护服务（managed care）的出现意味着医疗管理者的关注点是成本效益。虽然从很多方面来看，这都是值得赞扬的目标，但这也意味着非关键的医疗照顾服务都会被削减。缺乏社会工作成效研究的一个结果就是人们认识不到社会工作的重要性，这从某种程度上解释了为什么安宁疗护服务中护士与社工的比例是3∶1。

解决方法建议　社会工作专业在全人照顾中，最令人信服的就是帮服务提供者减少开支。社工能够促进购买医疗保险，增加收入。社工帮助解决社会心理及灵性的问题，这些问题如果得不到解决会令住院率增高，疼痛控制药物的需求增加，导致其他的负面安宁疗护成效，也意味着增加安宁疗护的开支（Reese and Raymer，2004）。

除了提供干预的服务，节约搜集分析项目数据记录的成本也是重要的，可以考虑和当地大学社会工作研究人员合作进行该项目。事实上，美国安宁疗护社会工作调查（Reese and Raymer，2004）发现很多安宁疗护费用的减少都与社会工作服务的提升有关系，包括参与新收病人访问、招聘更多社工，更多经验丰富的社工会提高社工与病人的人数配比，有助于提升社工的起点薪资，不给社工分配专业范畴以外的任务，增加社会工作服务的整体预算。其他的研究也得出类似的结论，社会工作服务（Sherin，1997）或跨专业团队的服务方式（与着重医疗的服务方式比较）均可节约成本（Abrahm et al.，1996）。一套更系统化的解决方法就是设立支持跨专业团队模型的支付安排，这种方法要显示出高效能团队的成本效益才可能实施（Connor et al.，2002）。

高效能团队的特征

对临终病人及其家人的有效干预需要全方位的干预，本质上是全人的服务，包括生理、心理、社会以及灵性的层面。所有学科都做出了重要的贡献（Hodgson et al.，2004）。高效的安宁疗护团队拥有出色的沟通技巧和团队动力，有助于推行他们的目标。他们的价值观支持安宁疗护的理念和病人的福祉，尊重价值观的差异。他们的理论观点也与安宁疗护的理念一致，也尊重团队成员之间的差异。这些特征为团队成员提供了高质量的生活。以下对这些特质的讨论是笔者与其他人工作成果的整合（Byock，1997；Connor et al.，2002；Corless and Nicholas，2004；Egan，1998；Reese and Sontag，2001；Reese and Raymer，2004；Soltura and Piotrowski，2011）。

沟通技巧和团队动力 高效能团队具有高效的沟通能力。他们能够合作设定清晰的共同目标、协调的评估以及解决共同问题的共同治疗计划。

领导职能是共享的，治疗责任也是如此。所有学科都得到重视和充分利用。成员在团队的工作中平等地进行分享，所有团队成员的意见都被纳入治疗计划中。这可以防止角色模糊，因为每个人的责任都是经过所有成员同意的。所有成员都清楚理解团队的角色，不同专业人士都知道彼此的专长。团队成员互相交流，互相学习，共享信息。就治疗计划已达成一致，所有成员都对此负责，因此没有必要使用替罪羊。团队成员互相交流，互相学习。没有互相竞争权利的组织或子系统，八卦和影射也都很少。

这种团队成员之间是积极的关系。成员经常进行技术交流和彼此情感支持。他们相互信任，充满善意的气氛盛行。

高效的团队还拥有有效的冲突解决策略。他们找到冲突的根源，并在相互尊重的气氛中公开挑战对方。因为具有信任的气氛，所以不需要保密或假装同意。因此，冲突得到讨论解决。与此同时，高效的团队还会进行自我剖析，从错误中吸取教训。

　　价值观　高效的安宁疗护团队拥有多个共同的价值观。患者自我决定是影响团队工作方法的关键角度。病人及其亲人均被视为团队的成员，并监督团队的照顾。团队成员的首要任务是为病人提供服务，有技巧地进行沟通，并从服务对象获取反馈信息，以衡量其服务的成效。病人及其家人的需求都会在团队会议上传达，并根据这些需求设计治疗计划。这样能够提供适合病人文化的照顾，因为病人及其家人的价值观和观念决定了治疗的方法。关注病人的观念也有助于防止各专业之间的争斗，因为团队成员不再过度专注自己在管理上和决定干预计划方面的需要；他们更多地把自己看成一个有凝聚力团队中的一员，而不是独立的专业人士。他们能够专注于共同价值观，同时也意识到团队成员之间价值观的差异，并能够在相互尊重的氛围中接受这些差异。

　　理论观点　高效的安宁疗护团队具有几个与安宁疗护哲学相一致的理论观点。团队认识到生命末期的成长和发展的潜力，并把死亡看作生命的一个阶段，这个阶段具有特有的灵性任务。人类经验的所有方面都是评估和治疗的重点，包括生理、心理、社会以及灵性；高效的安宁疗护团队相信提升病人舒适感需要所有专业的参与。因此，他们认为新接收的病人需要所有团队成员的服务。除了这种共同的观点，团队成员也意识到理论观点的差异，并尊重这些差异。

　　生活质量　由于前面所描述的属性，高效能团队享有高质量的工作生活。研究发现，团队的运作、团队角色的清晰度、积极的情感以及没有角色冲突，这些都可以预测到安宁疗护团队成员之间的工作满意度（DeLoach, 2002）。高效的团队成员都有一种高效能感，有自信应对所面临的挑战。员工士气高涨，有助于减少焦虑，防止同情心疲劳。

团队运作对安宁疗护成效的重要性

　　团队功能不仅仅是安宁疗护日常运作中没有实际意义的理想目标。好的团队运作与安宁疗护病人的住院率降低和安宁疗护成本降低相关，包括降低居家医疗辅助、护理和人力的成本以及整体安宁疗护的成本（Reese and Raymer, 2004）。这些住院率和成本效应表明团队对服务对象福祉的重要影响。

社工对高效运作团队的贡献

　　美国安宁疗护社会工作调查（Reese and Raymer, 2004）发现，社会工作服务水平较高的安宁疗护机构有更好的团队运作。具体而言，在高效运作的安宁疗护团队中，我们可以看到社工与病人比例较高，有更多硕士学历的社工，不会给社工分配本职之外的职责。团队运作可以由 Sontag 开发的团队运作量表（Team Functioning Scale）进行测量（1995b，参见附录 C）。

更多社会工作者的参与预示着更好的团队运作，原因是什么呢？如果理解了社会工作教育的内容，这两者的关系就不足为奇了。社会工作教育侧重于前面讨论的高效能团队的几乎所有技能和特征。社工在沟通技巧和团队动力方面接受过广泛的培训，使他们能够协同工作，观察和学习功能失调的团体动力。他们的技能对于促进团队成员与病人之间的沟通至关重要，这是服务对象最不满意的领域之一。他们也是向团队传达病人需求的主要倡导者（Galambos，1998）。

有人说，西西里·桑德斯女士从她的社会工作训练中汲取了安宁疗护哲学，结合病人自我决定的价值观，倡导病人是平等的伙伴，倡导人类尊严以及关注生理、心理、社会以及灵性层面的系统理论观点。社工所接受的培训让他们学会尊重世界观的差异，帮助他们尊重团队成员的观点，并使他们成为文化方面的专家。他们以共识管理模式为导向，共享领导职能。他们接受过冲突解决的技能培训，社会工作将灵性融入专业文献和课程。社工接受小组干预培训，并具备协助团体发展成为高效团队的技能。因此，社工充分参与团队工作对整个安宁疗护以及病人福祉有重要影响。

值得社工警惕的弱点是缺乏对自己专业的拥护，包括承担责任、全面参与团队服务。他们必须能够有效地阐明他们在团队中的作用和特殊专长，这会培训社工提供更好的安宁疗护。

高效能的团队发展的必要条件

只有管理者有强大的领导能力和支持，而且具备和重视跨专业团队的知识，才有可能实现高效能的团队运作。发现高效能团队能够省钱（Reese and Raymer，2004）的这一结果应该向对预算敏感的管理者推广。为有效的团队流程和跨专业团队培训项目编制预算时，时间必须被考虑在内。所有专业都必须接受培训，以重视跨专业团队照顾（Corless and Nicholas，2004）。最后，应该提供实习机会，向跨专业的学生群体传授团队工作方法（Connor et al.，2002）。

团队效能的评估

定期评估团队效率有助于识别和处理任何所需的改变（Parker Oliver and

Peck，2006）。建议的评估方法是使用 Sontag（1995b）的团队效能量表来衡量团队的进展（见附录 C）。该量表的信度极高（Cronbach's alpha ＝0.86），并且简短易用。它测量员工的士气、沟通、支持、平等价值和专业的利用、信任和冲突解决策略的有效性。量表评分结果越高预示着更好的安宁疗护和病人效果（Reese and Raymer，2004）。

社工在团队中的角色

美国社会工作者协会（The National Association of Social Workers，2011）制定了纾缓疗护和安宁疗护标准（见附录 B）。以下是对这些标准的讨论，因为它们涉及社工在跨专业团队中所起的作用。

作为团队成员协同工作　社工应该能够有效沟通并作为团队成员协同工作。这包括使用团队成员提供的资讯及其初步评估结果来指导与病人共同商定的照顾计划。

向团队倡导服务对象权益　同时，社工致力于为病人授权，并与团队一起支持病人的需求。这意味着维护案主、案主系统的自我决定，包括尊重选择、偏好、决策、权利、价值观和信仰。社工负责在这些问题上安排团队会议。这也将提升团队的文化能力。执行的过程应坚持始终保持客观和尊重的原则。

协调病人与团队之间的沟通　社工还应协调病人、家人和团队之间的沟通。他们应该在需要时安排家庭团队会议，并鼓励协助病人与团队成员沟通，解决冲突以及与团队一起解决问题。社工应该努力在成员之间建立信任。

在团队中倡导社工专业　社工代表一种专业，应该充满信心地互动，并在专业角色中展示出能力。他们应该致力于赋予社工专业权利，并倡导其在纾缓疗护和安宁疗护中的作用。社工应该组织培训，让队员理解各个专业的作用及其治疗理念。

提供关于心理社会照顾的专业知识　社工应该承担心理社会问题专家的角色，帮助团队了解这些问题并制定适当的治疗计划。

社工在团队中的其他角色　笔者还要增加一些社工的额外功能，在以下方面，社工在团队中扮演着至关重要的角色。

提供灵性照顾的专业知识　社工应该熟悉关于安宁疗护中灵性的社会工作文献，并应该提供有关灵性问题干预的专业知识。

提供员工支持　社工应为团队成员提供支持，组成员工支持小组，进行关于自我照顾和解决员工因病人过世而哀伤方面的个人支持和在职培训。与此同时，社工需要根据自己的需要进行自我照顾（Alkema，Linton and Davies，2008）。

领导发展具文化能力的服务　团队缺乏文化能力是为多元文化群体提供安宁疗护的主要障碍。虽然已经开发了许多具有文化能力的安宁疗护服务模式，但它们一般都没有得到实施。文化和宗教信仰是预测安宁疗护成效的主要因素（Reese，1995 – 1996；Reese et al.，1999），社会工作参与干预这些问题预示着更好的病人成效（Reese et al.，2006）。社工凭借在该领域的深入培训，成为团队文化能力的专家。在一次全国性的调查中，发现这种专业知识被安宁疗护领导者所认可（Reese，2011）。社工有责任利用这种专业知识来提高服务质量。

领导发展高效的团队　社工了解团队动力和高效运作团队的发展。他们应该利用这些知识帮助团队成员获得高效团队的特征。

社会工作过去缺乏该领域的专业教育，导致社工一直不清楚他们在安宁疗护中的作用。社会工作教育开始解决安宁疗护的不足，而且专业角色越来越清晰。社工需要通过继续教育和个人努力熟悉社会工作安宁疗护文献，确保了解安宁疗护中的社会工作角色。一旦社工清楚了解自己的角色，他们必须教育团队中的其他专业关于安宁疗护中的社会工作角色。

本章重点关注中观层面的安宁疗护社会工作实践，包括家庭、小组和跨专业团队。以下章节将回顾安宁疗护宏观实践中的社会工作角色，包括对组织和社区的评估和干预。

（林卫珊　译）

参考文献

Abrahm, J. L. , J. Callahan, K. Rossetti, and L. Pierre. 1996. "The Impact of a Hospice Consultation Team on the Care of Veterans with Advanced Cancer." *Journal of Pain and Symptom Management* 12：23 – 31.

Abramson, J. 1984. "Collective Responsibility in Interdisciplinary Collaboration：An Ethical Perspective for Social Workers." *Social Work in Health Care* 10, no. 1：35 – 43.

Abramson, J. , and T. Mizrahi. 1996. "When Social Workers and Physicians Collaborate：Positive and Negative Interdisciplinary Experiences." *Social Work* 41, no. 3：241 – 336.

Alkema, K. , J. M. Linton, and R. Davies. 2008. "A Study of the Relationship Between Self-care,

Compassion Satisfaction, Compassion Fatigue, and Burnout Among Hospice Professionals. " *Journal of Social Work in End-of-Life and Palliative Care* 4, no. 2: 101 – 119.

Barker, K. K. 2008. "Electronic Support Groups, Patient-Consumers, and Medicalization: The Case of Contested Illness. " *Journal of Health and Social Behavior*, 49, no. 1: 20 – 36.

Ben-Sira, Z. , and M. Szyf. 1992. "Status Inequality in the Social Worker-Nurse Collaboration in Hospitals. " *Social Science and Medicine* 34, no. 4: 365 – 374.

Beresford, P. , L. Adshead, and S. Croft. 2007. *Palliative Care, Social Work, and Service Users: Making Life Possible*. Philadelphia: Jessica Kingsley.

Blacker, S. , and A. R. Jordan. 2004. "Working with Families Facing Life-Threatening Illness in the Medical Setting. " In Joan Berzoff and Phyllis Silverman, eds. , *Living with Dying: A Handbook for End-of-Life Healthcare Practitioners*, pp. 548 – 570. New York: Columbia University Press.

Borgmeyer, T. 2011. "The Social Work Role in Decision Making: Ethical, Psychosocial, and Cultural Perspectives. " In Terry Altilio and Shirley Otis-Green, eds. , *Oxford Textbook of Palliative Social Work*, pp. 615 – 624. New York: Oxford University Press.

Breitbart, W. , B. Rosenfeld, C. Gibson, H. Pessin, S. Poppito, C. Nelson, A. Tomarken, A. K. Timm, A. Berg, C. Jacobson, B. Sorger, J. Abbey, and M. Olden. 2010. "Meaning-Centered Group Psychotherapy for Patients with Advanced Cancer: A Pilot Randomized Controlled Trial. " *Psycho-Oncology* 19, no. 1: 21 – 28.

Byock, I. 1997. *Dying Well: Peace and Possibilities at the End of Life*. New York: Riverhead.

Canda, E. , and L. Furman. 2010. *Spiritual Diversity in Social Work Practice: The Heart of Helping*. New York: Oxford University Press.

Childress, S. B. 2001. "Enhanced End of Life Care. " *Nursing Management* 32, no. 10: 32 – 35.

Chung, K. 1993. "Brief Social Work Intervention in the Hospice Setting: Person-Centered Work and Crisis Intervention Synthesized and Distilled. " *Palliative Medicine* 7, no. 1: 59 – 62.

Cincotta, N. 2004. "The End of Life at the Beginning of Life: Working with Dying Children and Their Families. " In Joan Berzoff and Phyllis R. Silverman, eds. , *Living with Dying: A Handbook for End-of-Life Healthcare Practitioners*, pp. 318 – 347. New York: Columbia University Press.

Clark, E. J. 2004. In Joan Berzoff and Phyllis R. Silverman, eds. , *Living with Dying: A Handbook for End-of-Life Healthcare Practitioners*, pp. 838 – 847. New York: Columbia University Press.

Clukey, L. 2003. "Anticipatory Mourning: Transitional Processes of Expected Loss. " *Dissertation Abstracts International: Section B: The Sciences and Engineering* 63 (7 – B): 3467.

Connor, S. , K. Egan, D. Kwilosz, D. Larson, and D. Reese. 2002. "Interdisciplinary Approaches to Assisting with End-of-Life Care and Decision-Making. " *American Behavioral Scientist* 46, no. 3: 340 – 356.

Corless, I. B. , and P. K. Nicholas. 2004. "The Interdisciplinary Team: An Oxymoron?" In Joan

Berzoff and Phyllis R. Silverman, eds. , *Living with Dying*: *A Handbook for End-of-Life Healthcare Practitioners*, pp. 161 – 170. New York: Columbia University Press.

Csikai, E. L. 2004. "Social Workers' Participation in the Resolution of Ethical Dilemmas in Hospice Care." *Health and Social Work* 29, no. 1: 67 – 76.

Csikai, E. , and K. Bass. 2000. "Health Care Social Workers' Views of Ethical Issues, Practice, and Policy in End-of-Life Care." *Social Work in Health Care* 32, no. 2: 1 – 22.

Dawes, J. , and J. Dawes. 2004. "End-of-Life Care in Prisons." In Joan Berzoff and Phyllis R. Silverman, eds. , *Living with Dying*: *A Handbook for End-of-Life Healthcare Practitioners*, pp. 778 – 791. New York: Columbia University Press.

DeLoach, R. J. 2002. "Factors Influencing Job Satisfaction Among Interdisciplinary Team Members Working in Hospice Settings in Central Ohio." Ph. D. diss. , Ohio State University. *Dissertation Abstracts International*, A: *The Humanities and Social Sciences* 63, no. 4 (October): 1556 – A.

Doka, K. J. 2002. *Disenfranchised Grief*. Champaign, IL: Research.

——. 2011. "Religion and Spirituality: Assessment and Intervention." *Journal of Social Work in End-of-Life and Palliative Care* 7, no. 1: 99 – 109.

Egan, K. 1998. *Patient-Family Value Based End-of-Life Care Model*. Largo: Hospice Institute of the Florida Suncoast.

Fineberg, I. C. , and A. Bauer. 2011. "Families and Family Conferencing." In Terry Altilio and Shirley Otis-Green, eds. , *Oxford Textbook of Palliative Social Work*, pp. 235 – 249. New York: Oxford University Press.

Forbes, S. , M. Bern-Klug, and C. Gessert. 2000. "End-of-Life Decision Making on Behalf of Nursing Home Residents with Dementia." *Image*: *Journal of Nursing Scholarship* 20: 251 – 258.

Foster, L. , and L. McLellan. 2002. "Translating Psychosocial Insight Into Ethical Discussions Supportive of Families in End-of-Life Decision-Making." *Social Work in Health Care* 35, no. 3: 37 – 51.

Furman, L. , and S. Bushfield (formerly S. Fry). 2000. "Clerics and Social Workers: Collaborators or Competitors?" ARETE, *Journal of University of South Carolina School of Social Work* 24, no. 1: 30 – 39.

Galambos, C. 1998. "Preserving End-of-Life Autonomy: The Patient Self-Determination Act and the Uniform Health Care Decisions Act." *Health and Social Work* 23, no. 4: 275 – 281.

Gallo-Silver, L. 2011. "Sexuality, Sensuality, and Intimacy in Palliative Care." In Terry Altilio and Shirley Otis-Green, eds. , *Oxford Textbook of Palliative Social Work*, pp. 397 – 411. New York: Oxford University Press.

Gerbino, S. , and S. Henderson. 2004. "End-of-Life Bioethics in Clinical Social Work Practice." In Joan Berzoff and Phyllis R. Silverman, eds. , *Living with Dying*: *A Handbook for End-of-Life Healthcare Practitioners*, pp. 593 – 608. New York: Columbia University Press.

Gerbino, S. , and M. Raymer. 2011. "Holding On and Letting Go: The Red Thread of Adult Bereavement. " In Terry Altilio and Shirley Otis-Green, eds. , *Oxford Textbook of Palliative Social Work*, pp. 319 – 327. New York: Oxford University Press.

Glajchen, M. 2011. In Terry Altilio and Shirley Otis-Green, eds. , *Oxford Textbook of Palliative Social Work*, pp. 223 – 233. New York: Oxford University Press.

Goldring, E. , and J. Solomon. 2011. "Social Work and Child Life: A Family's Journey with Childhood Cancer. " In Terry Altilio and Shirley Otis-Green, eds. , *Oxford Textbook of Palliative Social Work*, pp. 453 – 458. New York: Oxford University Press.

Gough, K. , and P. Hudson. 2009. "Psychometric Properties of the Hospital Anxiety and Depression Scale in Family Caregivers of Palliative Care Patients. " *Journal of Pain and Symptom Management* 37, no. 5: 797 – 806.

Harris, J. , D. Bowen, H. Badr, P. Hannon, J. Hay, and K. Regan Sterba. 2009. "Family Communication During the Cancer Experience. " *Journal of Health Communication* 14: 76 – 84.

Health Resources and Services Administration. 1993. *Interdisciplinary Development of Health Professionals to Maximize Health Provider Resources in Rural Areas.* Washington, DC: Author.

Hess, R. F. , J. A. Weinland, and K. Beebe. 2010. " 'I Am Not Alone': A Survey of Women with Peripartum Cardiomyopathy and Their Participation in an Online Support Group. " *Computers, Informatice, Nursing: CIN* 28, no. 4: 215 – 221.

Hodgson, H. , S. Segal, M. Weidinger, and M. B. Linde. 2004. "Being There: Contributions of the Nurse, Social Worker, and Chaplain During and After a Death. " *Generations* 28, no. 2: 47 – 52.

Hooyman, N. R. , and B. J. Kramer. 2006. *Living Through Loss: Interventions Across the Life Span.* New York: Columbia University Press.

Jones, B. 2006. "Companionship, Control, and Compassion: A Social Work Perspective on the Needs of Children with Cancer and Their Families at the End of Life. " *Journal of Palliative Medicine* 9, no. 3: 774 – 788.

Kadushin, G. , and Egan, M. 1997. "Educating Students for a Changing Health Care Environment: An Examination of Health Care Practice Course Content. " *Health and Social Work* 22, no. 3: 211 – 223.

Kempson, D. 2000/2001. "Effects of Intentional Touch on Complicated Grief of Bereaved Mothers. " *Omega* 42, no. 4: 341 – 353.

Kinsella, G. , B. Cooper, Picton, C. , and D. Murtagh. 2000. "Factors Influencing Outcomes for Family Caregivers of Persons Receiving Palliative Care: Toward an Integrated Model. " *Journal of Palliative Care* 16, no. 3: 46 – 54.

Kovacs, P. , and L. Bronstein. 1999. "Preparation for Oncology Settings: What Hospice Workers Say They Need. " *Health and Social Work* 24, no. 1: 57 – 64.

Kramer, B. T. , M. Kavanaugh, A. Trentham-Dietz, M. Walsh, and J. A. Yonker. 2010. "Predictors of Family Conflict at the End of Life: The Experiences of Spouses and Adult Children of Persons with Lung Cancer. " *Gerontologist* 50, no. 2: 215 - 225.

Kubler-Ross, E. 1970. *On Death and Dying.* New York: Macmillan.

Kulys, R. , and M. Davis. 1987. "Nurses and Social Workers: Rivals in the Provision of Social Services?" *Health and Social Work* 12, no. 1: 101 - 112.

McCoyd, J. L. M. , and C. Walter. 2007. "A Different Kind of Holding Environment: A Case Study of Group Work with Pediatric Staff. " *Journal of Social Work in End-of-Life and Palliative Care* 3, no. 3: 5 - 22.

Morse, M. 1991. *Closer to the Light: Learning from Near Death Experiences of Children.* New York: Random House.

Nally, J. 2006. "Spirituality in Social Work: Spiritual Self-care and Its Effects on Compassion Fatigue. " Master's thesis, University of Arkansas.

Nardi, D. A. , F. Ornelas, M. Wright, and R. Crispell. 2001. "Clergy and Social Workers' Attitudes Towards Death and Palliative Care in an Acute Care Setting. " *International Journal of Palliative Nursing* 7, no. 1: 30 - 36.

National Association of Social Workers. 2011. *NASW Standards for Social Work Practice in Palliative and End of Life Care.* Washington, DC: NASW.

Orloff, S. F. 2011. "Pediatric Hospice and Palliative Care: The Invaluable Role of Social Work. " In Terry Altilio and Shirley Otis-Green, eds. , *Oxford Textbook of Palliative Social Work*, pp. 79 - 86. New York: Oxford University Press.

Parker Oliver, D. , and M. Peck. 2006. "Inside the Interdisciplinary Team Experiences of Hospice Social Workers. " *Journal of Social Work in End-of-Life and Palliative Care* 2, no. 3: 7 - 21.

Parker Oliver, D. , E. Wittenberg-Lyles, K. T. Washington, and S. Sehrawat. 2009. "Social Work Role in Hospice Pain Management: A National Survey. " *Journal of Social Work in End-of-Life and Palliative Care* 5: 61 - 74.

Parry, J. K. 2001. *Social Work Theory and Practice with the Terminally Ill.* 2d ed. New York: Haworth Social Work Practice Press.

Pflaum, M. , and P. Kelley. 1986. "Understanding the Final Messages of the Dying. " *Nursing86* 16, no. 60: 26 - 29.

Pullen, M. L. 2002. "Joe's Story: Reflections on a Difficult Interaction Between a Nurse and a Patient's Wife. " *International Journal of Palliative Nursing* 8, no. 10: 481 - 488.

Rada, R. 2007. "Entry Requirements and Membership Homogeneity in Online Patient Groups. " *Medical Informatics and the Internet in Medicine* 32, no. 3: 215 - 223.

Raymer, M. , and D. Reese. 2004. "The History of Social Work in Hospice. " In Joan Berzoff and Phyllis R. Silverman, eds. , *Living with Dying: A Handbook for End-of-Life Healthcare Practitioners*, pp. 150 – 160. New York: Columbia University Press.

Reese, D. 1995 (formerly D. Ita). "Physician Failure to Predict Terminality in Home Health Care Patients. " Unpublished MS.

——. 1995 – 96. "Testing of a Causal Model: Acceptance of Death in Hospice Patients. " *Omega: Journal of Death and Dying* 32, no. 2: 81 – 92.

——. 2003. "National Hospice Social Work Survey Results: Impact of Services on Hospice Outcomes. " Paper Presented at the Council on Social Work Education, Annual Program Meeting, February, Atlanta.

——. 2011. "Interdisciplinary Perceptions of the Social Work Role in Hospice: Building Upon the Classic Kulys and Davis Study. " *Journal of Social Work in End-of-Life and Palliative Care* 7, no. 4: 383 – 406.

Reese, D. , R. Ahern, S. Nair, J. O'Faire, and C. Warren. 1999. "Hospice Access and Utilization by African Americans: Addressing Cultural and Institutional Barriers Through Participatory Action Research. " *Social Work* 44, no. 6: 549 – 559.

Reese, D. , L. Braden, C. Butler, and M. Smith. 2004. "African American Access to Hospice: An Interdisciplinary Participatory Action Research Project. " Paper Presented at the Clinical Team Conference, National Hospice and Palliative Care Organization, March, Las Vegas, Nevada.

Reese, D. , and D. Brown. 1997. "Psychosocial and Spiritual Care in Hospice: Differences Between Nursing, Social Work, and Clergy. " *Hospice Journal* 12, no. 1: 29 – 41.

Reese, D. , C. L. W. Chan, D. Perry, D. Wiersgalla, and J. Schlinger. 2005. "Beliefs, Death Anxiety, Denial, and Treatment Preferences in End-of-Life Care: A Comparison of Social Work Students, Community Residents, and Medical Students. " *Journal of Social Work in End-of-Life and Palliative Care* 1, no. 1: 23 – 47.

Reese, D. , and E. Melton. 2003. "Needs of Lesbian Women in End-of-Life Care. " Unpublished MS.

Reese, D. , and M. Raymer. 1994. "Issues and Interventions with Hospice Staff Addressed by Social Workers. " Unpublished MS.

——. 2004. "Relationships Between Social Work Services and Hospice Outcomes: Results of the National Hospice Social Work Survey. " *Social Work* 49, no. 3: 415 – 422.

Reese, D. , M. Raymer, S. Orloff, S. Gerbino, R. Valade, S. Dawson, C. Butler, M. Wise-Wright, and R. Huber. 2006. "The Social Work Assessment Tool (SWAT): Developed by the Social Worker Section of the National Council of Hospice and Palliative Professionals, National Hospice and Palliative Care Organization. " *Journal of Social Work in End-of-Life and Palliative Care* 2, no. 2: 65 – 95.

Reese, D., and C. Rosaasen. 1999. "Spiritual Needs of Bereaved Children." Paper presented at Society for Spirituality and Social Work National Conference, June, St. Louis.

Reese, D., and M-A. Sontag. 2001. "Barriers and Solutions for Successful Inter-professional Collaboration on the Hospice Team." *Health and Social Work* 26, no. 3: 167 – 175.

Reith, M., and M. Payne. 2009. *Social Work in End-of-Life and Palliative Care.* Chicago: Lyceum.

Renzenbrink, I. 2004. "Relentless Self-care." In J. Berzoff and J. Silverman, eds.. *Living with Dying: A Comprehensive Resource for End-of-Life Care*, pp. 848 – 867. New York: Columbia University Press.

Roberts, C. S., W. F. Baile, and J. D. Bassett. 1999. "When the Care Giver Needs Care." *Social Work in Health Care* 30, no. 2: 65 – 80.

Sanders, C. M. 1989. "Grief, the Morning After: Dealing with Adult Bereavement." Hoboken, NJ: Wiley-Interscience.

Sands, R., J. Stafford, and M. McClelland. 1990. " 'I Beg to Differ': Conflict in the Interdisciplinary Team." *Social Work in Health Care* 14, no. 3: 55 – 72.

Schonwetter, R., R. Walker, and B. Robinson. 1995. "The Lack of Advance Directives Among Hospice Patients." *Hospice Journal* 10, no. 3: 1 – 11.

Schriver, J. M. 2010. *Human Behavior and the Social Environment: Shifting Paradigms in Essential Knowledge for Social Work Practice.* 5th ed. Needham Heights, MA: Allyn and Bacon.

Seccareccia, D., and J. B. Brown. 2009. "Impact of Spirituality on Palliative Care Physicians: Personally and Professionally." *Journal of Palliative Medicine* 12, no. 9: 805 – 809.

Sherin, D. 1997. "Saving Services: Redefining End-Stage Home Care for HIV/AIDS." *Innovations* (*Winter*): 26 – 27.

Silverman, P. R. 2004. "Dying and Bereavement in Historical Perspective." In J. Berzoff and P. Silverman, eds. *Living with Dying: A Handbook for End-of-Life Healthcare Practitioners*, pp. 128 – 149. New York: Columbia University Press.

Smith, S. H. 1999. " 'Now That Mom Is in the Lord's Arms, I Just Have to Live the Way She Taught Me': Reflections on an Elderly, African American Mother's Death." *Journal of Gerontological Social Work* 32, no. 2: 41 – 51.

Smolinski, K. M., and Y. Colon. 2011. "Palliative Care with Lesbian, Gay, Bisexual, and Transgender Persons." In Terry Altilio and Shirley Otis-Green, eds., *Oxford Textbook of Palliative Social Work*, pp. 379 – 386. New York: Oxford University Press.

So, H. W., E. Y. H. Chen, C. W. Wong, S. F. Hung, D. W. S. Chung, S. M. Ng, and C. L. W. Chan. 2006. "Efficacy of Brief Intervention for Carers of People with First-Episode Psychosis: A Waiting List Controlled Study." *Hong Kong Journal of Psychiatry* 16, no. 3: 92 – 100.

Soltura, D. L., and L. F. Piotrowski. 2011. In Terry Altilio and Shirley Otis-Green, eds., *Oxford*

Textbook of Palliative Social Work, pp. 495 – 501. New York: Oxford University Press.

Sontag, M. 1995a. "Making It Happen: Interdisciplinary Collaboration in Hospices." Paper presented at the meeting of the National Hospice Organization, San Francisco.

——. 1995b. "Team Functioning Scale." Unpublished MS.

Springer, N. P. 1999. "Preparing for the Untimely Death of a Family Member: A Qualitative Study of the Role of Hospice Service in Partner-Caregiver Bereavement." *Dissertation Abstracts International, Section A: Humanities and Social Sciences* 60 (4 – A): 1349.

Sutton, A. L., and D. Liechty. 2004. "Clinical Practice with Groups in End-of-Life Care." In Joan Berzoff and Phyllis Silverman, eds., *Living with Dying: A Handbook for End-of-Life Healthcare Practitioners*, pp. 508 – 533. New York: Columbia University Press.

van Ulden-Kraan, C. F., C. H. C. Drossaert, E. Taal, E. R. Seydel, and M. A. F. J. van de Laar. 2008. "Self-reported Differences in Empowerment Between Lurkers and Posters in Online Patient Support Groups." *Journal of Medical Internet Research* 10, no. 2: 101 – 109.

Zerbe, K., and D. Steinberg. 2000. "Coming to Terms with Grief and Loss: Can Skills for Dealing with Bereavement Be Learned?" *Postgraduate Medicine* 108, no. 6: 97 – 107.

第六章　宏观层面的安宁疗护社会工作：
机构、社区及全社会

在本章中，我们从宏观层面上考虑安宁疗护社工的贡献和责任。社会工作视角是系统化视角，可用于在机构、社区和全社会层面提供干预。Raymer 和 Gardia（2011：683）提醒我们"在更广泛的范围内实践责任和义务"。我们将深层生态学（Deep Ecology）理论作为干预的理论框架应用于这几个层面，其中包括社会工作的社会行动责任。

深层生态学

浅层生态学着重的是自然环境中的问题，因为这些问题对人类产生影响。深层生态学超越了浅层生态学的视角，视人与人之间以及人与自然之间为不可分割的关系，类似于"统一意识"（unity consciousness）的概念（Maslow，1971）。根据我们的定义，这是灵性的一个层面。深层生态学与超个人理论（transpersonal theory）的灵性发展的最高层次的观点相一致（Robbins，Chatterjee and Canda，1998）。当人类超越孤立自我（isolated ego）的自我概念，并与整体达成共识时就会成长（这个整体包括家人和朋友、宠物和室内植物，乃至整个人类和地球）。"生态意识"并不是指在环境中的个人观点，而是指一个人在环境中生存，并成为相互关联的错综复杂系统的一部分。这些关系成为我们的真实身份（Besthorn，2001），我们与之达成共识的利益，包括自然，也可以看为个人的利益。

从这个角度来看，人类对自然的统治与社会压迫有关，都是由缺乏连接感和缺乏统一意识的超个人意识所引致的。所以强奸妇女与强奸自然是一样的。从这个角度来看各种各样的生命形式都必须得到尊重。

Fred Besthorn 将深层生态学应用于社会工作的教育和实践中（Besthorn，

2001；Besthorn and McMillen，2002）。他解释说深层生态学并不止于对众生的相互关联性的描述，还融合了社会行动的责任。它寻求改变我们的生活方式，旨在治愈彼此分离的超自我、社区和地球。深层的生态观，以及我们作为互相连接的网络中的一部分的身份，引领着我们质疑人类的进一步分层和拥有特权，以及人类凌驾于自然之上的社会规范问题。所有众生，无论是人类还是环境，从这个角度来说都具有相同的内在价值，并且需要采取行动来促使所有人类和非人类享有同等的生命质量。

深层生态学视角下的社会行动解决了导致自然与人的文化退化的根本问题（即是基于人类享乐主义和自我中心的消费主义），并致力于恢复生态系统和人类社区的丰富和多元化。具有深层生态学视角的社工有责任积极参与制定组织和社会的政策，努力重塑基本的经济的、技术的和意识形态的社会结构，关注的是生命质量、社会公正、生态正义，以及所有人类和非人类的权利和尊严，而不是消费和消费主义。

深层生态学与安宁疗护理论的联系在于其对生命质量的关注，以及与所有人与自然有益的联系。它是一个整体的观念，与安宁疗护对生理、心理、社会和灵性领域全面关注的理念相关。深层生态学也与安宁疗护的社会行动主义根源相一致，安宁疗护起源于为支持社会正义让病人做自我决定而产生的草根运动。它与社会工作支持强调社区外展和政策实践的责任相关联。我们可以用深层生态学作为一个框架，为组织、社区、社会和全球层面的实践提供信息。下一节将讨论机构的框架。

机构层面的安宁疗护社会工作干预

美国一项全国调查（Reese，2011）发现与 Kulys 及 Davis 在 1986 年的经典研究相比较，安宁疗护管理者对于社工的角色观念已大有改善。前者的调查结论中，在社会工作专业方面定义了 24 项干预手段，管理者认为在 24 项用于定义社工角色的干预手段中，有 12 项的最佳执行者为社工，而经典研究中认为只有 3 项。然而，大多数安宁疗护管理者仍然认为护士是管理安宁疗护工作的最佳人选（71%），需要由他们领导安宁疗护中心（71%）。不过我们也需要考虑一点，参与调查的管理者 80% 为护理专业，只有 10% 是社工。但是，专业背景为社工的管理者也持类似观念，只有三分之一认为社工最有资格管理安宁疗护工作或领导安宁疗护中心。

然而，美国安宁疗护社会工作调查（Reese and Raymer, 2004）发现一些与以上观点相冲突的证据。该研究显示由社工管理安宁疗护工作益处良多。具有管理能力的社工在安宁疗护团队中能够为病人解决更多的问题，其他团队成员访问病人的次数因此而减少。此外，Dyeson 和 Hebert（2004）发现，护士通常无法准确识别病人的社会服务需求，Parker Oliver 和 Peck（2006）发现社工感到缺乏管理者的支持，而 Sontag（1996）发现安宁疗护管理者的专业背景影响服务的水平和类型。笔者（Reese, 2011）的研究发现护理背景的管理者中 70%的人只有学士或副学士学位，而社工背景的管理者 100%都具备硕士学位。而且，在美国这个护士紧缺的国家，雇用只有副学士学位的护士，然后再通过培训弥补其技能上的不足的做法越来越普遍（Chaya et al., 2008）。

社会工作在督导和管理角色中发挥重要作用，其侧重点与其他学科自然也不同。例如，笔者所熟知的一位具有社工硕士背景的安宁疗护中心主任，为社区外展职位设置了预算，以提高安宁疗护服务对于少数族裔的可及性。这种职位很少有，因为管理者觉得负担不起；笔者 2005 年在美国安宁疗护与纾缓治疗协会（NHPCO）举办的"权利与多元化"的主题会议上做报告时，观众席上的专家提出是否为社区外展职位设置预算仅仅是优先事项和价值观的问题（Reese and Beckwith, 2005）。

在安宁疗护服务中，社工应该发挥督导及管理的功能。安宁疗护取得成效的关键是让社工督导社工（Reese and Raymer, 2004），这也是美国社工协会在《纾缓治疗及安宁疗护准则》（*Standards for Palliative and End-of-Life Care*）中列出的社工职责的一部分（National Association of Social Workers, 2011）。社工应该在文化和语言能力的发展方面发挥领导作用，包括增加员工的多样性和提供文化能力培训（Reese and Beckwith, 2005）。

社工背景的领导者也没能把这些功能列入社工的职责范围（Reese, 2011），说明社会工作研究没有重视社会工作教育，也未能将其落实到实践中。本书无法全面覆盖这方面的内容，但将在下一节讨论从社工的视角管理安宁疗护服务。

灵性工作

工作的意义和管理的共识模式　就如处理病人方方面面的人生经历，包括生理、心理、社会及灵性，工作场所的灵性观把工作人员也作为全人对待（Karakas, 2010）。同样的，我们这里所指的灵性并非宗教或者把安宁疗护服务作为改变信仰的平台，而是指灵性的二维定义：哲学方面的超越生命与统一意识。

自工业时代以来，美国的企业越来越专注于创造利益，把经济目标放在首位，这个目标高于产品或服务的质量以及企业行为对社会和环境的影响（Walsh，Weber and Margolis，2003）。甚至在安宁疗护服务，一个最不可能把利益放在优先位置的行业中，也可以看到这种现象。管理式医疗观念提供的是以营利为导向的服务，并最小化非营利的服务，而照顾的质量及安宁疗护全人关怀的宗旨却被忽视。具有讽刺意味的是，在现实中那些促进众人福祉的活动正是利益的来源。

灵性生活维度的理念着重于生命目的和使生命有意义的事物。那些能够在工作中找到意义的员工，甚至将其视为呼召、神圣职责或服务机会的员工更是加倍努力投入工作中，富有成效，表现更好，并为整个组织带来更好的成效，包括带来更佳利益（Karakas，2010）。

实现这一目标的方法是将员工自身的生活目标纳入公司的使命。这可以通过管理的共识模型来进一步推进，这是女权主义管理方法，与传统上使用的家长式分层模型形成对比。在这种方法中，决策是通过共识而不是通过权威来做出的，工作人员为机构的使命做出贡献。通过这种方式，机构的使命成为员工的生命目标，缔造终极的员工奉献。深层生态学理论将这种管理方法纳入了生命哲学的灵性层面。

这种方法培养具有社会责任感及使命的机构，致力于大众的福利。这与安宁疗护机构好像不大相干，大多数人认为安宁疗护工作是神圣的呼召。但是，对安宁疗护有深入了解的人则知道服务尚需改进，以求达到真正的全面照顾而不仅是身体护理；致力于让大众都可以得到安宁疗护服务，而不受限于任何文化背景。深层的生态观会激发人们采取社会行动，这将在本章的社区干预部分进行讨论。

社区意识　在机构里，影响员工生产力的第二个方面是相互联系感和社区归属感。这属于灵性工作的范畴，与之相关联的是灵性的统一意识维度。深层生态学也强调机构生活方面，强调各方面之间的相互联系。

当代美国社会在当地社区、社会和宗教团体以及家庭中的联系感变得弱化。这导致社会中的各种孤立现象，脸书和电子邮件成为主要联系方式。新教的工作伦理和急切开展工作的压力是因为部分主流文化带来利益和成就，但这是以人际关系为代价的。事实上，灵性作品的当代作家认为在当今社会，工作场所是联系的主要来源，鼓励管理者加强在工作上的灵性方面的联系。具有社区归属感和工作联系感的雇员也会对工作产生热情，忠于职守，具有机构归属感（Karakas，2010）。

持这种观点的机构"不仅仅是生产的机器"（Karakas，2010：97），还为员工创造令人满意和有意义的生活经历。具有社区感和联系感是工作场所的高质量关系的表现。工作中的高质量关系可以预测团体表现和效率。这种关系包括亲密、完整、真实、利他主义、正直、为他人的考虑以及关注。不幸的是，由于团队功能障碍，这种社区类型往往难以实现。灵性上的生命哲学可能在创造具有共同价值观和目标的社区上发挥着作用。因此，达成共识管理模式可以促进这些关系，因为共识管理模式是生命目的与机构使命的整合（Karakas，2010）。

生态女权主义与传统的机构管理

机构是一个团体，事实上现代社会中的大部分个体都是团体中的一员。因此，机构对社会有显著影响力，其存在具有社会价值（Lupo and Bailey，2011）。机构产生的影响有好有坏。例如，重视营利的机构可能对民主和人权、环境健康、心理健康和动物福祉产生负面影响。Crittenden（2000）概述了这种有害世界观的一些要素，包括：统治（被认为是优越的人有权将他人的福利转化为自己的利益），客体化（无法与其产生共鸣的人会被视为缺乏情感、思想或其他尊重与联系的基础）和分离（与大自然、不同性别、其他文化群体等的观念分离）。Crittenden认为这种机构推崇的价值体系是导致以下一系列问题的原因：国际企业的工人遭受压迫，环境被破坏，与情感或同理心脱节的心理状态，动物成为人类消费品和获利的对象。

相比之下，符合生态女权主义或深层生态学世界观的机构则产生一系列截然不同的价值观，如Crittenden（2000）所阐述：

1. 反压迫，反对任何形式的社会统治的行动
2. 包容性，给予受压迫的人与自然平等的声音和充分的代表性
3. 个人与周围环境的联系感，认同整体网络
4. 反客体化，不相信客观看法的存在
5. 多元化，尊重多种道德价值观

6. 生态中心主义，参与保护生态系统的多样性

持此价值观的机构允许被压迫者有发声的权利，比如成为董事会成员，借此促进了民主和人权。这种机构不计较利益，提倡生态友好的行为，推动环境健康，譬如安排回收和使用再生产品，又如在医学研究体系内维护动物的权利。通过鼓励共情来促进心理健康，将道德融入政治和商业，并注重将和谐、心理和道德健康带入整个互联互通的系统。利益不仅体现在金钱方面，而且体现在服务消费方面，全面促进福祉。货币成本以及环境和心理，包括收入分配，都被纳入生产力的计算中。

对社会工作的影响　处于管理层的社工可以促使机构使命的逐步转化，从过分强调经济因素转向管理层的共识模式；而机构的使命是员工具有共同愿景，实现符合所有人福祉的可见利益和生产力。这样的管理者可以营造出高质量的员工关系，令其为机构做出更大贡献。研究表明，密切有效的沟通、相互信任、感受到平等和尊重并得到主管的支持，能够使团队运作更顺畅（Parker Olivera and Peck，2006；Reith and Payne，2009）。更令人欣喜的是，这种团队运作方式还带来了更大的经济收益。这些事实可用于说服上层管理人员，让他们接受这种管理方法。

非管理层的社工在机构的干预上也有许多工作。社工个人职位描述的内容的一部分（甚至可能是官方员工职位描述）通常是：开展灵性工作，为病人及社区提供优质服务，缔造影响深远的机构服务。此外，社工督导者应直接观察社会工作干预并了解病人对客户满意度的反馈（Doherty and DeWeaver，2004）。以下对安宁疗护机构管理的重要考虑事项进行讨论。

认证

美国联邦医疗保险和医疗救助服务中心（Centers for Medicare & Medicaid Services，CMS）已经确定安宁疗护机构必须满足其规定的标准才能成为联邦医疗保险的认可机构。得到认可证书后，为符合条件的病人提供服务时，安宁疗护机构就有资格得到联邦医疗保险的费用报销。由于大多数安宁疗护病人都是由美国联邦医疗保险报销的，大多数安宁疗护机构希望获得美国联邦医疗保险的认证。美国联邦医疗保险和医疗救助服务中心已授权若干机构根据 CMS 标准以及机构标准对安宁疗护机构进行认证。这些机构包括联合委员会（Joint Commission），社区健康认证计划（Community Health Accreditation Program）和医疗保健认证委员会（Accreditation Commission for Health Care）。安宁疗护管理者负责监督安宁疗护的认证程序。

安宁疗护服务标准

美国安宁疗护与纾缓治疗协会已经设立运作标准，包括：响应客户需求和超出客户期望，道德行为和维护客户权利，确保卓越的照顾和安全的运作，确保所有有需要的人都能接受服务，设立高质量、负责任的机构文化，重视合作、沟通和道德，通过协作文化、问责制培训和支持优化员工队伍；采用专业标准，遵守法律法规，有责任心，衡量绩效以促进质量和绩效。安宁疗护管理者负责监督各个机构对这些标准的执行情况。

项目评估

作为安宁疗护参与认证的要求，CMS 要求安宁疗护机构使用其质量评估和绩效改进（Quality Assessment and Performance Improvement，QAPI）项目评估机构的工作情况。该项目的评估程序包括对病人和安宁疗护机构成效两方面的评估。安宁疗护机构成效评估包括病人结果、客户满意度、管理、营销、社区外展、营利能力和筹款的综合数据。评估考虑了护理过程、有效性、安全性、质量和护理成效。安宁疗护机构需要跟踪不良事件，分析原因，并制定流程和培训，预防不良事件。利用数据分析安宁疗护机构得到改善的领域、有待改进的地方和决策领域。需要实施工作情况改善项目，衡量进步的领域。QAPI 评估由具有该方面执业证书的专业人士进行。安宁疗护管理者在 CMS 评估要求中的责任是界定、实施并维护 QAPI 项目，确定并处理照顾质量及病人安全等优先事项，并指定专人负责 QAPI 项目。

行动建议

美国社工协会、社会工作政策研究所（2010：18，21）与 Reith 和 Payne（2009）一起提出了安宁疗护机构可以采取的行动建议，旨在提高社工的服务质量。其内容都是作为管理者的社工可以采取的行动，或者可以在其机构进行如下宣传。

● 减少社会工作案例的数量

● 提供有竞争力的薪酬，奖励社工在教育上取得的成就、获得的证书和认证

● 为寻求培训机会的社工提供奖励，不断将研究纳入实践

● 由社工为社工提供高质量和一致的督导与咨询，以建立实践技能和效率；记录成效；评估绩效以提高服务的效能和效率

● 帮助捍卫和支持社工在跨学科照顾团队中的角色和责任

● 确保社会工作服务的要素收录于电子案例记录中

● 增加从业人员阅读科研期刊的渠道

本节讨论了机构层面的社会工作角色和干预方法。下一节将讨论社区层面的干预。

社区层面的安宁疗护社会工作干预

Raymer 和 Gardia（2011：685）提醒我们，社工必须"参与决策，而不只是响应变化"。社工应该为参与社区工作做好准备，通过公众教育方面的技能，在更广泛的医疗保健系统内开展合作和进行倡导，与多元文化群体的领袖发展联系，以增加这些社区的安宁疗护服务可及性。社工应该培养在需求评估和参与性行动研究方面的能力，找出没有接受服务的群体，以及存在需求的服务。社工必须参与国家和国际层面专业组织的领导职位，以制定安宁疗护的政策。我们致力于为所有人提供高质量的安宁疗护服务，而深层生态学理论继续为我们在更广阔范围内提供实践信息。

公共信息的传播

虽然大多数美国人都赞成在疾病末期接受纾缓治疗，并表示想在家里离世，其实大多数人都不熟悉安宁疗护。现实情况是，大多数人都是在提供急救或治愈性治疗的医院接受照顾，而且在那里待到濒死阶段。

此外，大多数病人都是由医生转诊到安宁疗护机构的。但很多医生没有将相应的病人转诊到安宁疗护机构。受压迫的少数族裔无法享受医疗照顾，因此没有医生为其转介，这给病人接受安宁疗护服务造成了障碍。许多绝症病人，

无论是入住护理院，接受家庭医疗还是纾缓治疗，或辅助生活照顾，在需要时都未被转介到安宁疗护机构。许多病人根本没有接受任何医疗护理，只是在家中由家人照顾，缺乏专业支持。

安宁疗护团队可以为护理院的绝症病人提供照顾，并在这种环境中面临各种挑战。病人在适当的时候可能得不到安宁疗护服务，可能没有设立预先医疗指示，也可能直到临死前不久才被转介到安宁疗护和纾缓治疗机构（Bern-Klug and Ellis, 2004; Chapin et al., 2007）。在一项研究中，虽然护理院中接受安宁疗护服务的绝症病人比那些没有接受该服务的人得到更好的疼痛管理，但是所有病人的疼痛管理都不充分（Miller et al., 2002）。在长期护理机构中死亡的病人家属表示，虽然工作人员对安宁疗护缺乏了解，但被转介安宁疗护服务的病人因得到较高程度的关注而获得有质量的护理（Munn and Zimmerman, 2006）。

因此，很明显，与社区、各种形式的整合服务及公共信息的连接都是必要的；并且，让所有人都有接受安宁疗护服务的机会，这些都是社工的道德责任。NASW 纾缓治疗和安宁疗护标准提出社工要参与为获得平等纾缓治疗和安宁疗护服务争取资源的社会行动，并在这个领域引领教育、督导、管理和研究工作。

如果社工的工作描述中没有这些内容，且时间也不允许，那么社工可以采取多条路线：在工作日之外提供志愿服务，主张将这些工作内容纳入自己或他人的工作描述，或与当地大学合作，通过教师报告或学生实习的方式提供这些服务内容。笔者认为在安宁疗护团队中，社工是具有社区干预技能和培训的专业人员。

这些社区干预包括与当地医疗系统中的医生和医疗保健人员、辅助生活社区的工作人员以及包括不同文化团体领导者在内的社区领袖建立关系并提供培训。同时，应该通过在当地团体会议演讲或通过媒体，针对社区成员提供公共教育。这种社区干预可以解决的问题包括在死亡前不久转诊到安宁疗护或晚期转诊，缺乏控制疼痛的绝症，以及缺乏协调的医疗照顾团队。

安宁疗护工作人员会经常访问各种医疗机构的病人。他们在护理院和医院对新病人进行首诊评估并提供服务。在这些机构以及急诊室、纾缓治疗部门、家庭保健机构及辅助生活社区和长期护理机构内推广安宁疗护，可以提升员工意识。与其他机构和医疗保健提供者建立联系的良好策略是与他们的社工合作，让安宁疗护服务成为晚期病人照顾的一个重要选择。

通过公共宣传教育，提倡预先医疗指示和安宁疗护服务，有助于提升对这些问题的社区意识，促进对安宁疗护的选择。在本节讨论中，我们应该鼓励社区全体参与，包括年轻、健康的个体，而不是只关注预后为末期的老年病人。非洲裔美国人（Reese et al.，1999）和拉丁裔美国人（Reese，2002）建议安宁疗护"与我们做朋友"，而不是等到临近死亡才进行接触。宣传教育的内容应该包括如何与医疗保健专业人员和亲人就预先医疗指示进行沟通（Galambos，1998）。多元化的社区外展服务将在"文化能力"一章进行讨论。以下讨论安宁疗护需要做出重要改进的地方：当病人逐渐接近死亡时，不同照顾方法之间的连续性。

照顾的连续性

家人和病人需要过渡护理，以解决美国治愈性治疗和纾缓治疗之间的二分法（Finn，2002）。家庭成员需要在他们亲人的死亡中找到意义，接受亲人的离世。而 Foster 和 McLellan（2002）则认为这是在纾缓治疗中是否有能力做出末期照顾决策的关键。过渡护理可以让病人获得干预措施，为他们接受纾缓治疗和面对死亡做好准备。例如，关于病人死亡的意义和处理否认态度的社会工作干预有助于让病人和家人接受安宁疗护照顾。

另一个重要的考虑是，缺乏连续性照顾是令末期病人产生自杀欲望的已知影响因素（Chibnall et al.，2002）。当病人被诊断为绝症时，医生会把病人转介出去并结束个案处理，病人会产生被遗弃的感觉。稳定的医患关系可以减少绝症病人的自杀倾向。缺乏持续性的照顾可能会妨碍医疗护理专业人员辨识自杀风险及提供适当的干预措施。

另外，某些诊断的预后具有不确定性，例如慢性阻塞性肺病和充血性心力衰竭。很难预测罹患这类疾病的病人可以存活多长时间，他们不像癌症那样可预测到死亡衰退。这些病人可能会骤然死亡。因此，在疾病早期做出临终决策以及解决病人的生理、心理、社会和灵性需求是有帮助的。上述例子说明为死亡做准备是必要的，但同时为康复和继续生存的希望找寻理由（Chibnall et al.，2002）。

美国安宁疗护与纾缓治疗协会提倡连续性照顾，安宁疗护团队要从病人被诊断出危及生命的疾病就开始介入。世界卫生组织指出，即使与治愈性治疗相结合，纾缓治疗也是适宜在危及生命的疾病早期开始介入的。它主张通过早期介入，让更广泛的人群可以接受安宁疗护。

这种新的持续性照顾方式已经通过安宁疗护机构的合作伙伴关系在全美各地实施。合作伙伴关系可以是合同关系、以医院为基础的安宁疗护，或与医院有正式联系的独立安宁疗护中心。这些项目的目标是整合安宁疗护，将其纳入医院内的纾缓治疗，早期提供安宁疗护服务，并提高病人对医院的满意度。美国安宁疗护与纾缓治疗协会发表了一份报告概述了这种方法，要点总结如下。

影响持续性照顾的质量和成功的障碍是缺乏保险，缺乏监管和执行标准。美国联邦医疗保险设置规定限制安宁疗护服务的保险范围，这成为医疗护理的障碍。保险规定病人的预后生存时间不能超过 6 个月，必须放弃治愈性治疗措施。纾缓治疗项目已经找到方法为这些病人及其家人提供适合的服务，而且可以获得报销，但不能保证是全人照顾或由具有医疗、社会工作和灵性专业人员的跨学科团队提供服务。

但是，这些创新项目有发展的潜力，有机会为服务对象提供高质量的服务。可用的方法包括医院和安宁疗护机构设立合同，制定服务转介的程序，在医院设立安宁疗护联络护士职位，开设安宁疗护住院病房，设立急性纾缓治疗科室。其设施包括安宁疗护病床，临终病人的"舒适套房"，住院和门诊纾缓治疗咨询服务，为医院、诊所、居家和护理院病人等提供服务，独立执业的纾缓治疗医师和居家纾缓照顾。这样的项目可以正式提供本章所建议的社区干预措施，包括专业教育和针对不同病人群体提供的专门项目。同时，还可以设立生物伦理委员会、纾缓治疗协调委员会、人生转折咨询与个案管理、哀伤支持和咨询，并在管理式医疗项目中提供服务。

这些项目的目标包括建立在更广泛的范围内使用的整合的持续性纾缓照顾，提升为罹患威胁生命疾病的病人及其家人的服务质量。一个有待解决的问题是缺乏医疗保险覆盖。目前的医疗保险仅涵盖急性/治愈性治疗或安宁疗护，在慢性病服务方面尚有欠缺。如果为那些没被列入这两类医疗项目的病人提供照顾，可能会导致法律问题。最后，在跨学科团队中可能会出现一样的关系与权利的问题。需要努力培养互相尊重的关系，确定共同目标，认可彼此的经验和技能。下一节将回顾国际社会工作中的有关安宁疗护的考虑因素。

临终关怀中出现的全球性问题

起源于英国的安宁疗护运动已散布到全球各个角落。例如，安宁疗护领导者致力于推动这一运动，通过亚太地区安宁疗护会议（Asia Pacific Hospice Conference）召开区域性会议，美国安宁疗护中心与非洲安宁疗护中心合作，通过撒哈拉非洲安宁疗护基金会（Foundation for Hospices in Sub-Saharan Africa）给予经济支持。艾滋病流行和其他国际卫生问题导致对高质量安宁疗护的需求。安宁疗护在东部或南部某些国家并不被接受，其理念可能与某些文化传统不相融合。

在这种全球协力的模式中，需要采取赋权模式的国际惯例，这符合深层生态学原理。临终关怀必须与当地文化和谐共融；西方模式不适用时就要舍弃，应根据当地人们的信念和需求量身定制。当地文化团体的领导者应该参与活动。必须解决贫困带来的影响，因为地方政府可能无法提供此类服务。文化因素会在下一章文化能力问题中进一步讨论。我们现在讨论安宁疗护社会工作的一般政策实践问题。

政策实践

社会工作的其中一部分是政策实践，致力于发展影响其服务对象权利和福祉的公共政策。社工应该鼓励其同事去获取安宁疗护社会工作认证，以满足机构、项目政策和立法工作的需求。安宁疗护病人受到一系列政策影响，从获得医疗照顾，到美国联邦医疗保险对于安宁疗护服务的规定限制，缺乏对具备文化能力的服务的要求，以及由谁来提供安宁疗护社会工作服务的要求。

医疗卫生改革

在美国医疗照顾供给的改革中，需要社会工作的参与。这包括大众医疗保健的一般规定以及为治愈性治疗和纾缓治疗之间的持续性照顾提供资金。

文化能力服务

最新的关于加入 CMS 的条件有了一些根本性的突破，首先就是安宁疗护机构必须证明其在文化能力方面的努力，才能满足美国联邦医疗保险的报销条件。虽然这是远远不够的，安宁疗护机构需要展现出文化能力，而不仅仅是证明其努力！这需要对 CMS 倡导社会工作，在该领域有更加严格的规定。

安宁疗护社会工作的资格

CMS 机构参与条件最后的条款也削弱了对安宁疗护社工资格的要求。虽然他们要求跨学科专业团队中必须有一位社工，但他们却没有像以前一样规定社工需要持有经认证的社会工作学校的学位。新出台的机构参与条件规定，只要有 MSW 的督导，相关学位背景的人士也可以成为安宁疗护"社工"。

这项规定违反各州关于注册社工资格的要求，所以需要推翻。CMS 宣称之所以改变条款是因为缺乏强有力的证据表明社会工作学位能够在安宁疗护的社会工作中产生不同效果。另外，农村安宁疗护机构认为他们找不到具有社会工作学位的社工。笔者长期以来一直与农村安宁疗护的领导者进行争论，如果他们愿意支付（足够薪水）就可以聘请到社工。但是他们却没有提出在农村环境中任何人都能提供护理服务；他们给予护士的薪水远高于社工，即使护士只是学士学位或副学士学位，而绝大部分社工都拥有硕士学位。笔者正在就这一主题进行社会工作研究。

政策实践战略

影响政策变革的一个方法是积极参与该实践领域的全国性或地区性专业组织，包括美国安宁疗护与纾缓治疗协会、美国社会工作协会以及纾缓治疗与安宁疗护协作网络中的社会工作分会等。这些组织向联邦研究机构、资助机构以及政府部门宣传：社工有助于提升政策效果。

最后，通过参与式行动研究（Participatory Action Research，PAR）是找到变革需求证据的方法。笔者开发了一个 PAR 模型（Reese，2010），从而达到与目标人群合作的目的，其中包括八个策略：与社会工作教育相结合、政策分析、文献综述、从业者与研究人员之间的合作、定性研究、定量研究、持续的社会行动和评估等。这种方法建立了社工、学生、教职员与服务对象之间的伙伴关系。这些合作伙伴中的任何一方都可以启动此类项目。学生可以在老师的督导下进行政策分析和文献综述，收集和分析数据。部分收集的数据是通过对服务对象的定性访谈，用他们自己的话，作为政策变革紧迫性需求的证据。在项目结束时，可以要求合作伙伴就其有效性提供反馈，为评估宏观实践工作提供方法。

通过接触各级政策制定者，可以把收集到的证据用于促进政策变革。证据的分量远高于意见，更能产生效果。例如，美国医疗保险和医疗补助服务中心在其提出的机构参与条款中引用了美国安宁疗护社会工作调查（Reese and Raymer, 2004）的结果，用于支持他们倡导高质量的安宁疗护社会工作服务。

　　本章介绍了机构、社区和广泛社会中安宁疗护社会工作干预的重要领域。许多工作还有待完成，这让我们的工作保持活力，持续成长，以及能够随着世界的变化而变化。下一章将更加侧重安宁疗护机构的社会文化能力，以及在社区内开展的安宁疗护社工工作，让更多不同文化群体可以获得并利用安宁疗护服务。

（林卫珊　译）

参考文献

Bern-Klug, M., and K. Ellis. 2004. "End-of-Life Care in Nursing Homes." In Joan Berzoff and Phyllis R. Silverman, eds., *Living with Dying*: *A Handbook for End-of-Life Healthcare Practitioners*, pp. 628 – 641. New York: Columbia University Press.

Besthorn, F. H. 2001. "Transpersonal Psychology and Deep Ecological Philosophy: Exploring Linkages and Applications for Social Work." *Social Thought* 20, nos. 1/2: 23 – 44.

Besthorn, F. H., and D. P. McMillen. 2002. "The Oppression of Women and Nature: Ecofeminism as a Framework for an Expanded Ecological Social Work." *Families in Society* 83, No. 3: 221 – 232.

Chapin, R., T. Gordon, S. Landry, and R. Rachlin. 2007. "Hospice Use by Older Adults Knocking on the Door of the Nursing Facility: Implications for Social Work." *Journal of Social Work in End-of-Life and Palliative Care* 3, no. 2: 19 – 38.

Chaya, J., M. Reilly, D. Davin, M. Moriarty, V. Nero-Reid, and P. Rosenfeld. 2008. "Preparing Newly Licensed Associate Degree Nurses to Work in Home Health Care." *Home Health Care Management and Practice* 21, no. 1: 44 – 53.

Chibnall, J. T., S. D. Videen, P. N. Duckro, and D. K. Miller. 2002. "Psychosocial-Spiritual Correlates of Death Distress in Patients with Life-Threatening Medical Conditions." *Palliative Medicine* 16: 331 – 338.

Crittenden, C. 2000. "Ecofeminism Meets Business: A Comparison of Ecofeminist, Corporate, and Free Market Ideologies." *Journal of Business Ethics* 24: 51 – 63.

Doherty, J. B., and K. L. DeWeaver. 2004. "A Survey of Evaluation Practices for Hospice Social Workers." *Home Health Care Services Quarterly* 23, no. 4: 1 – 13.

Dyeson, T., and C. Hebert. 2004. "Discrepant Perceptions of Home Health Care Professionals Regarding Psychosocial Issues of Older Patients." *Gerontologist* 44, no. 1: 409.

Finn, W. 2002. "The Evolution of the Hospice Movement in America." *Revija za Socijalnu Politiku* 9, *nos.* 3 – 4: 271 – 279.

Foster, L., and L. McLellan. 2002. "Translating Psychosocial Insight Into Ethical Discussions Supportive of Families in End-of-Life Decision-Making." *Social Work in Health Care* 35, no. 3: 37 – 51.

Galambos, C. 1998. "Preserving End-of-Life Autonomy: The Patient Self-Determination Act and the Uniform Health Care Decisions Act." *Health and Social Work* 23, no. 4: 275 – 281.

Karakas, F. 2010. "Spirituality and Performance in Organizations: A Literature Review." *Journal of Business Ethics* 94, no. 1: 89 – 106.

Kulys, R., and M. Davis. 1986. "An Analysis of Social Services in Hospice." *Social Work* 11, no. 6: 448 – 454.

Lupo, C., and C. Bailey. 2011. "Corporate Structure and Community Size: Factors Affecting Occupational Community Within the Pulp and Paper Industry." *Society and Natural Resources* 24, no. 5: 425 – 438.

Maslow, A. 1971. *The Farther Reaches of Human Nature*. New York: McGraw-Hill.

Miller, S. C., V. Mor, N. Wu, and P. Gozalo. 2002. "Does Receipt of Hospice Care in Nursing Homes Improve the Management of Pain at the End of Life?" *Hospice Care and Nursing Home Pain Management* 50, no. 3: 507 – 515.

Munn, J., and S. Zimmerman. 2006. "A Good Death for Residents of Long-Term Care: Family Members Speak." *Journal of Social Work in End-of-Life and Palliative Care* 2: 45 – 59.

National Association of Social Workers. 2011. *NASW Standards for Social Work Practice in Palliative and End-of-Life Care*. Washington, DC: NASW. Retrieved from http://www. socialworkers. org/practice/ bereavement/standards/default. asp.

———. Social Work Policy Institute. 2010. *Hospice Social Work, Linking Policy, Practice, and Research: A Report from the March* 25, 2010 *Symposium*. Washington, DC: NASW.

National Hospice and Palliative Care Organization. 2001. *Hospital-Hospice Partnerships in Palliative Care: Creating a Continuum of Service*. Alexandria, VA: NHPCO.

———. 2009. "NHPCO Facts and Figures: Hospice Care in America." Retrieved from www. nhpco. org/files/public/Statistics_ Research/NHPCO_ facts_ and_ figures. pdf.

———. Quality Partners. 2011. Retrieved from www. nhpco. org/i4a/pages/Index. cfm? page ID = 4900.

Parker Oliver, D., and M. Peck. 2006. "Inside the Interdisciplinary Team Experiences of Hospice Social Workers." *Journal of Social Work in End-of-Life and Palliative Care* 2, no. 3: 7 – 21.

Raymer, M., and G. Gardia. 2011. "Enhancing Professionalism, Leadership, and Advocacy: A Call to Arms." In Terry Altilio and Shirley Otis-Green, eds., *Oxford Textbook of Palliative Social Work*, pp. 683 – 687. New York: Oxford University Press.

Reese, D. 2002. "Hospice Access for Latino/Latinas. " Unpublished MS.

——. 2011. "Proposal for a University-Community-Hospice Partnership to Address Organizational Barriers to Cultural Competence. " American Journal of Hospice and Palliative Medicine 28, no. 1: 22 – 26.

——. 2011. "Interdisciplinary Perceptions of the Social Work Role in Hospice: Building Upon the Classic Kulys and Davis Study. " Journal of Social Work in End-of-Life and Palliative Care 7, no. 4: 383 – 406.

Reese, D. , R. Ahern, S. Nair, J. O'Faire, and C. Warren. 1999. "Hospice Access and Utilization by African Americans: Addressing Cultural and Institutional Barriers Through Participatory Action Research. " Social Work 44, no. 6: 549 – 559.

Reese, D. , and S. Beckwith. 2005. "Organizational Barriers to Cultural Competence in Hospice. " Paper Presented at the National Hospice and Palliative Care As sociation, Opening Doors, Building Bridges: Access and Diversity Conference, August, St. Louis, MO.

Reese, D. , and M. Raymer. 2004. "Relationships Between Social Work Services and Hospice Outcomes: Results of the National Hospice Social Work Survey. " Social Work 49, no. 3.

Reith, M. , and M. Payne. 2009. Social Work in End-of-Life and Palliative Care. Chicago: Lyceum.

Robbins, S. P. , E. R. Canda, and P. Chatterjee. 1998. Contemporary Human Behavior Theory: A Critical Perspective for Social Work. Boston: Allyn and Bacon.

Sontag, M. 1996. "Hospices as Providers of Total Care in One Western State. " Hospice Journal 11, no. 3: 71 – 94.

Walsh, J. P. , K. Weber, and J. D. Margolis. 2003. Social Issues and Management: Our Lost Cause Found. Ann Arbor: University of Michigan Business School.

World Health Organization. 2003. WHO Definition of Palliative Care. Retrieved from http://www. who. int/cancer/palliative/definition/en/.

第七章　安宁疗护的文化能力

　　大量研究表明，来自不同文化群体的病人得不到与主流文化相同质量和数量的医疗服务（Haas et al. , 2007）。安宁疗护领域反映了医疗系统整体的差距。所有安宁疗护工作人员几乎都来自主流的白人文化群体，病人和工作人员之间的文化差异（Reese and Beckwith, 2005；Galambos, 2003）构成安宁疗护服务的障碍（Bullock, 2011）。虽然已经制定了具有文化能力的安宁疗护服务模式（Access and Diversity Advisory Council, 2007），但一般而言，安宁疗护机构并未使用这些服务模式（Reese and Beckwith, 2005）。笔者之前的研究发现，安宁疗护中心内部的障碍阻碍其提供具有文化能力的服务。在本章中，我们更偏好使用"不同的文化群体"（diverse cultural group）而非使用"种族"（race）一词，因为"种族"是一种社会建构而不是生物学上的事实（Werth et al. , 2002）。本章将回顾安宁疗护机构提供具备文化能力的服务时遇到的障碍，以及社会工作在解决这些障碍时所扮演的角色。

　　今天美国普通民众都赞成纾缓治疗（Weiss and Lupkin, 2009）。对于美国主流群体的病人而言，保持控制感、参与治疗决策以及尊重其对照顾环境的安排，都可能是心理健康的重要因素。然而，其他群体的需求可能与主流群体有所不同（Bullock, 2011）。

　　例如，传统的非洲裔美国人的信仰是祈求奇迹。关于安宁疗护的神话信仰，以及有史以来医疗保健系统都是以白种人为主导，而这种系统使非洲裔美国人遭受过不平等对待，都使得他们宁愿选择治愈性治疗而放弃安宁疗护（Gerbino and Henderson, 2004；Reith and Payne, 2009；Washington, Bickel-Swenson and Stephens, 2008）。灵性信仰使他们相信鬼魂居住在离世的地方，因此他们更偏向于在医院里离世。而对于华裔文化群体，治疗决策是由家人遵循长辈的建议而做出的决定，而非由病人本人做决定。病人自决是美国主流群体固有的文化概念，而其他文化群体可能并非如此（Anngela-Cole, Ka'opua and Yim, 2011；

Reese et al.，2010）。对于拉丁裔来说，朋友和家庭可能是生病时的主要依靠，而非正规医疗护理，他们可能偏爱传统医学（Curry et al.，2000）。在美国主流白人文化群体中，那些坚持传统基督教信仰的人在生命的尽头也更倾向于治愈性治疗，而不是纾缓治疗（Reese et al.，2010）。Hodge（2003）注意到社工倾向于歧视较为保守的服务对象，在尊重文化多样性时我们必须注意这一点。

　　早期文献阐述了文化的多样性使安宁疗护机构的医疗服务存在差异，解释了病人不愿意选择安宁疗护的原因（Burrs，1995；Gordon，1995）。但是，困难之处不是改变服务对象的文化，而是改变安宁疗护，让其与我们的服务对象产生文化共融。本章将讨论几个不同文化群体关于临终的信念，解释这些信念与安宁疗护理念的不同之处。了解这一点，安宁疗护工作人员才能为病人提供符合文化的照护。但我们也会讨论安宁疗护机构本身存在的障碍，以及医疗保健系统的障碍，只有解决了这些障碍才能为多元化的文化群体提供具有文化能力的服务。

安宁疗护理念及多元化的文化信仰——众多不同的世界观

　　本节将描述几个文化群体关于濒死与死亡的传统观念，包括非洲裔美国人、华裔和拉丁裔社区。如果对这几个文化群体或其他文化群体的观念进行全面的讨论，那将超出本书的范围。希望通过对几个不同群体的观念的简要概述，能够让我们认识到世界观的多样性。

　　大多数文化都融入了信仰的元素，这些元素会影响末期生命照顾的决策（Bullock，2011；Lin，2003；Reith and Payne，2009）。我们都知道由于收入、教育、就业、地理区域和国度等方面的差异，各个文化群体之间自然是存在差异的。任何不同文化群体的个体和家庭都是独一无二的，并且遵守不同的文化标准。文化群体和传统信仰随着时间而变化，一个国家内部也存在极大的多样性，甚至在同一个国家的同一个文化群体内部也存在差异。随着媒体、商业和通信日益全球化，文化相互影响，同时也保留一些传统差异。随着对不同文化信仰的了解，社工通过提问了解服务对象的意见，而不对情况做出事先假定，这点是很重要的。虽然文化存在多样性，但是每一个群体里面的家庭都继承了一些传统的特征，这些特征是能够被发现的（Bullock，2011）。此外，还没有归属于某些传统民族文化的非传统个体却可能在巨大压力（如罹患绝症）下转而依赖传统行为（Bonura et al.，2001）。

非洲裔美国人关于临终的传统信仰

研究发现，非洲裔美国人的传统文化和宗教信仰在某种程度上与安宁疗护治疗理念形成鲜明对比（Bullock，2011；Reese et al.，2004）。但值得指出的是，虽然非洲裔美国人群体存在多样性，但与安宁疗护理念也有相融合之处。

灵性是许多群体的主要应对方式，这点在具有传统信仰体系的非洲裔美国人中也是非常突出的。灵性可帮助罹患严重疾病的普通民众减轻抑郁，在非洲裔美国人群体中的效用更是明显（Battle and Idler，2003）。灵性对该群体的重要性可以追溯到奴隶制时期的经历，那时候非洲奴隶的社会遗产被剥夺。他们被抓捕、输送，并售卖，家庭或部落关系完全被忽视。他们被禁止保存或使用本国语言或宗教传统。为了使奴隶制合法化，他们被强迫信仰基督教。但这些新的基督教宗教信仰、习惯和传统为形成社会凝聚力打下了新基础，团结了这群来自不同非洲国家的陌生人，建立了联合感。

虽然在没有白种人在场的情况下，奴隶不被允许集会，但是一个无形的机构扎根了。他们在树林里举行秘密的宗教聚会，教会成为非洲裔美国人文化中最重要的社会机构。它是社会稳定的源泉，牧师作为这个机构的领导者，发挥了重要的领导作用。非洲裔美国人的信仰随着时间的推移而产生变化，尤其是在中上层和北部城市的非洲裔美国人社区。但大多数非洲裔美国人仍然认为自己是有宗教信仰的，他们会寻求牧师的医疗建议，并使用宗教作为应对策略。美国宗教现状调查发现与其他族群相比，非洲裔美国人最有可能报告自己具有正式的宗教信仰。

59%	历史上的黑人新教
15%	新教福音派
5%	天主教
12%	无宗教团体
5%	其他

白种美国人未能尊重非洲裔美国人的传统信仰，主流美国的态度被定性为居高临下的娱乐（Frazier，1974）。显然，理解和尊重非洲裔美国人的这种文化，在安宁疗护中是至关重要的。表7.1显示了传统非洲裔美国人与安宁疗护理念

的对比。

表 7.1 传统非洲裔美国人的文化和宗教信仰与安宁疗护理念对比

安宁疗护理念	传统非洲裔美国人的观念
接受死亡	上帝会施行奇迹 生死由上帝决定，而不在于医疗 采取各种医疗措施，给上帝更多的时间 接受死亡意味着缺乏信仰
公开讨论末期问题 为死亡做准备	禁忌谈论死亡 不为死亡做准备
由亲人陪伴在家离世	不喜欢在家离世
可接受所有纾缓治疗	不喜欢使用强效止痛药 喜欢寻求所有治愈性治疗 苦难的高贵

上帝会施行奇迹 Reese 及其同事（1999）的研究参与者表示许多非洲裔美国人宁愿祈祷出现奇迹而不接受生命终结。他们进一步解释说病人周围的每个人都在祈祷奇迹，如果接受死亡会被看成缺乏信心（Washington，Bickel-Swenson and Stephens，2008）。参与者相信应该积极进行各种治疗，让上帝有时间可以施行奇迹。他们相信每个人的生死由上帝决定，而不是选择治愈性治疗或纾缓治疗的结果（Hooyman and Kramer，2006；Reese et al.，1999）。

这种观点与安宁疗护的理念形成鲜明的对比，安宁疗护接受生命末期的事实并接受纾缓治疗。值得注意的是，这种观点可能会被安宁疗护社工误解为否认事实。信仰的系统让人相信奇迹会令病人康复，这与心理应对机制是不一样的。如果上帝没有施行奇迹，传统的非洲裔美国人的理念是接受上帝的旨意，相信亲人与他们在天堂同在。笔者参加了一位非洲裔美国病人的葬礼，牧师这样说："我们爱你，但上帝更爱你。"这解释了上帝带亲人"回家"的决定。葬礼被称为"回家庆典"，也确实是庆祝的气氛。下面会继续讨论接受苦难和接受上帝的旨意的问题。

关于讨论死亡的禁忌 在非洲裔美国文化的传统中，关于死亡的话题是一个禁忌。这个观念可能某种程度上解释了 Reese 及其同事（1999）所发现的情况，即参与调查的对象表示不愿意预先计划死亡，如法律遗嘱、生前遗嘱、丧葬安排、不采取心肺复苏术的意愿、委托书、对家人的安排等，这些都是安宁疗护工作人员与服务对象讨论的问题。

在医院离世　研究表明非洲裔美国人传统上更喜欢在医院离世，而不是在家中，而美国的安宁疗护理念提倡病人在家中离世。这与病人希望得到所有治愈性治疗的愿望一致。还有一些群体的信念可能让他们认为死者的鬼魂将继续居住在离世之处（Reese et al.，1999）。另外，可能是非洲裔美国人不想成为家人的负担，不想让他们面对安宁疗护决策和经济上的困难（Washington，Bickel-Swenson and Stephens，2008）。

接受苦难是人生的必然经历　在死亡过程中，社区之外的人可能认为是遭受不必要的痛苦，而同一社区内的群体则会将其视为生命持续斗争的预期部分。在非洲裔美国人群体的社区，这种个人斗争是有尊严而高贵的，与整个社会以及政治斗争产生共鸣，以此获取平等或纠正不公正。苦难可能与精神信仰联系在一起，被视为宗教信仰的一部分（Washington，Bickel-Swenson and Stephens，2008）。当面对疾病表现出耐心，不采取行动，而是接受痛苦，这也符合只要时间足够上帝会施行奇迹的信念。非洲裔美国人也准备好接受上帝的旨意，如果接受意味着死亡（Werth et al.，2002）。非洲裔美国人这种耐心并接受疾病的观念可能会被误解为冷漠、宿命和悲观。

对斗争的重视可能从某种程度上解释了不情愿服用强效止痛药的原因。接受某种程度的痛苦与安宁疗护理念相融合；但与纾缓治疗的目标不一定相符，纾缓治疗的目标是减轻生理、心理和灵性上的痛苦。

他们无论如何都需要纾缓治疗　对这些观点做出的逻辑性反应可能就是：既然病人和家人不同意安宁疗护理念，不同意接受纾缓治疗，那么他们就没必要接受安宁疗护。然而，现实可能是，安宁疗护是终末期病人及其家人可获得的最佳照顾。今天的医疗保险公司将"无效照顾"（futile care）定性为浪费金钱，而非安宁疗护的选择可能仅限于在护理院或家中离世，缺乏纾缓治疗和专业支持。

研究也支持这一观点。研究是针对一批非洲裔美国病人的家庭成员进行访谈，其中部分受访者接受过安宁疗护而另一部分却没有，结果显示接受过安宁疗护服务的人满意度较高。大多数研究参与者通过该研究了解了安宁疗护，他们表示自己及亲人更希望接受安宁疗护服务（Reese et al.，2004）。那些没有接受安宁疗护服务的家人，无法获取疼痛控制或其他医疗服务，只能把病人留在家里照顾，没有任何专业上的支持。或者，因为家人需要全职工作，有些人不得不违背信仰把病人安置在护理院。非洲裔美国人认为亲人需要家人的照顾，而不是将其安置在护理院；但现实是很多病人都是在护理院中离世的（Reese et al.，1999）。没有接受安宁疗护服务的病人还缺乏医疗体系给出的关于病人的诊断和预后，导致丧失自决权。有些人接受了不恰当的照护，缺乏心理社会支持服务，病人甚至洗不了澡（Reese et al.，2004）。

因此，制定尊重病人观点、切合其需求的安宁疗护服务是重要的（Bullock，2011）。我们必须避免"战术同化"（Mesler，1995），致使病人违背个人意愿去迎合安宁疗护理念；应该找到共融之处，制定允许过渡的照顾策略，确保照顾的连续性（本章将进一步讨论）和解决家人因工作无法在家照顾临终病人的需求。

共融之处　传统的非洲裔美国人观点和安宁疗护理念的共融之处在于渴望罹患疾病之后仍然能够住在家里与家人一起，全人照顾包括灵性层面上的关照。同时在于能够接受上帝的旨意，即使是将病人带入死亡。非洲裔美国人视苦难为生活的一部分，传统的非洲裔美国灵性音乐中也反映出这一观点。与此观点类似的，在非洲裔美国人社区，死亡是受欢迎的朋友（Johnson，1992）。这种观点认识到在生命尽头死亡的必然性。那些离世的人被称为"回家了"，这种观念把死亡看作一个过渡而不是结局（Mbiti，1991）。笔者出席了一个非洲裔美国人的葬礼，他们将其称为"回家庆典"。这种关于死亡及通过仪式承认死亡的做法可以追溯到非洲的丧葬习俗。

华裔关于临终的传统信仰

证据显示美国的安宁疗护未能有效地渗透到美国华裔群体中。华裔居民普遍不愿意使用安宁疗护服务；2003年，中国香港最大的安宁疗护机构由于利用率过低而关闭（Reese et al.，2010）。文献表明中国安宁疗护运动正在发挥其作用，传统观点也产生了一些改变（Chan and Pang，2007；Ming-Lin Chong and Shiu-Yeu，2009）。一项针对香港社会工作系学生的研究发现，基本没有学生与中国传统宗教（佛教、道教或祖先崇拜）有联系；许多学生是新教教徒，还有许多人表示没有宗教信仰（Reese et al.，2010）。有趣的是，在这项关于国际文化传播的研究中，可以看到有几种中国传统信仰在美国学生中的认可度比中国香港学生还高。

无论是否有宗教信仰，传统文化都会产生影响。华裔通常没做临终决定，且不想接收任何关于安宁疗护的资讯（Chan and Pang，2007）。中国香港的华裔学生比美国学生更难以接受安宁疗护理念，香港学生相对更少认同对于临终病人来说接受安宁疗护是一种令他们舒适的选择（Reese et al.，2010）。一般来说，中国香港学生的信仰说明大多数传统华裔倾向于治愈性治疗。

我们得出这样的结论：文化在世界各地互相影响，不能预先假设个人是否持有传统信仰。然而，传统观念可能会产生微妙的影响，甚至对于那些持非传统信仰的人也是如此，并影响了病人在临终时的态度。以下将概述几个中国传统对于临终的观念。

讨论死亡是禁忌　持中国传统观念的人可能会避免讨论死亡（Leung and Chan，2011；Walsh-Burke，2004）。家人可能巧妙地将临终预后的信息通过传统仪式传达给病人而不是公开进行谈论。然而，如上所述，这种观点可能正在发生变化（Chan and Pang，2007）。

否认末期疾病的事实　传统上不认可死亡和末期疾病的做法可能导向否认（Reese et al.，2010）。早死或痛苦的死亡都会被认为是做了坏事的结果（Woo，1999），这使得临终的预后难以被接受。

压力概念化为死亡　与西方文化相比，亚洲占主导地位的压力概念更多地围绕着死亡（Tan，1994）。

不想在家里离世　传统的中国信仰反对在家里离世。中国信仰认为死者的灵魂可能留在家里，会伤害居住于家里的人。与失去亲人的家属接触，看到尸体或棺木会被认为是运气不好。在社会工作学生的跨文化比较研究中，中国学生比美国学生更倾向于在医院死亡（Leung and Chan，2011；Reese et al.，2010）。当选择家人的离世地点时，这种趋势更为明显。

安宁疗护决定由家庭中的长者做出，而非病人　对社会工作系学生所进行的研究发现美国学生更担心"让其他人为其做出医疗决定"（Reese et al.，2010），而中国学生的首选是由家庭的长辈而不是病人自己为其做决策（Leung and Chan，2011）。或者，病人可以按照医生的要求做出决定（Chan and Pang，2007）。这需要安宁疗护工作人员对病人自我决策持不同的看法。再一次，近期研究呈现出这种观念在不断变化的事实，一项针对中国居民的调查发现病人被认为是安乐死的主要决策者（Ming-Lin Chong and Shiu-Yeu，2009）。

坚忍不拔的价值观和反对使用强效药物的禁忌　使用强效药物是不够坚忍的表现，是一种禁忌，这种价值观会影响服用止痛药的意愿。普罗大众有避免使用止痛药的文化（Chan and Mak，2000）。与非法毒品市场斗争的历史和对毒品犯罪的严厉法律惩罚可能会影响这一观点。

为生存争战的价值 为生存争战的价值观会影响临终生命的决策（Woo, 1999）。

对传统民间医学的偏好 对传统民间医学的偏好可能会影响到生命末期的治疗偏好（Leung and Chan, 2011）。

无论如何他们是需要纾缓治疗的 无论对临终生命决策持何种看法，中国病人需要在疾病末期接受安宁疗护服务。他们表示安宁疗护的工作人员可以解决其社会、心理和灵性的问题，包括未了事项、死亡焦虑、缺乏控制感和依靠，因为无法缓解病人的痛苦而产生的内疚感、预期的悲伤和丧亲之后的孤独（Fielding and Chan, 2000；Kong, Kwok and So, 1997；Leung and Chan, 2011）。香港的一项研究对离世前接受纾缓治疗服务与接受非纾缓治疗服务的病人的经历进行了对比，结论是：通过较少的治疗和更多的症状控制，纾缓治疗服务令病人的生命质量得到了改善（Tse et al., 2007）。

此外，尽管临终病人偏好治愈性治疗，但医疗卫生系统的现实却无法达到这种需求，中美两国的情况皆是如此（Guillemin, 1992）。只要病人的医生或者医疗保险公司认为是"无效"的照顾，医疗卫生系统就越来越抗拒提供这种服务。因此，随着时间的推移，安宁疗护为临终病人提供服务的情况会越来越普及。随着安宁疗护更频繁地成为治疗的选择，安宁疗护社工为来自不同文化群体的病人和家庭提供服务的情况会更为普遍。因此，社工必须做好进行有效的跨文化交流的准备。

共融之处 尽管中国传统文化信仰与美国安宁疗护理念存在差异，但还是可以找到共融之处。例如，在儒家信仰中，死亡不是个人的失去，而是与天地和个人祖先的重逢。华裔认为家庭有责任照顾病人，认同病人和长者的价值，这些观念可能就是共融之处；但由于这些观念，家人可能会觉得有责任延长其生命（Chan et al., 2008；Leung and Chan, 2011）。

关于接受苦难和生活现实的传统价值观，强调不依附于这个世界的物质，把死亡看成是从痛苦中释放出来（Woo, 1999），相信生命的轮回。这些传统文化信仰都是一致接受死亡的。进行公共宣传的时候，围绕这些传统文化观点进行讨论是有所帮助的。

拉丁裔关于临终的传统观念

人们发现语言障碍是拉丁裔最难以克服的困难（del Rio，2010）。大多数拉丁裔人来到美国寻求更好的工作机会，而这些工作环境一般没有必要说英语。在医疗照护中，不会英语是一个主要的障碍（Contro et al.，2010）。在接受医疗诊治时，病人解释症状时没人能够理解，医护人员也无法将医疗信息告知病人，这致使了更大的信任缺失（Talavera，Elder and Velasquez，1997）。一般情况下，唯一可以帮忙翻译的只有家人，通常是子女（Kemp，2001）。这使得病人的隐私被侵犯，令他们觉得尴尬（Burgos-Ocasio，1996）；由于语言障碍，拉丁裔人通常会避免医疗。

此外，持传统观念的拉丁裔人可能有一些阻碍安宁疗护服务的共同信仰。即使拉丁裔一词涵盖了许多不同的文化渊源，但大多数人持共同的文化信仰。下面将讨论其中的一些传统信仰。

家庭主义　拉丁裔病人在生病期间的主要资源不是正式的医疗服务，而是朋友和家人（del Rio，2010）。家庭主义价值观令部分人完全止步于医疗卫生系统之外（Curry et al.，2000）。家庭主义是一种文化价值，是个人与核心家庭强烈的认同和依附感，以及忠于家庭、团结家人的体现。决策过程涉及所有家庭成员的意见参与（Bullock，2011；del Rio，2010），通常还有来自大家庭的阿姨、叔叔和表兄弟（Kemp，2001）。

这种价值观需要安宁疗护的员工运用不同的方法实现病人的自我决策。

偏爱传统医学　拉丁裔美国人更可能会寻求来自其文化源头的传统医疗，因为这对他们来说更为熟悉（Kemp，2001）。此外，非法居民可能根本无法获得当地医疗。他们可能会求助于传统的疗法术士，或暂时返回原籍接受医疗。

宿命论　由于强烈的宗教信仰，拉丁裔人可能会觉得他们的命运完全掌握在上帝的手中，无法做任何事情去改变结果。这种看法可能会使遭遇危机的西班牙裔人不向外界寻求帮助，因为他们觉得上帝会策划好结果，不让他们受苦（Talavera，Elder and Velasquez，1997）。

坚韧不拔的价值观　许多拉丁裔人不想因为他们的痛苦去麻烦他人，因此比较不会把痛苦表现出来（Gordon，1995）。这产生了类似于宿命论的结果，也就是接受的态度。这在占主导地位的美国文化看来是被动的表现。许多美国医生将此误解为缺乏对医疗的关心或过于天真。

尊重　尊重在西班牙裔家庭等级和社区关系中很重要（del Rio，2010）。通常，父亲是养家糊口的人，母亲是家庭的守护者，也是将文化传递给下一代的人。文化传统要求在与家庭打交道时要第一个跟家里的首脑打招呼。使用正式的方式"先生"称呼父亲，而不能直呼其名，是表示尊重的重要方式，拉丁裔的服务对象可能会对不遵守此习惯的安宁疗护员工失去信任（Talavera，Elder and Velasquez，1997）。对于那些持有女权主义观点和争议性观点的人来说，这是一个困难。有些人认为人权（例如女性平等）超越文化价值观（Reichert，2007）。社工致力于维护弱势群体的权利。也许有方法在配合称呼家庭男性的传统习俗同时，也可以做到尊重平等和尊重妇女的原则。

此外，在拉丁裔文化中，一些权威性人物如精神领袖和医师被赋予了特殊的地位，特别受到尊重。不应该将其错误地解释为是被动（Kemp，2001；Talavera，Elder and Velasquez，1997）。

无论如何他们是需要纾缓治疗的　拉丁裔人的信仰并不像非洲裔美国人和华裔的信仰一样，他们并不反对安宁疗护的理念。可能有一些障碍会使他们远离安宁疗护，但是存在许多共融之处。显然，出于和其他人一样的原因，他们也需要安宁疗护。因为这是临终疾病的最佳照护方式。

共融之处　与安宁疗护理念的共融之处可能在于拉丁裔人强调症状控制，与家人和朋友们在一起，尽可享受剩余的时光。很多人偏爱在家中离世以及渴望灵性咨商（Curry et al.，2000）。家庭主义与安宁疗护哲学非常共融，只要病人能够接受陌生人，就会鼓励家居照顾者和病人的参与。在一个东南部社区的参与式行动研究中，拉丁裔的居民被问道："安宁疗护应该做些什么来增加拉丁裔人得到安宁疗护的机会？"回应是"与我们成为朋友"（Curry et al.，2000）。这提醒安宁疗护需要早在生命结束之前与多元化社区建立联系。等到一个人接近死亡时，门口才出现一个来自不同文化的陌生人，被接受的机会就不大了；相比之下，那些一直与社区有联系，与他们成为朋友，并提供他们所熟悉的关怀性服务的人更容易被接受。

我们研究了三种传统文化观念，还有更多不同的文化，我们仅仅触及这几个观念的表象。虽然安宁疗护理念与文化和宗教信仰之间由于存在差异而产生障碍，但是我们还是可以从每个个案中找到共融之处。有趣的是，这三种文化在接受苦难的能力和接受生与死的现实方面都有相似之处。非洲裔美国人和拉丁裔人的观念是基于基督徒对上帝旨意的信任。华裔传统观念是以佛教为基础，佛教不依赖神灵而是依靠神性，以及对发生于当下的事情不妄加判断的能力。尽管基于不同的世界观，所有的结果都具有接受死亡的能力。作为安宁疗护的社工，我们可以从这一点出发，为不同世界观的人提供具有文化能力的安宁疗护服务。下一节将讨论机构障碍，即安宁疗护机构内部的障碍。

安宁疗护机构本身的障碍

在没有任何计划的情况下，笔者首次进行了参与式行动研究。在一个周六进行演讲的时候，非洲裔美国牧师邀请我参与一个电台节目，并于第二天到教堂进行演讲。在星期天的时候，我已经得到来自非洲裔美国人社区的支持，我在教堂的演讲结束后，一位年长妇女告诉我："我会尽我所能帮助你。"在星期一的时候，我觉得需要把我周末参与公开招募的事情告知我有份参与的两个社区安宁疗护机构。然而，当我打电话给其中一所安宁疗护机构的主任时，她说："我不会让我的护士进入那些人的屋子。"

从那以后，这句话对我的演讲产生了惊人的影响，并在此作为例子介绍安宁疗护机构本身制造障碍致使其无法为多样化的人群提供服务。在本章的第一部分，我们讨论了因文化信仰不同而导致不同文化的服务对象不愿接受安宁疗护服务。早期文献的关注点是这些差异，并努力"教育"其他文化群体，让他们理解安宁疗护理念。在本节中，我们将讨论阻碍安宁疗护服务的机构障碍，这个问题需要在安宁疗护机构内部解决。

安宁疗护中主要的机构障碍对文化能力的影响

医疗中的机构文化能力描述了医疗系统为具有不同价值观、信仰和行为的病人提供照护的能力，包括制定符合病人的社会、文化和语言需求的服务（Hooyman and Kramer, 2006）。许多用于发展文化能力服务的模式已经存在（Ahmann, 2002；Alexander, 2002；del Rio, 2004；Dhooper, 2003）。机构文化能力模式包括最大限度地提高员工的多样性，提供文化能力培训，开展社区需求评估和外展活动，培养与不同社区领导者的伙伴关系，邀请他们参与安宁疗护委员会的服务，开发社区和病人反馈机制，启用病人偏好的数据收集系统，为不同病人群体构建质量保证措施，确保符合文化和语言的健康教育材料、健康促进与疾病预防的干预措施（del Rio，2004）。

Capitman 及其同事开发的评估手册指导人们从六个领域进行探索：任务、管理、人员实践与人员配置模式、服务和照顾方法、目标、营销和外展（Capitman et al.，1991）。Mendez-Russel、Widerson 和 Tolbert（1994）开发了《探索工作场所的差异》（*Exploring Differences in the Workplace*），让机构从四个方面评估其自身的文化能力：知识、理解、接受和行为。Brach 和 Fraser（2000）列出了在医疗组织中机构能力的组成部分，包括：口译服务、适当的招聘和人才挽留、培训、与传统治疗师的协调、有效利用社区卫生工作者、促进具有文化能力的卫生服务（包括家庭和社区成员）、融入另一种文化，以及管理和组织的调整适应。最后，美国安宁疗护与纾缓治疗协会（NHPCO）于 2007 年开发了包容性和可及性工具箱（Inclusion and Access Toolbox），其中包括《初级卫生保健服务人员的自我评估清单》（*Self-Assessment Checklist for Personnel Providing Primary Health Care Services*）。工具箱可以从 NHPCO 获得，这非常有助于评估和发展安宁疗护的文化能力。

一份针对全美国的混合方法研究（Reese and Beckwith，2005）指出了安宁疗护主任所看到的文化能力的主要机构障碍。问卷中的项目是根据笔者现有的研究成果制定的。研究结果表明安宁疗护工作人员、志愿者和病人几乎都是白种人。安宁疗护主任（$n = 207$）认为最具问题的机构障碍包括：① 缺乏资金聘用额外的工作人员进行社区外展服务，② 缺乏多元化的申请人，③ 缺乏资金聘用额外的工作人员发展具有文化能力的服务，④ 缺乏对不同文化的了解，以及 ⑤ 缺乏对哪些文化群体没有得到服务的认识。

定性研究结果丰富了我们对这些关系的理解。构成服务障碍的机构文化要素不会把文化能力作为优先事项，而是将资金优先分配到直接的病人照顾上。处于这种文化氛围中的工作人员觉得对文化差异的认识不重要，不喜欢多元化，并且对不同文化的个体具有刻板印象。

定性研究结果还发现了缺乏社区外展资金引致的问题：缺乏与多元化社区的关系，缺乏多元化病人的转介，缺乏对未服务文化群体的认识，以及缺乏来自多元文化的申请人和双语专业人士。此外，这些安宁疗护机构所服务社区的多元化个体对安宁疗护服务并不了解。

结果显示，缺乏资金提供具有文化能力的服务的安宁疗护机构具有一些特点，包括缺乏适合多元文化的材料、缺乏口译员、缺乏对没有医疗保险病人的服务。文化能力培训资金不足的安宁疗护机构缺乏对不同文化的了解，缺乏对机构障碍的认识，缺乏对如何获得具有文化能力的医疗资源的知识（Reese and Beckwith, 2005）。当我在演讲中提到"缺乏资金"时，观众中的一位专家举手示意，"是缺乏资金还是缺乏预算用于具有文化能力的医疗服务？"这两者存在差异，预算反映了机构优先考虑的事项。

近期的研究发现，同样接受过安宁疗护的非洲裔美国人和白种人，前者的满意度较低（Welch, Teno and Mor, 2005）。我们将在下面进一步讨论这些安宁疗护机构对文化能力的障碍。

缺乏资金增加额外工作人员进行社区外展服务　安宁疗护机构因为在多元化社区的外展活动效果不佳或缺乏活动而受到批评（del Rio, 2004；Werth et al., 2002）。安宁疗护机构通常位于较富裕的城镇地区（Haas et al., 2007），不将工作人员派往较贫困地区的情况很常见。一个常用的邮件讨论组中就曾经讨论过这个问题，询问同事是否对某些病人有"无夜间电话"政策，以及这是否会被视为具有歧视性。如前所述，拉丁美洲的参与者在被问及安宁疗护应该采取哪些措施来提升获得服务的权利时，大部分的反应是"与我们成为朋友"。如果政策有意减少对受压迫群体的家访，那么成为朋友或进行社区外展就有些困难。

非洲裔美国人的障碍包括害怕陌生白人进入家里（Reese et al., 2004）。很明显，对于非洲裔美国人来说，当你面临死亡时，第一次有白人出现在家门口，还建议你签署不实施心肺复苏术的指令，这是行不通的。

与美国普通民众一样，非洲裔美国人普遍不了解安宁疗护服务（Reith and Payne, 2009；Washington, Bickel-Swenson and Stephens, 2008）。非洲裔美国人的牧师是很多逝者家人的依赖，但他们也不了解安宁疗护（Reese et al., 1999）。由于教会重大的影响力，神职人员的作用及其对纾缓治疗选择的认识程度同样影响了非洲裔美国人社区的临终关怀服务。

非洲裔美国人社区中存在大量错误信息，包括害怕安宁疗护工作人员"用那些药物"或通过不给食物或水的手段杀死病人。还有人错误地把安宁疗护与辅助自杀以及个人为了支付护理院开销用光个人财产这些问题相提并论（Reese et al., 2011）。

非洲裔美国人的另一个担忧可能是安宁疗护与非洲裔美国牧师竞争在病人临终时的引导权利。社区外展战略将在下一节讨论。

社区外展的干预技巧　社区外展的主要基调是"与我们成为朋友"，包括通过多元化社区活动建立社交关系。通过为病人提供优质服务，得到其朋友和家人的口头推荐，从而实现病人转介。赋予权利的需求是极为强烈的，包括尊重服务对象，并向他们保证安宁疗护工作人员不会接管病人的家庭和照顾。在召开社区公共会议时，解决群众对医疗系统的担忧以及对安宁疗护的误解作用重大。此外，关注安宁疗护理念与社区文化信仰的相似之处也是有益的。例如，大多数多元文化群体都有强烈的家庭联系和支持感以及照顾亲人的责任感，这与在家中照顾病人的居家安宁疗护理念一致。此外，安宁疗护理念的许多方面都得到非洲裔美国人的认可，传统的非洲裔美国宗教信仰和安宁疗护理念之间的共通领域包括接受由上帝决定生死。安宁疗护理念也得到拉丁裔族群的认可，如症状控制、尊重病人的意愿、与家人和朋友在一起直到死亡、尽可能享受剩余的时间、在家中离世并将灵性照护纳入治疗计划。

社区外展工作可以在社区成员常去的地方进行，例如他们的教堂或多元文化服务中心。重要的是与社区领袖合作，特别是非洲裔美国人牧师这些精神领袖，将他们纳入安宁疗护的工作人员和委员会，请他们以符合宗教信仰的方式把安宁疗护体现出来。在拉丁裔社区的外展活动中，在各级扫盲中使用西班牙语材料也很重要。安排文化团体成员提供信息是最有效的，包括曾经的照顾人员和牧师。在非洲裔美国人中，电视广告普遍被认为是有效的（Reese et al.，2004）。

需要强调的重要信息包括对安宁疗护理念的解释：安宁疗护并没有加速死亡，医生提供照顾来减轻痛苦。应该解决对费用开销的担忧，解释安宁疗护的益处，安宁疗护是否会为没有保险的人提供照顾，以及药物和所有必需的设备是否与居家服务一起提供。应该打消社区成员的顾虑，让他们了解当他们需要时安宁疗护工作人员真的会在那里提供帮助，而且病人接受安宁疗护服务时家庭成员仍然可以照顾病人。

安宁疗护机构应与当地领导人建立伙伴关系，解决竞争的问题。西班牙裔和非洲裔美国人社区中的许多领导人都是神父或者牧师。NHPCO（2007）建议创建以信任为基础的关系，在进行服务规划时，要有社区领导者的参与。与他们的合作包括邀请他们担任安宁疗护委员会和机构决策职位（Talamantes, Lawler and Espino, 1995）。这些职位应该是有薪水的。在一个社区项目中，安宁疗护机构邀请非洲裔美国人牧师作为志愿者参与团队。牧师们对此感到不满，因为当地医院从未聘请过非洲裔美国人牧师。他们无法理解为什么这样的职位是志愿者性质的（Reese et al.，1999）。还有很多令人惊讶的细微差别，这只是其中一个例子。但在建立信任关系之后，这些差别就会消除。当这种伙伴关系得以建立时，它将为雇用多元化的员工和吸引多元化的病人铺设道路（Reese et al.，2011；Reese et al.，2004）。

缺乏来自多元文化的申请者　社区外展需要吸引多元化的申请人（Reese and Beckwith，2005）。目前的安宁疗护医疗服务对象主要是白种人新教教徒，工作人员也是来自相同背景。一些照顾末期病人的非洲裔美国人（安宁疗护或非安宁疗护照顾）与我们公开分享了一些安宁疗护工作人员多元化的重要性与非洲裔美国人社会边缘化历史有关的原因。与会者表达了向白人当局求助时的羞耻感。经历过了白人主导的项目的困难之后，他们觉得白人专业人士不尊重他们的信仰，因此不愿意参与政府计划。非洲裔美国人对缺乏来自社会的关心的应对方式是："我们照顾好自己。"在照顾非洲裔美国人和保护他们的安全方面，教会发挥了重要作用。与会者表示担心会切实受到医护人员的伤害。参与者认为，根据过去医疗系统的经验，如果抱怨其服务，病人就受惩罚（Reese et al.，2004）。鉴于这些负面经历以及由此产生的对白人医疗系统的恐惧，对于来自受压迫少数群体的服务对象来说，多元化的员工会更平易近人，更安全，这是可以理解的。

此外，安宁疗护团队更需要宗教信仰多元化，并接受相关培训，如：在照顾宗教多元化的服务对象时，如何更具备灵性敏感性。例如，信仰新教的工作人员可能会遇到与犹太人和天主教服务对象合作的挑战，这些服务对象的观念可能与安宁疗护理念和新教观点不同。犹太人安宁疗护机构的设立满足了这个需求；这似乎与社会工作价值观相一致，培养了一支能够为宗教多元化的服务对象提供充分服务的多元化员工。

在全美国207家安宁疗护机构展开的一项近期研究发现，94%的员工和96%的志愿者是白种人和非拉丁裔人。只有2%的员工和1%的志愿者（和4%的病人）是非洲裔美国人，拉丁裔人数更少（Reese and Beckwith，2005）。要想改变这些统计数据并不容易，在招聘过程中难以平等考虑多元化的申请人，即使已经入职，机构内都是白种人或者非拉丁裔同事，这会让他们觉得不受欢迎，内心不舒服，很快就辞职。一项针对非洲裔美国社工学生的研究（McGaughey，2006）发现，学生不愿意参与安宁疗护社会工作，其原因与非洲裔美国人社区成员不接受安宁疗护服务一样。

招募多元文化申请者的策略　提供社工学生实习机会有助于招聘员工，因为在他们毕业后可以被聘用。如果有奖学金提供，这一策略会非常有效（Kepner，2009）。本章后面将会描述关于实习岗位的项目。

在实习期间，以及在成功聘用成为员工之后，需要让他们感受到必要的支持，让他们乐意留在安宁疗护机构工作。笔者看过实际的例子，一位白种人病人抱怨为他服务的非洲裔美国人的工作人员。安宁疗护机构回应表示如果他想要服务，就得接受机构安排的所有工作人员。这位非洲裔美国员工在服务中所表现出来的同情心改变了病人的态度。在他最后的日子里，这位员工成了他心目中具有怜悯的天使，在他最需要的时候陪着他。

缺乏资金增添工作人员开展具有文化能力的服务　缺乏提供文化能力服务的资金，致使缺乏符合语言及文化需求的资料和口译员（Reese and Beckwith，2005）。这加大了拉丁裔服务对象由于语言而产生的主要障碍（del Rio，2010）。

提升具备文化能力的服务的干预措施　如本章前面所述，在笔者一次演讲中，听众中的一位专家对缺乏资金和缺乏预算来开展文化能力服务进行了区分。然而，通过安排社工学生提供具有文化能力的服务，可以解决人手短缺的问题。本章将进一步讨论一项实习计划模式。社工学生在该计划中（Reese et al.，2011）以及另一个计划中（Curry et al.，2000）提供的文化能力培训令安宁疗护工作人员的文化能力得分产生显著差异。在两项计划的后测中，工作人员对此问题的关注度提高，对项目在满足需求方面的成功度评价降低，对文化多元性培训和社区外展的兴趣增加。

缺乏有关多元文化的知识　医护人员对西班牙裔文化缺乏了解，令他们感到与安宁疗护疏远（Contro et al.，2010）。Sue 和 Sue（1999）认为，服务得不到充分利用，通常与低文化敏感度和对多元文化群体的正规化服务不足有关，而医疗专业人员缺乏文化能力也会导致进一步压制来自多元文化群体的服务对象，而这个群体在整个社会层面中已经遭受各种偏见。

解决缺乏知识的问题　所有员工和志愿者每年至少要参加一次文化能力的培训。

不了解哪些文化群体缺乏服务　在一项东南部州的研究中，一些安宁疗护管理者声称他们的工作人员没有必要具备文化能力，因为他们的社区并不多元化（Reese，Melton and Ciaravino，2004）。这反映了他们未能准确评估所服务的

215

人群，不了解社区的需求。很少有社区完全没有多元化，把周围的农村地区纳入考虑时，更是不可能。一些来自农村的非洲裔美国人从未进城寻求医疗帮助，他们依靠自己家人的支持对抗疾病，这让他们更具有安全感。在极少数情况下，社区确实没有种族或民族多元化，仍然存在宗教多元化以及同性恋、双性恋和可能是变性的个体。工作人员始终需要接受文化能力培训，以具备敏感度和意识为所有服务对象提供服务。

解决不了解哪些文化群体缺乏服务的问题　每年应进行一次需求评估，将美国人口普查局对安宁疗护服务范围内不同文化群体的报告与以下两方面做比较：①每个文化群体接受服务的病人的百分比，②来自每个文化群体的工作人员和志愿者的百分比。

构成障碍的机构文化　这里所描述的是一个机构否认存在种族主义、种族歧视和压迫；更糟糕的是，实际上该机构在促进这些行为。他们不重视文化能力，更别谈将其视为优先事项。工作人员难以接受多样性，对多元文化群体有成见，只服务自己的群体，雇用的职员也是来自同个群体。

白人种族身份发展理论（Helms，1995）可以进一步解释这个问题。拥有特权、负责压迫就意味着白种人在前进发展。随着种族意识阶段的不断发展，他们发展出一种理解，即他们的种族群体成员对种族相关的心理、情感和生理功能产生影响——意指他们从种族的角度出发的想法、感觉与行为（Pack-Brown，1999）。随着个体的发展成熟，他会意识到自己存在的一些既有偏见与种族主义态度的同化（del Rio，2004）。具有这种意识之后，个人才能面对这种态度，并开始改变态度。在种族身份发展的较低层次，主流文化的个体甚至不承认其他种族遭受着被压迫的经历。

一些作者指出美国白种人的大众文化并不承认我们身边明显存在的偏见和歧视（Morin，2001）。尽管有事实证据表明差异一直存在，但是欧洲裔美国人经常忽视个人和机构的种族主义。忽视种族优势和劣势的结构维度，很多人认为种族不平等与种族主义没什么关系，更多的是与糟糕的个人选择和不恰当的文化价值观相关（Conley，1999）。虽然很少欧洲裔美国人承认自己是偏执的或种族主义者，但是他们仍然表现出对少数群体的负面成见的支持。

这可能解释了有关医疗差距的文献倾向于认为非洲裔美国人群体的文化差异是令医疗卫生服务得不到利用的障碍；应该关注该群体的公共"教育"，让他们适应安宁疗护理念；同时关注医疗卫生机构内部固有的对于这种障碍的信息缺乏，以及为安宁疗护政策的改变提出建议。

处理机构文化 同样的，解决这个问题的方法就是通过培养文化能力。此外，当多元化的社区领袖参与到安宁疗护董事会和安宁疗护管理层，文化自然而然会产生变化。

接下来的部分将讨论安宁疗护领导者在实现安宁疗护文化能力方面的作用，安宁疗护文化能力自我评估的方法，以及通过安排社会工作学生的实习解决机构障碍的模型。

安宁疗护领导者的角色

笔者及其同事（Reese，Melton and Ciaravino，2004）在一个东南部州进行的安宁疗护混合方法研究（$n=22$）发现，安宁疗护领导者在提高安宁疗护服务的文化多样化的病人的比例方面起着至关重要的作用。领导者们获取和利用这方面知识的差异预测了项目志愿者的多元化程度，而且也可以预测病人群体的多元化程度。这项研究的结果证明，领导者需要在多元化方面发挥领导作用。

安宁疗护机构的自我评估

安宁疗护机构应定期进行自我评估，以提高认识及增强员工及机构文化能力的优势和领域。一个很好的资源是"初级卫生保健服务人员的自我评估清单"。这可从 NHPCO 的"包容性和可及性工具箱"中找到。

通过社会工作学生实习安排项目解决机构障碍问题

笔者和同事设置、实施并评估了社工实习安排项目，以解决安宁疗护文化能力的机构障碍（Reese et al.，2011）。主要障碍和相应的学生干预措施在表7.2中进行了概述。这些干预措施将在以下章节中进行讨论。

表 7.2 在安宁疗护文化能力中主要的机构障碍，以及如何通过社会工作学生的实习来解决此问题

障碍	学生的干预
缺乏文化能力的服务资金	学生只需要督导，就可以为安宁疗护机构提供免费服务。为安宁疗护机构寻求额外的资金来源，提供社区外展活动，并为非洲裔美国人提供社工服务。

障碍	学生的干预
缺乏非洲裔美国人的申请	部分学生毕业后可能会申请在安宁疗护机构就业。部分申请人可能是非洲裔美国人,这将增加安宁疗护机构工作人员的多样性。
制造安宁疗护服务障碍的机构文化	提供文化能力培训,并帮助员工获得额外的免费 NHPCO 培训的机会。对具有敏感文化的安宁疗护政策进行分析,并提出建议。
缺乏对哪些文化群体没有获得服务的认识	对社区进行需求评估,以确定哪些群体没有获得安宁疗护服务。

缺乏文化能力服务方面的资金 学生在实习期间,除了需要接受监督,他们为安宁疗护机构提供了免费的服务。它们可以提供具有文化能力的重要服务,例如员工的文化能力培训、社区外展活动以及对非洲裔美国病人的直接服务。他们工作的部分内容也可以是为安宁疗护机构寻求额外的资金来源,包括免费文化能力培训。

缺乏非洲裔美国人的申请 可以专门招募非洲裔美国学生以及其他文化群体的学生到安宁疗护机构实习。希望有些非洲裔美国学生毕业后可以留下来在安宁疗护机构工作。

制造安宁疗护服务障碍的机构文化 除了提供文化能力培训,学生还可以进行政策分析,并提出具有文化能力的安宁疗护政策的建议。

缺乏对哪些文化群体没有获得服务的认识 学生可以对社区进行需求评估以确定哪些群体没有接受安宁疗护服务。

项目评估 在针对机构障碍、员工文化能力、社区成员对安宁疗护的认识和态度的研究中,前测和后测的结果分析显示了显著的差异($p < 0.05$)。定性研究结果记录该项目的成功之处和得到的经验教训。另外,在项目结束时,安宁疗护中心的非洲裔美国人的病人和志愿者人数有所增加。

该项目证明了为社会工作学生提供实习职位可以解决安宁疗护中具有文化能力服务的机构障碍。这是一个可以改善实际操作的实用策略,包括在农村地区的操作,并协助安宁疗护机构遵守新的 CMS 所要求的展示文化能力的尝试。这项研究的局限性是研究样本小,而且仅来自一所安宁疗护机构;需要开展进一步研究,以记录社工在安宁疗护文化能力的发展方面的作用。

本节重点关注安宁疗护机构本身的文化能力障碍以及解决这些障碍的一些方法。下一节将讨论整个医疗卫生系统中的障碍。

医疗卫生系统中的障碍

安宁疗护开始是一个基层社会运动，是为了解决医疗卫生系统的不足。它成功地改变了生命末期照护的面貌，使大多数美国人重新认识了纾缓治疗。不幸的是，如上所述它仍然反映了美国医疗卫生存在的许多缺点。整个医疗卫生系统本身普遍存在的一些障碍，影响了多元文化的安宁疗护服务。美国国家医学研究院（Institute of Medicine，1999）关于减少医疗卫生中种族和族裔差异的建议就提到了提高公众、医疗卫生机构、保险公司和决策者对所存在差异的认识。以下部分将对更多的建议进行讨论。

对白种人医疗卫生系统的恐惧

社会中的一般种族主义导致被压迫的病人害怕向白种人的医疗卫生机构寻求医疗援助。更令人不安的是，受压迫群体亲身经历过或者听说过的负面医疗卫生经验，会导致他们避免使用医疗卫生和安宁疗护服务（Reese et al.，2004；Washington，Bickel-Swenson and Stephens，2008）。

非洲裔美国人社区对臭名昭著的塔斯基吉（Tuskegee）梅毒研究有所耳闻。该研究对非洲裔美国男性梅毒病人患病的过程进行了观察，其间完全没有为其提供任何治疗；因而非洲裔美国人害怕"最终会变成实验中的一只白老鼠"（Reese et al.，1999）。塔斯基吉事件是20世纪初施行于美国南部的非洲裔美国奴隶和公民的一项医学研究（Kepner，2009；Werth et al.，2002）。

此外，在一项定性访问研究中，患有绝症的非洲裔美国人病人提及了个人的有关医疗照顾的负面经历，包括照顾不足和种族主义（Reese et al.，2004）。他们表示怀疑医生，感觉医生在挽救病人生命方面做得不够。非安宁疗护服务的群体特别指出对医生和护士的沟通表示不满，感到恐惧，说医生和护士不与他们交谈或不看他们。他们解释是种族主义导致这种沟通的缺乏。他们表示需要被赋予权利，医生应该寻求他们的意见，才能了解病人的状况。

被访问者表示，许多非洲裔美国人出于这些原因而从未去看过医生。许多非洲裔美国人宁愿在家里进行自我照顾，并使用传统的替代疗法或祈祷奇迹，而不是从医疗卫生系统寻求医疗。他们描述过倾向于维持生命的治疗（化疗、心肺复苏术、生命支持、人工营养和水分供给），而不愿选择在安宁疗护中心接受纾缓治疗。

为了应对医疗卫生系统的冷漠，非洲裔美国人已经形成了"进行自我照顾"的价值观：一种应该由自己的人（如来自同一个教会或者家庭的人），而不是陌生人，为罹患末期疾病的病人提供照顾的文化价值观。他们可能很不喜欢让来自主流文化群体的陌生人进入家中，因为担心照顾病人的权利会被剥夺，自我照顾的传统价值观得不到尊重。由于这些原因，家访可能会被理解为入侵和侵犯隐私（Reese et al.，2004）。医疗卫生人员缺乏多样性被指出是导致此问题的部分原因（Reese et al.，1999；Washington，Bickel-Swenson and Stephens，2008）。拉丁裔居民也表达了类似的担忧（Contro et al.，2010）。

解决对白种人医疗卫生系统的担忧　解决这些担忧的策略包括增加医护人员的多样性，进行文化能力培训，并终止歧视性做法。在美国境内，医疗卫生专业人员中遭受歧视的文化群体的比例不足，并且由于乔治·布什任总统期间推行的平权行为，多元化文化群体的专业人员数量进一步下滑。努力增加数量，以及重点提高对多元化医生的认识，对转介和使用安宁疗护服务会产生重要影响。这些医生能够了解多元化病人的观点，可以解决多元化病人对于安宁疗护的恐惧和迷惑（Komaromy et al.，1996）。此外，寻求医疗关注的多元化病人更愿意从多元化的医生那里寻求医疗，因此这些医生的知识将影响这些病人社区的安宁疗护服务。理想的做法是吸引培训多元化的医生专门为临终病人提供服务。提高员工多元化的另一个要点是雇用双语工作人员。诊所应该具备不同语言的口语人员，克服因语言障碍而影响照顾质量的问题。

就像主流文化群体的所有人一样，医生和其他医疗卫生人员有意或是无意地也存在一些负面偏见。需要通过文化能力培养解决此类问题。专业教育的另一方面是要解除病人对医疗卫生系统的恐惧。让非洲裔美国人照顾者选择安宁疗护服务的关键是：值得信赖的医生个人推荐的安宁疗护工作人员，授权予照顾者并承诺安宁疗护工作人员未经其许可不会做任何事情，并亲自将安宁疗护工作人员带到病人家中介绍他们认识（Reese et al.，2004）。在当前这种以利润为导向的医疗卫生环境中，医生需要付出这么多的努力是令人难以置信的。但是，我们必须努力保留推动这种奉献精神，以求卓越的照顾服务。

还有迹象表明有非洲裔美国病人被故意不告知预后或选择，被转介床位紧缺的护理院的数量也不成比例（Grabowski，2004；Reese et al.，2004）。这个尤其令人担忧，因为非洲裔美国人通常不相信护理院照护；它与"我们自己照顾"的价值相矛盾。医生本人和医疗卫生管理者必须尽量发现并消除这些歧视的做法。

缺乏医疗保险

在发达国家中，美国独树一帜，无法为所有公民提供医疗服务。唯一的例外是南非，因为它有着类似的种族主义历史。由于缺乏医疗保险，并且不了解许多安宁疗护机构所提供的服务是免费的，许多非洲裔美国人认为他们负担不起安宁疗护（Washington，Bickel-Swenson and Stephens，2008）。现实仍然是许多安宁疗护机构都是营利性的，会把没有医疗保险的病人转介至其他地方。因为没有医疗保险记录，拉丁裔病人无法获得服务（Contro et al.，2010），而非法居民的照顾资源更是极为有限。

解决缺乏医疗保险的问题　美国安宁疗护与纾缓治疗协会主席及首席执行官 Don Schumacher（2003）认为，项目过度依赖政府资金导致将照顾限制于某种模式，可能并不适合多元化文化群体，若有经济资源则可避免这种情况。医疗普遍缺乏的美国人需要在不久的将来通过重大医疗经济改革来解决问题。随着人口老龄化，我们没得选择只有提供照顾，这对生命末期照顾和安宁疗护服务有重大影响。

缺乏转介

大多数安宁疗护转介者都是医生，一般来说，由于医生未能转介生命末期的病人而使安宁疗护服务受限制。如前所述，对于非洲裔美国人病人尤其如此，他们被转介至护理院的数量不成比例（Grabowski，2004；Reese et al.，2004）。非洲裔美国人未能转介至安宁疗护机构的原因可能有很多。其中一个原因可能是非洲裔美国人不愿意接受安宁疗护，同时也缺乏具有文化能力的安宁疗护让这个问题得到解决。另一个原因可能是一直以来医生对安宁疗护缺乏认识，而且也许认识安宁疗护的少数族裔医生数量也不多（Burrs，1995）。

家人因为工作无法照顾家中的病人，使家居安宁疗护项目变得不切实际（Reese et al.，2004）。其他的障碍还有，被压迫的少数族裔不具有医疗保险，以及医生无法把临终的预后告知病人（Reese et al.，2004）。

由于种种原因，非洲裔美国人无法接触正规医生，这些原因包括不考虑其他因素（如收入或保险范围）优先考虑急诊医疗而非常规医生（Reese et al.，

2004）。医疗保险法规要求要有医生提供罹患末期疾病的证明。在笔者的实践经验中，急诊室医师并非以纾缓治疗为导向，他们的实践都是拯救生命。急诊室的医师也不可能把非洲裔美国人转介至安宁疗护机构（Kepner，2009）。

解决缺乏转介的问题　接受过培训而且能够提供具有文化能力的安宁疗护服务的医生仍然相对稀缺（Reese et al.，2004），医生仍然需要继续接受安宁疗护教育。若有非洲裔美国人求助于医疗卫生系统，他们更愿意向少数族裔的医生求助，因此少数族裔医生安宁疗护的教育问题尤为重要。此外，各种医疗卫生专业人员是转介多元化病人至安宁疗护机构的关键，因此，向所有人提供这方面的培训是很重要的（Reese et al.，2004）。在这方面的专业教育中，一个要解决的问题是病人的知情同意权。除非病人已经知悉病情所有相关信息（包括预后），否则他们无法给予"知情"同意书。社工应该提倡为服务对象提供完整准确的信息，确保服务对象知悉相关信息并了解所有治疗方案（Washington，Bickel-Swenson and Stephens，2008）。另一种增加恰当转介的策略是用"循证"指引，以科学证明为基础，帮助服务提供者和医疗计划决定需要采取和购买哪些医疗步骤。

美国联邦医疗保险和医疗救助服务中心服务规则

文化能力培训　美国联邦医疗保险和医疗救助服务中心最近增加了一项要求，即安宁疗护机构需展示出正在努力尝试发展文化能力。这是不够的，应该要求安宁疗护机构不仅要表现出努力，还要展示对文化能力的掌握（Kepner，2009）。

假设病人有居家护理员　美国的安宁疗护是居家安宁疗护服务，该服务的前提是病人的一位主要照顾者，可以在家中提供照顾。医疗保险的安宁疗护福利计划要求在家中实施照护，这项规定对非洲裔美国病人具有很大影响，因为其家人为全职工作，无法在家中提供照顾（Reese et al.，2004）。

这一现实意味着对住院安宁疗护、日间临终关怀或家庭照顾者补助金的需求增加。

连续性照顾　NHPCO和前卫的领导者提出了连续性照顾的建议（Jennings et al.，2003），这点已经在第一章中讨论过。他们关注安宁疗护和纾缓治疗的整合，将更好地满足病人的需求和增加所有人获得并利用安宁疗护服务的机会，特别是解决多元化群体的需求。哈莱姆纾缓治疗网络（Harlem Palliative Care

Network，HPCN）是一个例子，它以社区为本，由哈莱姆的一所社区医院——北方综合医院（North General Hospital）、美国纪念斯隆 - 凯特琳癌症中心（Memorial Sloan-Kettering Cancer Center）和纽约访问护士服务（Visiting Nurse Service of New York）几个机构之间开展合作。HPCN 也是由哈莱姆的医生、药房、教堂和社区机构组成的庞大网络。该项目为非洲裔美国人和其他多元化群体提供具有文化能力的全人照护，包括预防、治疗、纾缓治疗和临终关怀。这些群体历来都是难以获得医疗服务的。这种社区为本的干预措施，起源于社区并且反映出社区的关注点，更容易发展壮大。通过连续性照顾提高医疗服务的质量是发展的目标。

无证居民和获得医疗保健　最后，无证移民身份可能会影响病人获得医疗照顾的能力（Kemp，2001）。移民改革政策必须解决这一需求。

解决医疗系统障碍的尝试

专业组织及政府机构已经做了很多努力，尝试解决多元化社区的文化能力和安宁疗护服务。下一节将概述其中的部分工作。

美国安宁疗护与纾缓治疗协会

1987 年，NHPCO 成立了少数族裔安宁疗护服务工作组，进行临终关怀的研究并提出政策建议，以改善对文化多元化群体的服务。该组织于 1992 年 5 月通过了关于获得安宁疗护照顾的决议，支持所有患绝症的病人能获得安宁疗护服务的原则，不分国籍或信仰。1994 年，工作组发表了报告，其中包括外展活动和工作人员多元化培训的指导方针。NHPCO 还于 2004 年建立了可获得性和多元化咨询委员会（Access and Diversity Advisory Council）；委员会于 2007 年发布了"包容性和可及性工具箱"，目前通过优质合作伙伴计划对"包容性和可及性"提出建议。

罗伯特 - 伍德 - 约翰逊基金会

罗伯特 - 伍德 - 约翰逊基金会（Robert Wood Johnson Foundation）有一个全国项目"最后的行动"（Last Acts）（http://www.lastacts.org），专门用于提高安宁疗护意识和解决方案。该项目提供赠款，用于志愿者交流，传播信息以提高公众意识，增加医疗环境中有关纾缓治疗的知识，举办有关多元化问题的会议，以及与临终关怀相关的其他方面活动。

联邦政府

美国卫生与公众服务部（The U. S. Department of Health and Human Services）已经资助了美国医学生协会（American Medical Student Association）和与促进、加强和提升医学教育项目（Promoting, Reinforcing, and Improving Medical Education, PRIME）合作的一个项目。这项工作旨在医学培训期间对学生进行文化能力培训，并提供与其所在地相关的特定文化信息（http://www. woundcare. org/newsvol6n1/ed1. htm）。美国卫生与公众服务部也把消除种族和族裔在医疗卫生方面的差距作为 2020 年健康人群（Healthy People）总体目标的四个方面之一。初级卫生保健局（Bureau of Primary Health Care）规定卫生医疗中心应参与尊重和响应社区和服务对象文化多元化的做法，应该开发确保社区中的多元性文化参与的系统，应该聘用在文化和语言上适当的员工。

CMS 最近增加了一项要求，让安宁疗护机构展示其对文化能力的尝试，以便有资格获得医疗保险报销；CMS 还赞同美国质量论坛（National Quality Forum）的优质护理领域，其中包含了护理的文化方面。不幸的是，这些建议以及其他一些建议都并非硬性的规定，而仅仅是建议使用。如 Kepner（2009）所总结的，包括以下内容。

使用结构化工具，评估宗教、灵性以及存在的担忧，根据结果设定计划并做记录，将从评估中获得的信息整合到纾缓治疗护理计划中。

提供有关灵性照护服务的信息，通过机构的灵性关怀或通过病人自己的神职人员关系为病人提供灵性照护咨询。

纾缓治疗和安宁疗护灵性照护专业人员应该与社区神职人员建立伙伴关系，并提供与临终关怀相关的教育和咨询。

将文化评估纳入综合纾缓治疗和安宁疗护评估的一个组成部分，包括但不限于决策、信息披露的偏好、真相告诉和决策、饮食偏好、语言、家庭沟通，对支持措施的意愿，如纾缓治疗、补充和替代医学、关于死亡和痛苦的观点、哀悼和葬礼/埋葬仪式。

以病人和家庭的首选语言，提供专业的口译服务和符合文化的材料。

根据家庭的文化，宗教习俗，和当地法律，尊重遗体处理。

美国社工协会社会工作政策研究所

附属于美国社工协会的社会工作政策研究所（Social Work Policy Institute）制定了以下建议，以加强安宁疗护的多元化。

通过与当地社区成员和其他医疗卫生专业人员接触，培育安宁疗护价值观，向更多的民族和文化多元性的群体推广服务。

病人和家属参与制定照顾计划，包括病人和家庭在照顾上的文化因素。

与其他安宁疗护机构合作开展宣传活动。

鼓励安宁疗护机构增加服务的可及性。

鼓励安宁疗护机构寻找多元化的员工。

帮助招募来自不同背景的符合资格的社工，探索在临终关怀领域的职业生涯。

本节概述了专业机构尝试解决安宁疗护照护的文化障碍的问题。下一节将提供社工个人的文化能力准备的指导。

个人的文化能力准备

安宁疗护理念中享有最高荣誉的原则之一是病人的自决权。20世纪70年代美国安宁疗护运动中的倡导者促进了对病人意愿的尊重，作为保护病人权利的一种方式，改善绝症期间的生命质量。最初是一个草根的、基于社会行动的运动，安宁疗护专业人员直至今天仍保持着这种热情，他们致力于促进安宁疗护理念。偏离安宁疗护理念的有关多元化服务对象的观点对这种基于服务对象权利和福祉的热情提出了挑战，但这些观点必须根据不同的文化角度进行调整。我们的工作不是让服务对象接受安宁疗护理念，而是要调整我们的方法，提供具有文化能力的安宁疗护服务模式。

Schriver（2010）讨论了传统模式专业服务的主导地位。这种观点可能成为没有得到充分关注的世界观的一部分，被认为是"正常的"，是一种所有人都应该持有的世界观。在这种情况下，安宁疗护政策、实践方法、对病人的建议和沟通方式都在无意中反映出自己的世界观（Galambos，2003；Schriver，2010）。安宁疗护专业人员向服务对象提出的建议可能不会包含所有可选择的策略或者可能不尊重服务对象价值观（del Rio，2004）。面对不同的世界观时，人们可能会觉得惊讶，产生消极反应。在这种情况下，员工沟通中可能会产生冒犯；因此，这样的机构文化为获得和利用服务制造了障碍（Reese and Beckwith，2005）。

种族主义也可能在无意识中存在。难以接受多元化的态度转化为负面偏见，拒绝服务多元化的病人或雇用多元化的员工。这强调了个人准备对进行具有文化能力的实践的重要性，包括考察自己的世界观。这种准备可以在社会工作教育和安宁疗护工作人员文化能力训练中进行。自我意识，属于自己的世界观，以及自己对种族主义和歧视性的同化观点，是令社工能够发展多元化文化和价值的因素。接下来将讨论文化能力培训的各个方面。

文化能力培养

来自挪威的访问学者参加了笔者所做的关于安宁疗护文化能力的演讲，她表达出惊讶，并表示在她的国家，与文化多元化的群体进行交流，重点是让他们适应主流社会。因此，许多提供了文化能力培训的安宁疗护机构值得嘉许，他们面向多元文化社会展开尝试，在世界观方面可能具有开创性。显然，我们还有很长的路要走。优秀的文化能力培训形式已经存在，这里不再重复。一些基本的观点会在下面讨论。

文化能力是一个终身的过程，个人学习新信息，抛弃旧观点，变得更加具备自我意识和对实现既定目标切实负责。这个过程可以通过上课以及公开讨论和自我探索实现。通过这个过程，工作人员以及安宁疗护机构提供对于不同的人来说都是有意义和有用的医疗卫生服务（Sloam，Groves and Brager，2004）。在文化能力培训中应该解决的文化能力内容包括发展多样化世界观的知识、庆祝多元化、发展文化沟通技巧、考虑压迫历史，以及在机构内部进行倡导。

关于世界观的知识

如上所述，文化在全球范围内相互影响，也有一些服务对象持有非传统信仰。在了解传统信仰后对服务对象产生刻板印象非常令人反感。同时，传统信念可能正在扮演一个重要的角色，需要得到理解。我们必须获得有关文化遗产、信仰、态度和价值观的知识，以及了解服务对象的语言。我们应该向社区内所有可能的资源进行咨询，包括宗教领袖和口译员。

　　了解安宁疗护理念与多元文化世界观之间的融合也很有帮助。例如，非洲裔美国人、华裔和拉丁裔人文化中的大家庭网络和强大的社会支持，与安宁疗护注重家庭、将家庭整体作为服务对象和促进家庭照顾的理念是一致的。安宁疗护团队本身可以成为这个支持性社交网络的一部分。与安宁疗护接受死亡的理念一致的其他传统文化包括：华裔尊重自然与放下，非洲裔美国人相信接受上帝的旨意。与个体服务对象或在公共信息会议上讨论这些共融之处是有裨益的。

庆祝多元化

　　在了解了世界观的不同之后，面临的挑战是转向接受这些观点的立场，最终是对多样性的庆祝。这并不意味着同意其他世界观或者改变自己的世界观，而是尊重许多观点共存的事实。需要注意的是，我们不接受或推崇侵犯人权的传统（Reichert，2007）。但这是难以进行详细描述的内容，基于对另一种观点缺乏充分理解或自我世界观的优越感而做出一种传统的违反人权的判断，这样得出的结论可能是错误的。

文化交流技巧

　　在一个由笔者开展的非洲裔美国人社区参与式行动研究项目中，白种人安宁疗护合作伙伴在不知不觉中产生了侵犯，因为他们没有遵循预期的规定，在到达教会准备进行演讲之前没有跟牧师的妻子打招呼。基于我们已经发展出的良好关系，该牧师相信我们的冒犯是无意识的。但他建议安宁疗护人员接受他所在社区的成员的培训，学习采用符合文化的沟通方式。

　　非语言和口头交流很重要，而交流中的很多微妙之处使人难以掌握。当提及某些文化群体时，要意识到统治和压迫的历史，并确保没有任何沟通类似于历史，这也很重要。我们还应该了解病人和家人在讨论疾病和死亡时，是如何表达的（Koenig and Davies，2003），并尝试在我们沟通的时候也使用类似的表达方式。有效的沟通还需要雇用双语工作人员，使用口译员为非英语语言的病人翻译，学习病人群体所使用语言的常用词汇或句子。

解决压迫的历史

安宁疗护项目应该公开讨论压迫的历史及其对白人员工的医疗卫生系统的恐惧，并准备好谈谈关于病人的这种担忧。虽然了解影响受压迫群体接受和使用纾缓治疗服务的障碍很重要，但是了解这些障碍一开始是如何发生以及令障碍继续存在的原因也同样重要。在安宁疗护项目的基础设施中，还需要坦诚地讨论种族主义和歧视在非洲裔美国人和拉丁裔群体以及许多其他文化群体的生活中所扮演的角色。由于制度性种族主义，以前在基本预防与治疗上受到过限制，当病人和家人拒绝安宁疗护"好死"的概念时（Reese et al.，2004），对这些历史的了解有助于为员工提供见解。

在安宁疗护机构内部的宣传

最后，我们应该学习如何将学到的信息整合到安宁疗护治疗计划中，以提高照顾质量。应该在服务中反映出文化知识。安宁疗护应该与多元化社区连接起来，一起寻求满足文化需求服务的指导。以下将着重于微观层面的文化能力。

安宁疗护实务微观层面文化能力

发展关系

一如既往，社工与服务对象之间的关系是进行干预的最重要方面。如果信任得到确立，即使出现跨文化相关的失礼都可以得到原谅。当白种人医疗卫生专业人员接触来自受压迫文化群体的成员时，信任关系的建立尤其困难。在努力理解和尊重传统文化观念的同时，重要的是不要带着刻板印象看待服务对象，误认为所有人都坚持这些传统观念。需要评估服务对象的偏好，以对传统文化信仰的了解为基础，表达对这些观念的尊重，但是永远不要对服务对象的个人观点做出假设。

个案收取过程

在收取个案的过程中，需要通过授权个案，使其不再害怕医疗卫生系统，向他们保证他们将会继续负责管理照顾病人，包括药物、食物、水分的摄入和死亡地点的选择。接受安宁疗护服务必须签署放弃心肺复苏急救的指令，这是一个应该被消除的障碍。

个人接触对促进安宁疗护服务的使用起着重要作用。一位医生在家访中把安宁疗护人员介绍给非洲裔美国人的照顾者，能够得到授权，认识到安宁疗护人员不会控制病人的照顾，令案主接受了安宁疗护（Reese et al.，2004）。出于同样的原因，在个案收取过程中，来自文化群体的值得信赖的精神领袖可以成为强大的盟友（Kepner，2009）。他们应该被列入团队成员，参与灵性照顾计划。

赋权

病人自决权可能是安宁疗护理念的终极价值，并且在服务文化多元化服务对象时也是如此。然而，对于不同的文化，这种价值可能更多地体现在家庭自决，而不仅仅是病人自决。如前所述，非洲裔美国人的照顾者需要知道病人是由她负责照顾的，安宁疗护工作人员应该只做她允许的事情。病人自决权包括选择离世的地点，即使不在家中也是如此。

我们应该避免要求服务对象同化安宁疗护的观念，安宁疗护工作人员不要试图去教导服务对象安宁疗护理念。一个常见的试图同化服务对象的例子是让他们在病人快要离世时不拨打"911"电话。一如既往，我们必须尊重服务对象的意愿，这在跨越文化界限方面尤为重要。一个可能有所帮助的方法是邀请服务对象表达他们的意愿，并解释产生这些意愿的潜在信念和感受。例如，非洲裔美国人或华裔偏爱在医院死亡，可能是建立在如果在家离世灵魂不会离开的传统观念上。如果违反了这种偏好，可能会令他们非常不开心，而安宁疗护社工如果不事先询问了解病人情况，可能就难以理解这背后的原因。

另一种可以帮助社工学会尊重服务对象观念的方法就是找出安宁疗护理念与传统文化的共融之处。例如，尊重祈祷奇迹发生的意愿。一个观点是当医生无法继续提供治疗时，病人就在上帝的手中。希望在医院离世，而同时希望有家人照顾这一点也是可以理解并得到尊重的。选择纾缓治疗但在未来某个时候再转为治愈性治疗的做法也是可以的。如果服务对象表达出治愈性治疗的偏好，社工就应该尊重其决定，支持提供他们所喜欢的照顾方式（Washington，Bickel-Swenson and Stephens，2008）。

读写能力

社工不要想当然地认为他们的服务对象都会阅读书写。对于贫困和受压迫的人群尤其如此，特别是长者（Gordon，1995，1996）。如果给予服务对象的是书面材料，这些材料的内容要符合他们的识字能力和语言。

临床方法

一项针对中国香港和美国社会工作学生关于死亡与濒死观念的跨文化比较研究（Reese et al.，2010）显示，有效的实践模式可能因文化群体而异。我们中国香港的样本建议使用认知疗法，而美国学生则建议为参与者提供分享感受、宣泄情绪的机会。这可能会反映出不同的社会工作课程在教学实践模式上存在差异。或者，它可能反映不同的文化表达情绪的方式各异：一般来说，美国文化更偏向于表达出来，而中国香港文化的情感表达通常较少。这点与参与实验的中国香港学生坦然接受死亡的观点是一致的。香港学生重视认知的应对方法，他们通过解释来理解为什么死亡本身并不可怕。一位实验参与者说："死亡是中立的事情，是人类必须经历的过程。"

社会支持

根据文化群体可以预测社会支持的程度，多元化群体比主流美国人具有更多或更少的社会支持。一位非洲裔美国人的研究参与者曾经这样说："白种人也就只有安宁疗护了。我们不需要安宁疗护，我们彼此拥有"（Reese et al.，1999）。我们仍然认为他们需要安宁疗护！但重要的是要认识到许多服务对象所属的具有凝聚力的社会群体的性质。

在非洲裔美国人社区，"亲属关系"网络包括一个血缘关系网络以及没有血缘关系的个体，这些个体总是能够在其家庭出现危机的时候提供持续的支持（Mills，Usher and McFadden，1999）。总的来说，行动研究项目的非洲裔美国人参与者经历了来自朋友和大家庭无论在照顾还是经济方面的大力支持。他们把教会也描述成为履行家庭功能的机构（Reese et al.，2004）。为使安宁疗护更具有相关性，工作人员应该与这种支持合作，并成为其中的一部分。否则安宁疗护只能成为辅助服务而并不占主要地位，重要的照顾都是由那些"照顾我们自己"的人完成的。安宁疗护社会工作者应该评估家庭的权威者和凝聚力，以及所有家庭成员的主要角色。

多元化群体的另一个实践意义在于家庭的权威和参与。在美国的主流文化中，社工关注的焦点在于个体病人的权利，病人直接了解其临终的事实。对于其他文化，特别是在中国文化中，家人会期望成为知情者，并且可能不一定希望病人知道预后（Leung and Chan，2011）。关于知情同意的美国病人权利法案要求向病人提供有关预后的信息，但社工也可以提出让家人参与。

虽然在中国文化中，社工对权威者的传统观点的理解以及家人的参与是很重要的，但专业人士必须观察部分华裔不同的观点和偏好，让病人做出关于纾缓治疗的决定（Reese et al.，2010）。

最后，在多元化群体中，家庭的重要性对病人具有实际的影响。虽然对大多数人是这样的，但对多元化群体来说更是特别重要。华裔病人可能会考虑到死亡时是否有人在身边（"如果死亡时身旁有人在，就不是那么可怕。"），和离世后亲人的幸福（Reese et al.，2010）。

否认

谨记一点，我们不应该把一些不同的观点误解为心理、社会及灵性的问题。传统的非洲裔美国人相信上帝会在生命的临终施行奇迹，这种观念可能会被对其文化不熟悉的人误认为是否认，并从不同的方面去理解。此外，从亲人的生命与死亡中寻找意义的灵性照顾可能要尽早完成，而不是等到家人愿意在病人的生命末期放弃治愈性治疗、接受纾缓治疗之后才进行（Foster and McLellan，2002）。

生命终末期的照顾决策

笔者及其同事进行的一项参与性行动研究（Reese et al.，2004）访问了非洲裔美国人临终病人的照顾者，探讨他们对临终关怀的偏好，其中部分接受过安宁疗护服务，也有部分没有。有趣的是，虽然有些偏好与安宁疗护理念不一致，但两个群体都有一些与安宁疗护理念一致的偏好。这表明，受访者没有接受安宁疗护可能是因为他们并不知道这项服务。

希望遵守病人的意愿　选择安宁疗护服务的家庭具有一个特征，那就是希望遵守病人的意愿。

病人不希望无效医疗　选择安宁疗护的个别原因是病人不想进行无效医疗。

疼痛控制　关于这方面的看法有两个方面。对疼痛控制犹豫不决，除非绝对必要，否则不使用药物。然而，有些人则希望通过疼痛控制，结束痛苦的治愈性医疗及缓解病人的痛苦。

希望在家照顾病人　选择安宁疗护的一个家庭特征是希望病人能够留在家里。

渴望照顾者得到帮助　安宁疗护服务对象表示需要为照顾者提供帮助。

安宁疗护提供药物　使用安宁疗护的一个重要原因是它提供药物。

接受死亡　基于宗教信仰相信有关上帝的旨意使病人接受死亡。

渴望临死前有生命质量　受访者都表示偏好这种情况，与安宁疗护理念一致。同样，Torke 及其同事们发现大多数非洲裔美国人受访者表示，如果所有治疗方案都已用尽，他们希望死得安详。他们仍然希望治愈，但不希望用侵入性的医疗措施维持生命（Torke et al.，2005）。

在医院死亡的偏好　大多数参与者都倾向于在医院死亡。

其他研究发现了不同的结果：Owen 及其同事发现非洲裔美国人阿尔茨海默病病人的家居照顾者比较不会在死亡时做出停止治疗的决定，比较不会让亲人在护理院中离世。并且与白种人相比，非洲裔美国人对死亡的接受程度较低，失落感更强（Owen，Goode and Haley，2001）。这需要进一步研究。

与此同时，社工应该灵活处理死亡地点，认识到病人可能更愿意在医院离世。当死亡来临时，如果情况允许，应该安排将病人转移到医院的安宁疗护病房。此外，还有一些家庭无法在家中照顾病人或强烈感觉安宁疗护是对家庭的侵入。在这些情况下，应在其他环境中提供安宁疗护服务，如住院病房、辅助生活机构和护理院。最后，灵活处理治疗选择也是重要的：一些服务对象需要治愈性治疗；安宁疗护工作人员应该尊重其选择，并在必要时退出安宁疗护服务。

在过去，那些选择退出安宁疗护服务的病人可在终末期继续选择无效医疗；这在今天已经不再是一种选择了，因为医疗保险公司追求的是具有成本效益的照护。对于许多多元文化的美国人来说，现实就是如果他们不接受安宁疗护服务，那么他们可能或者没有任何医疗照护，或者接受护理院照顾——进入床位极为紧张的护理院的病人数量不成比例——而且临终的问题得不到解决。对于历史上受压迫的群体，这意味着"一种永久的罪恶，不能被宽恕，这是一种彻底的侮辱，无法缓解的痛苦"（Kepner，2009）。

本章回顾了安宁疗护中文化能力的障碍，并提出了解决这些障碍的方法。下一章将更加深入地关注安宁疗护工作的个人准备。

（林卫珊　译）

参考文献

Ahmann, E. 2002. "Developing Cultural Competence in Health Care Settings." *Pediatric Nursing* 28, no. 2: 133 – 138.

Alexander, G. R. 2002. "A Mind for Multicultural Management." *Nursing Management* 33, no. 10: 30 – 35.

Anngela-Cole, L. , L. S. Ka'opua, and Y. Yim. 2011. "Palliative Care, Culture, and the Pacific Basin." In Terry Altilio and Shirley Otis-Green, eds. , *Oxford Textbook of Palliative Social Work*, pp. 527 – 530. New York: Oxford University Press.

Battle, V. D. and E. L. Idler. 2003. "Meaning and Effects of Congregational Religious Participation." In M. A. Kimble and S. H. McFadden, eds. , *Aging, Spirituality, and Religion: A Handbook*, 2: 121 – 33. Minneapolis: Fortress.

Betancourt, J. , A. Green, and J. E. Carrillo. 2002. *Cultural Competence in Health Care: Emerging Frameworks and Practical Approaches*. New York: Commonwealth Fund. Retrieved from: http://www.commonwealthfund. org/Publications/Fund-Reports/2002/Oct/Cultural-Competence-in-Health-Care--Emerging-Frameworks-and-Practical-Approaches. aspx.

Bonura, D. , M. Fender, M. Roesler, and D. Pacquiao. 2001. "Culturally Congruent End-of-Life Care for Jewish Patients and Their Families." *Journal of Transcultural Nursing* 12, no. 3: 211 – 220.

Brach, C. , and I. Fraser. 2000. "Can Cultural Competency Reduce Racial and Ethnic Disparities? A Review and Conceptual Model." *Medical Care Research and Review* 57, 1: 181 – 217.

Bullock, K. 2011. "The Influence of Culture on End-of-Life Decision Making." *Journal of Social Work in End-of-Life and Palliative Care* 7, no. 1: 83 – 98.

Burgos-Ocasio, H. 1996. "Understanding the Hispanic Community." In M. C. Julia, *Multicultural Awareness in the Health Care Professions*, pp. 111 – 130. Boston: Allyn and Bacon.

Burrs, F. A. 1995. "The African American Experience: Breaking the Barriers to Hospices." *Hospice Journal* 10, no. 2: 15 – 18.

Capitman, J. , G. Hernandez-Gallegos, D. Yee, and W. Madzimoyo. 1991. *Diversity and the Aging Network: An Assessment Handbook*. Waltham, MA: National Aging Resource Center: Long-Term Care, Heller School, Brandeis University.

Chan, W. C. H. , I. Epstein, D. Reese, and C. L. W. Chan. 2008. "Family Predictors of Psychosocial Outcomes Among Hong Kong Chinese Cancer Patients in Palliative Care: Living and Dying with the Support Paradox. " *Social Work in Health Care* 48, no. 5: 519 – 532.

Chan, C. L. W. , and J. M. H. Mak. 2000. "Benefits and Drawbacks of Chinese Rituals Surrounding Care for the Dying. " In R. Fielding and C. L. W. Chan, eds. , *Psychosocial Oncology and Palliative Care in Hong Kong: The First Decade*, pp. 255 – 270. Hong Kong: Hong Kong University Press.

Chan, H. , and S. Pang. 2007. "Quality of Life Concerns and End-of-Life Care Preferences of Aged Persons in Long-term Care Facilities. " *Journal of Clinical Nursing* 16, no. 11: 2158 – 2166.

Conley, D. 1999. *Being Black, Living in the Red: Race, Wealth, and Social Policy in America.* Berkeley: University of California Press.

Contro, N. , B. Davies, J. Larson, and B. Sourkes. 2010. "Away from Home: Experiences of Mexican American Families in Pediatric Palliative Care. " *Journal of Social Work in End-of-Life and Palliative Care* 6, nos. 3 – 4: 185 – 204.

Curry, S. M. , J. E. Watkins, N. Davis, R. Hall, J. Keeling, A. Millerd-Johnson, A. Whiteley, and T. R. Graham. 2000. "An Undergraduate Participatory Action Research Study of Hispanic Access to End-of-Life Care: Implications for Social Work Education. " Unpublished MS.

del Rio, N. 2004. "A Framework for Multicultural End-of-Life Care: Enhancing Social Work Practice. " In Joan Berzoff and Phyllis R. Silverman, eds. , *Living with Dying: A Handbook for End-of-Life Healthcare Practitioners*, pp. 439 – 461. New York: Columbia University Press.

——. 2010. "The Influence of Latino Ethnocultural Factors on Decision Making at the End of Life: Withholding and Withdrawing Artificial Nutrition and Hydration. " *Journal of Social Work in End-of-Life and Palliative Care* 6, nos. 3 – 4: 125 – 149.

Department of Health and Human Services. 2010. "Healthy People 2020. " Retrieved from http://www. healthypeople. gov/2020/about/default. aspx.

Dhooper, S. S. 2003. "Health Care Needs of Foreign-Born Asian Americans: An Overview. " *Health and Social Work* 28, no. 1: 63 – 74.

Fielding, R. , and C. L. W. Chan, eds. 2000. *Psychosocial Oncology and Palliative Care in Hong Kong: The First Decade.* Hong Kong: Hong Kong University Press.

Foster, L. , and L. McLellan. 2002. "Translating Psychosocial Insight Into Ethical Discussions Supportive of Families in End-of-Life Decision-Making. " *Social Work in Health Care* 35, no . 3: 37 – 51.

Frazier, E. F. , and C. E. Lincoln. 1974. *The Negro Church in America: The Black Church Since Frazier.* New York: Schocken.

Galambos, C. M. 2003. "Moving Cultural Diversity Toward Cultural Competence in Health Care. " *Health and Social Work* 28, no. 1: 3.

Gerbino, S. , and S. Henderson. 2004. "End-of-Life Bioethics in Clinical Social Work Practice. " In Joan Berzoff and Phyllis R. Silverman, eds. , *Living with Dying*: *A Handbook for End-of-Life Healthcare Practitioners*, pp. 593 – 608. New York: Columbia University Press.

Gordon, A. K. 1995. "Deterrents to Access and Service for Blacks and Hispanics: The Medicare Hospice Benefit, Healthcare Utilization, and Cultural Barriers. " *Hospice Journal* 10, no. 2: 65 – 83.

——. 1996. "Hospice and Minorities: A National Study of Organizational Access and Practice. " *Hospice Journal* 11, no. 1: 49 – 70.

Grabowski, D. C. 2004. "The Admission of Blacks to High-Deficiency Nursing Homes. " *Medical Care* 42, no. 5: 456 – 64.

Guillemin, J. 1992. "Planning to Die. " *Society* 29, no. 5: 29 – 33.

Haas, J. S. , C. C. Earle, J. E. Orav, P. Brawarsky, B. Neville, D. Acevedo-Garcia, and D. R. Williams. 2007. "Lower Use of Hospice by Cancer Patients Who Live in Minority Versus White Areas. " *Journal of General Internal Medicine* 22, no. 3: 396 – 399.

Helms, J. E. 1995. "An Update of White and People of Color Racial Identity Model. " In J. G. Ponterotto, J. M. Casa, L. A. Suzuki, and C. M. Alexander, eds. , *Handbook of Multicultural Counseling*, pp. 181 – 198. Thousand Oaks, CA: Sage.

Hodge, D. 2003. "Value Differences Between Social Workers and Members of the Working and Middle Classes. " *Social Work* 48, no. 1: 107 – 119.

Hooyman, N. R. , and B. J. Kramer. 2006. *Living Through Loss*: *Interventions Across the Life Span*. New York: Columbia University Press.

Institute of Medicine. 1999. *Measuring the Quality of Health Care*. Washington, DC: National Academy.

Jennings, B. , T. Ryndes, C. D'Onofrio, and M. A. Baily. 2003. "Access to Hospice Care: Expanding Boundaries, Overcoming Barriers. " *Hastings Center Report Special Supplement* 33, no. 2: S3 – S59.

Johnson, J. W. 1992. "Go Down Death. " In M. G . Secundy, ed. , *Trials*, *Tribulations*, *and Celebrations*: *African American Perspectives on Health*, *Illness*, *Aging and Loss*, pp. 171 – 173. Yarmouth, ME: Intercultural.

Kemp, C. 2001. "Culture and the End of Life. " *Journal of Hospice and Palliative Nursing* 3, no. 1: 29 – 33.

Kepner, E. 2009. *Policy Analysis of Barriers to African American Access to Hospice.* Unpublished MS.

Koenig, B. , and E. Davies. 2003. "Cultural Dimension of Care at Life's End for Children and Their Family. " In National Academy of Science, *When Children Die*: *Improving Palliative and End of Life Care for Children and Their Families*, pp. 363 – 403. Washington, DC: National Academy of Science.

Komaromy, M. , K. Grumbach, M. Drake, K. Vranizan, N. Lurie, D. Keane, and A. B. Bindman. 1996.

"The Role of Black and Hispanic Physicians in Providing Health Care for Underserved Populations. " *New England Journal of Medicine* 334, no. 20: 1305 – 1310.

Kong, T. W. , M. C. Kwok, and D. So. 1997. *Make Your Boat of Death* (in Chinese). Hong Kong: Breakthrough.

Leung, P. P. Y. , and C. L. W. Chan. 2011. In Terry Altilio and Shirley Otis-Green, eds. , *Oxford Textbook of Palliative Social Work*, pp. 573 – 578. New York: Oxford University Press.

Lin, A. H. -M. H. 2003. "Factors Related to Attitudes Toward Death Among American and Chinese Older Adults. " *Omega: Journal of Death and Dying* 47, no. 1: 3 – 23.

McGaughey, A. B. 2006. "Barriers to Employment of African American Social Workers in Hospice. " Master's thesis, University of Arkansas, Fayetteville.

Mbiti, J. S. 1991. *Introduction to African Religion. Portsmouth*, NH: Heinemann Educational.

Mendez-Russel, A. , E. Widerson, and A-S. Tolbert. 1994. *Exploring Differences in the Workplace.* Carlson Learning.

Mesler, M. 1995. "Negotiating Life for the Dying: Hospice and the Strategy of Tactical Socialization. " *Death Studies* 19: 235 – 255.

Mills, C. S. , D. Usher, and J. McFadden. 1999. "Kinship in the African American Community. " *Michigan Sociological Review* 13 (Fall): 28 – 45.

Ming-Lin Chong, A. , and F. Shiu-Yeu. 2009. "Attitudes Toward Euthanasia: Implications for Social Work Practice. " *Social Work in Health Care* 48, no. 2: 119 – 133.

Morin, Richard. 2001. "A Different Kind of Tax Break. " *Washington Post*, September 16.

National Association of Social Workers, Social Work Policy Institute. 2010. *Hospice Social Work, Linking Policy, Practice, and Research: A Report from the March* 25, 2010 *Symposium.* Washington, DC: NASW.

National Hospice and Palliative Care Organization (formerly National Hospice Organization). 1994. *Caring for Our Own with Respect, Dignity and Love the Hospice Way.* Alexandria, VA: NHPCO.

——, Access and Diversity Advisory Council (ADAC). 2007. *Inclusion and Access Toolbox.* Alexandria, VA: NHPCO.

Owen, J. E. , K. T. Goode, and W. E. Haley. 2001. "End of Life Care and Reactions to Death in African-American and White Family Caregivers of Relatives with Alzheimer's Disease. " *Omega* 43, no. 4: 349 – 361.

Pack-Brown, S. 1999. "Racism and White Counselor Training: Influence of White Racial Identity Theory and Research. " *Journal of Counseling and Development* 77, no. 1: 87 – 92.

Pew Research Center, Forum on Religion and Public Life. 2007. U. S. *Religious Landscape Survey.* Retrieved from http://www. pewforum. org/A-Religious-Portrait-of-African-Americans. aspx.

Reese, D. , R. Ahern, S. Nair, J. O'Faire, and C. Warren. 1999. "Hospice Access and Utilization by African Americans: Addressing Cultural and Institutional Barriers Through Participatory Action Research." *Social Work* 44, no. 6: 549 – 559.

Reese, D. , C. Baker, S. Buila, E. Jurkowski, J. McFadden, S. Cox, J. Davis, and E. Kepner. 2011. "University-Community-Hospice Partnership to Address Organizational Barriers to Cultural Competence in Hospice." Paper presented at the Annual Program Meeting of the Council on Social Work Education, October 30, Atlanta.

Reese, D. , and S. Beckwith. 2005. "Organizational Barriers to Cultural Competence in Hospice." Paper presented at the National Hospice and Palliative Care Association, Opening Doors, Building Bridges: Access and Diversity Conference, August, St. Louis, MO.

Reese, D. , C. L. W. Chan, W. C. H. Chan, and D. Wiersgalla. 2010. "A Cross-national Comparison of Hong Kong and U. S. Student Beliefs and Preferences in End-of-Life Care: Implications for Social Work Education and Hospice Practice." *Journal of Social Work in End-of-Life and Palliative Care* 6, nos. 3 – 4: 1 – 31.

Reese, D. , E. Melton, and K. Ciaravino. 2004. "Programmatic Barriers to Providing Culturally Competent End of Life Care." *American Journal of Hospice and Palliative Medicine* 21, no. 5: 357 – 364.

Reese, D. , M. Smith, L. Braden, and C. Butler. 2004. "Creating an Interface Between Hospice and the African American Community: An Interdisciplinary Participatory Action Research Project." Paper presented by Larry Braden and Michelle Smith at the Clinical Team Conference, National Hospice and Palliative Care Organization, March, Las Vegas, Nevada.

Reichert, E. , ed. 2007. *Challenges in Human Rights: A Social Work Perspective.* New York: Columbia University Press.

Reith, M. , and M. Payne. 2009. *Social Work in End-of-Life and Palliative Care.* Chicago: Lyceum.

Schriver, J. M. 2010. *Human Behavior and the Social Environment: Shifting Paradigms in Essential Knowledge for Social Work Practice.* 5th ed. Needham Heights, MA: Allyn and Bacon.

Schumacher, J. D. 2003. "The Future of Hospice Leadership—How Do We Go from Good to Great?" Opening Plenary of the Eighteenth Management and Leadership Conference, National Hospice and Palliative Care Organization, Phoenix.

Sloam, E. , S. Groves, and R. Brager. 2004. "Cultural Competency Education in American Nursing Programs and the Approach of One School of Nursing." *International Journal of Nursing Education Scholarship* 1, no. 1.

Sue, D. , and D. Sue. 1999. Counseling the Culturally Different. 3d ed. New York: Wiley.

Talamantes, M. , W. Lawler, and D. Espino. 1995. "Hispanic American eEders: Caregiving Norms Surrounding Dying and the Use of Hospice Services." *Hospice Journal* 10, no. 2: 35 – 49.

Talavera, G. , J. Elder, and R. Velasquez. 1997. "Latino Health Beliefs and Locus of Control: Implications for Primary Care and Public Health Care. " *American Journal of Preventive Medicine* 13, no. 6: 408 – 410.

Tan, A. G. 1994. "Investigating People's Conceptions of Stress in Multicultural and Cross-cultural Frameworks: Germans, Japanese, and Malaysians. " *Tohoku Psychologica Folia* 53: 64 – 75.

Torke, A. M. , N. S. Garas, W. Sexson, and W. T. Branch, 2005. "Medical Care at the End of Life: Views of African American Patients in an Urban Hospital. " *Journal of Palliative Medicine* 8: 593 – 602.

Tse, D. , K. Chan, W. Lam, K. Lau, and P. Lam. 2007. "The Impact of Palliative Care on Cancer Deaths in Hong Kong: A Retrospective Study of 494 Cancer Deaths. " *Palliative Medicine* 21, no. 5: 425 – 433.

Walsh-Burke, K. 2004. "Assessing Mental Health Risk in End-of-Life Care. " In Joan Berzoff and Phyllis R. Silverman, eds. , *Living with Dying: A Handbook for End-of-Life Healthcare Practitioners*, pp. 360 – 379. New York: Columbia University Press.

Washington, K. T. , D. Bickel-Swenson, and N. Stephens. 2008. "Barriers to Hospice Use Among African Americans: A Systematic Review. " *Health and Social Work* 33, no. 4: 267 – 274.

Weiss, G. L. , and L. N. Lupkin. 2009. "First-Year College Students' Attitudes About End-of-Life Decision-Making. " *Omega: Journal of Death and Dying* 60, no. 2: 143 – 163.

Welch, L. , J. Teno, and V. Mor. 2005. "End-of-Life Care in Black and White: Race Matters for Medical Care of Dying Patients and Their Families. " *Journal of American Geriatric Society* 53: 1145 – 1153.

Werth, J. L. , D. Blevins, K. L. Toussaint, and M. R. Durham. 2002. "The Influence of Cultural Diversity on End-of-Life Care and Decisions. " *American Behavioral Scientist* 46, no. 2: 204 – 219.

Woo, K. Y. 1999. "Care for Chinese Palliative Patients. " *Journal of Palliative Care* 15, no. 4: 70 – 74.

第八章　个人准备和社工的自我照顾

正如社会工作实务中的各个领域一样，服务垂死病人可能在情感上是一件困难的事情，服务对象所经历的心理、社会和灵性问题，安宁疗护的社工可能也会经历其中一部分，甚至全部经历。事实上，在为临终患者及家庭进行有效的工作准备时，社工也必须面对自己的死亡（Zilberfein and Hurwitz, 2004）。因服务临死病人而间接面对死亡的经历可能会让人得到灵性上的成长（Callahan, 2009；Jacobs, 2004；Derezotes and Evans, 1995）。但与此同时，安宁疗护社工必须进行个人准备，应对工作上可能带来的情绪反应。此外，一旦从事这项工作，社工的自我照顾就成为防止或减少同情疲劳的重要考虑因素（Alkema, Linton and Davies, 2008；Clark, 2011；Zilberfein and Hurwitz, 2004）。本章将讨论这些方面的问题以及解决方法。

个人准备的需求

了解自己对于濒死和死亡的观点和情绪反应很重要，原因有几个。社会工作的学生经常在工作时感到措手不及，努力应对服务哀伤亲人或濒死病人时产生的这些感受（Christ and Sormanti, 1999；Kovacs and Bronstein, 1999）。对于年轻学生来说尤其如此。根据社会心理学理论（Erikson, 1950），当思考随着死亡而丧失的身份和亲人时，正在建立身份和亲密关系的年轻人可能会经历更高的死亡焦虑。因此，毫不令人惊讶，年轻人的死亡焦虑往往更高（Simons and-Park-Lee, 2009）。

此外，女学生的死亡焦虑程度高于男性（Noppe, 2004）。这可能是因为女学生表达情感的意愿更强或较少否认，这让她们更能意识到死亡的焦虑。意识到性别差异是有益的，因为大多数社工都是女性。一项对美国中西部大学社会工作学生的研究（Reese et al., 2005）发现学生的死亡焦虑水平适中，特别担心的是临死时可能出现的疼痛，及死后会是什么样子。

不了解自己的信仰和感受的社工更容易产生反移情，这可能影响他们做出专业建议，导致不能为临终患者提供所有现存的选择（Gerbino and Raymer，2011；Peck，2009；Simons and Park-Lee，2009）并且不尊重服务对象的价值观。而令这一点更复杂化的是，患者的文化和宗教信仰可能与社工的观念不同（Canda and Furman，2010；Hodge，2003）。之前提到过的关于社会工作学生的研究（Reese et al.，2005）发现，社会工作学生比社区居民更可能认为自己是"灵性"（spiritual）而不是"宗教"（religious），不太可能认同一系列关于安宁疗护的文化和宗教信仰。他们较少否认临终的事实，对自己的死亡有更积极的看法，不太可能将濒死的家人送到医院，并且比社区群众更积极进行哀伤辅导和器官捐赠。专业的教育应该让学生做好实践技巧的准备，对服务对象潜在的较高程度的否认具有敏感性。同时，许多学生必须努力接受死亡用以取代否认（Altschuler and Katz，2001）。

若专业人士与服务对象来自不同文化群体，更容易出现信仰差异（del Rio，2004）。高质量安宁疗护的一个重要原则就是以患者及其家人的价值为基础（Egan and Labyak，2001），但安宁疗护学科已经发展出了安宁疗护理念。这本身可能成为障碍，导致与服务对象产生不同的信念和价值观（Reese et al.，1999）。大多数美国人更喜欢纾缓治疗，尽管他们可能不了解安宁疗护（Gallup，1997；Reese et al.，2005）。但是，专业人员应该认识到有些群体更喜欢选择在医院死亡，特别是非洲裔美国人、亚裔和其他多元文群体。Schriver（2010）解释说明一个人要学会理解自己的行为模式，然后才能尊重服务对象的行为模式。这强调了个人准备在社会工作实践中是很重要的。

Kramer（1998）指出，社工只有学会处理好自己生活中的失落，才可能帮助处理服务对象的失落。虽然丧亲并不一定会导致反移情，但可能会在安宁疗护服务时增添力量（Browning，2003）。

另一个问题是社工若意识不到自己所经历的强烈情绪，可能会使其难以保持专业的界限；此外，还对服务对象构成风险，缺乏专业的界限可能导致社工精疲力竭或同情疲乏。

那么我们如何进行个人准备？下一节将讨论解决这些问题的方法。

个人准备方法

类似于 Kubler-Ross（1970）的哀伤阶段，Harper（1977）描述了社工服务濒死患者时学会处理情绪的能力进阶的过程：理性化阶段，情绪生存和抑郁的阶段，情绪到来和同情的阶段。这些阶段的进展解释了安宁疗护社工经历的个人成长。这个成长的过程可以贯穿社会工作教育、继续教育或安宁疗护新员工入职教育。

准备工作还应该提高对自己文化和信仰的认识，了解它们如何影响一个人的工作（Clark，2011）。它应该包括关于个人对死亡的焦虑和否认，以提高专业人员从患者最佳利益出发进行转介的能力。

社工应该意识到自己与服务对象可能存在的差异，包括对濒死和死亡的信念，以及生命临终关怀的偏好。他们应该了解服务对象希望在家或在安宁疗护机构离世的选择，并尊重少数族裔群体更喜欢在医院离世的选择。社工也应该学习对服务对象潜在的高度否认具有敏感性的实践技巧。

此外，社工应该意识到专业人士之间的宗教差异和信念，并以此指导他们在跨学科团队中的互动。他们应该意识到性别差异，因为这可能会影响信仰和死亡焦虑，包括女性具有更高程度的死亡焦虑。最后，学生应该意识到安宁疗护不同专业之间可能存在不同的治疗偏好，包括哀伤辅导方面的倾向和器官捐赠。

社工自我照顾

同情疲乏

针对安宁疗护社工的研究发现他们的死亡焦虑程度低，为濒死患者服务感到舒适自在，并且有较高的个人成就感。此外，他们从帮助濒死患者及其亲人缓解痛苦中获得满足或同情满足感（Radley and Figley，2007）。

与此同时，工作人员报告了压力和精疲力竭（Alkema, Linton and Davies，2008），症状包括痛苦、焦虑、抑郁、失落和悲伤，以及精神疲惫（Clark，2011；Reith and Payne，2009）、绝望、烦躁、愤怒、感受快乐的能力降低、低自尊（Hooyman and Kramer，2006）。身体症状方面也有报告指出，如胃肠道紊乱、慢性疼痛和疲劳（Davis，2003）。

如前所述，Harper（1977）描述了安宁疗护社工服务濒死患者时学会处理情绪的能力进阶的过程：理性化阶段，情绪生存和抑郁的阶段，情绪到来和同情的阶段。但即使培养了这种同情的能力，服务濒临死亡的患者及其家属所产生的困难仍会导致同情疲乏（Alkema，Linton and Davies，2008）。

同情疲乏源于社工的同理心经验，同理心是对服务对象感受的准确理解。持续性地接触服务对象累积起来的痛苦，可能会使人失去维持这种同理的能力（Alkema，Linton and Davies，2008；Clark，2011；Renzenbrink，2004）。社工可能会出现深刻的身体、情绪和精神疲惫，并伴有急性情绪痛苦（Reith and Payne，2009）。同情疲乏的特征与创伤后应激障碍相似，可能包括重临创伤事件，避免、麻醉与事件相关的提醒或持续保持高警觉度（Renzenbrink，2004）。继发性创伤可能会发生实际生理变化，包括神经内分泌的生理改变和激素系统以及认知功能的心理变化（Adams，Boscarino and Figley，2006；Renzenbrink，2004）。

社工可能试图通过以下方式舒缓痛苦，包括：滥用药物，饮食失调，狂热工作，或指责别人的感情。他们可能会发展成惯性迟到或感觉个人成就的能力减退。社工对以前的损失和创伤感受也可能重新浮现，即使这些感受在过去是不成问题的。社工可能会变得不堪重负，需要协助应对因服务濒死患者而造成的影响。

此外，同情疲乏可能会降低临床工作的服务质量。社会工作者可能难以维持专业界限，或者相反，难以建立关系。社工可能会对服务对象产生敌意或与同事在治疗计划上发生冲突，回避服务对象所经历的情感意识，产生不信任或安全问题，同情心降低，犯错误和判断误差（Alkema，Linton and Davies，2008）。

有些社工会更容易产生同情疲乏。那些对个人能力缺乏自信，难以维持专业的界限，尚未解决个人创伤（Gerbino and Raymer，2011），以及缺乏自我照顾技巧的人（Alkema，Linton and Davies，2008）产生同情疲乏的风险更高。Nally（2006）研究的参与者报告说，如若不照顾好自己，就不可能照顾好别人——"我称之为'空桶综合征'"。

此外，那些没有通过世界观经历个人信仰缓冲的人更具风险（Bell，2003）。社工经常间接体验其服务对象的痛苦，也会同样经历其服务对象提出的灵性问题，这些问题可能包括对一个人的意义，世界观和信仰体系的瓦解（Berzoff and

Silverman，2004；Bride，2004）。将在下一节中讨论如何通过自我照顾技巧解决这些问题。

自我照顾技巧

生理和心理社会方法　很多学者提出了成功解决同情疲乏的自我照顾策略。这些策略包括规律运动，维持灵性生活，工作以外的兴趣，与家人和朋友在一起的时间，营养的膳食，轻松有趣和休息充足的平衡生活（Alkema，Linton and Davies，2008；Clark，2011；Gerbino and Raymer，2011；Hooyman and Kramer，2006；Renzenbrink，2004）。Clark（2011）建议花时间处理个人的情绪，记录社会心理的成功经验，继续自我照顾教育，并在必要时寻求咨询。社工也许能够通过从工作中获得的能力感、控制感和愉悦感进行应对（Vachon，2002）。

同事的社会支持也很重要，建议安宁疗护机构设立员工支持小组，解决工作人员的问题（Alkema，Linton and Davies，2008；Clark，2011）。证据显示这种支持小组有积极的影响，参与者由于其需要得到管理者的认可及同行的支持而感到压力减轻。支持小组也应该对参与者提供关于同情疲乏的教育（Hooyman and Kramer，2006；Nally，2006）。督导者也可以提供同理心、支持和心理疏导的机会（Gerbino and Raymer，2011；Simons and Park-Lee，2009）。可以由督导者提供的自我照顾策略的建议包括对身体和疲乏症状的认识，工作与个人生活分离（Inbar and Ganor 2003）。

其他推荐的策略包括继续教育项目（Hooyman and Kramer，2006；Simons and Park-Lee，2009），"关心距离"技巧，以及预防和提升应对技巧，例如在工作坊和电子邮件中加入一些幽默的成分（Inbar and Ganor，2003）。Inbar 和 Ganor（2003）描述了认知行为技巧，即改变对事件的不合理解释，压力免疫培训及干预，包括促进自我控制，提高解决问题的能力，团队合作和心理复原力。他们还就机构层面的干预提出建议，包括危机管理策略和创建机构文化，预防出现精疲力竭。他们主张以共识为基础，促进支持系统的领导风格，包括让工作人员彼此分享担忧和经验的伙伴系统。Gentry（2002）发现眼球运动脱敏和再处理技巧对治疗继发性创伤有效。

灵性方法　灵性自我照顾也被发现可以预防或减少同情疲乏（Alkema，Linton and Davies，2008）。其中的一些做法包括祈祷、冥想（Renzenbrink，2004），通过自我反省确定什么是重要的，并在生活及工作中以这些作为准则（Gerbino and Raymer, 2011；Hooyman and Kramer, 2006）。一个针对社工的冥想小组的研究发现，经过几次冥想后，同情疲乏明显减少（Nally, 2006）。

有几个原因可以解释为什么灵性练习有助于解决同情疲乏。许多社工出于属灵的原因进入了社工行业。有些人甚至将他们的职业选择表达为"灵性的呼召"（Bell, 2003）。也有人可能不是这样解释，他们阐述的理由与笔者对灵性的定义一致。渴望帮助弱势群体，关心所有人的福祉，这些都符合笔者所阐述的灵性的一个方面：关于生命理念的超越维度。社工帮助他人的愿望是超越的，他们注重所有人的福利，而不仅仅是自己的福利。因此，专注于帮助他人的生活理念赋予社工超越生命的意义。

灵性练习让社工保持这种超越的视角，帮助社工保持超越自身利益的意义，这是心理健康的来源，维持关怀、希望和情感健康的能力，从而避免同情疲乏。

超个人理论（Wilber, 1993）解释了超越对心理健康的影响。如第 3 章所述，超个人理论提出几个发展阶段：前自我、自我和超自我。Wilbe 把各种类型的精神病理学归类为较低的发展水平，而最高层次发展阶段的特点是神圣感。突出了当个体与他人有深刻的联系时，自然会产生同理心和同情（Canda and Furman, 2010）。

这个阶段不会自动生成，必须经由个体在超自我意识水平的谨慎努力，通过灵性练习来实现。从这个角度来看，灵性实践可以帮助社工保持一种超越的观点是有道理的，尽管会持续接触服务对象的痛苦，但会继续保持同情和同理心。事实上，Levenson 及其同事（Levenson et al., 2005）发现冥想练习与自我超越正向相关。Nally（2006）解释说，具有超越视角的社工会视服务对象为"无条件的爱的场所，临床医生在这里给予爱的同在，并为进一步深刻的工作提供空间。患者和医生之间进行这种工作是非常有益的，有助医生防止同情疲乏。事实上，这种类型的工作可能会极其充实"。

如前所述，Nally（2006）进行了一项非实验性的研究，让社工参加冥想小组数周。该小组使用了一种改进的立断法（Trechod），类似于内观禅修（Vipassana meditation）的佛教做法。在实践中，参与者只是单纯地观察心灵，不做任何判断或分析。然而，立断法不同于内观禅修，它分为三个时期：到达期、聚焦期和休息期。在 Nally 的项目中，"在冥想开始的五分钟，参与者只是坐着保持平静，眼睛闭着，没有目标或计划。然后，在接下来的十五分钟内的冥想中，参与者专注于他们的呼吸，并对呼吸保持意识和警觉，而不对任何可能会浮现的想法进行判断。在最后的五分钟内，参与者只需休息，无须专注呼吸的意识。在二十分钟的冥想结束后，参与者要对这个经历进行处理"（Nally，2006：23）。参与者还接触了各种其他形式的冥想，自己每天还要练习冥想。在各种形式的冥想之后都会进行讨论。该项目包括两天一夜的退修，并在接下来的十天中再进行两次冥想，还有一个焦点小组进行定性数据收集。

研究结果（Nally，2006）显示，从测试前到测试后，同情疲乏水平显著降低。对于参与者报告灵性效应的定性研究结果有助于解释定量研究结果。通过参与研究，扩大了他们的灵性世界观，并且"这种做法让我了解到我真正拥有多少同情心"。参与者还报告获益良多，包括身体上（释放身体紧张、促进睡眠），心理上（感觉平静放松、不那么烦躁、更快乐地处理服务对象的创伤问题），并保持专业的界限（我可以处理我的家庭生活问题、我把工作留在了办公室）。

虽然鼓励社会工作学生参与自我评估并分享与课程内容相关的经验，但是个人准备与自我照顾方法都不是社会工作课程的主要因素。除此之外，还有一个事实就是安宁疗护在社会工作教育中只占了很小的一部分。结果就是安宁疗护的社工并没有做好个人准备为患者服务，缺乏自我照顾方法的知识。个人准备和自我照顾对于维护服务对象的福祉和保证实践质量至关重要。当我们提供安宁疗护社会工作时，这些技能将支持我们的服务。第 9 章将讨论安宁疗护社会工作未来需要解决的困难。

（林卫珊　译）

参考文献

Adams, R. E. , J. A. Boscarino, and C. R. Figley. 2006. "Compassion Fatigue and Psychological Distress Among Social Workers: A Validation Study. " *American Journal of Orthopsychiatry* 76: 103 – 108.

Alkema, K. , J. M. Linton, and R. Davies. 2008. "A Study of the Relationship Between Self-care, Compassion Satisfaction, Compassion Fatigue, and Burnout Among Hospice Professionals. " *Journal of Social Work in End-of-Life and Palliative Care* 4, no. 2: 101 – 119.

Altschuler, J. , and A. D. Katz. 2001. "Countertransference Reactions Toward Older Adults Facing HIV and AIDS. " Clinical Gerontologist 23, no. 1 – 2: 99 – 114.

Bell, H. 2003. "Strengths and Secondary Trauma in Family Violence Work. " *Social Work* 48, no. 4

(October): 513 – 522.

Berzoff, J., and P. R. Silverman, eds. 2004. "Introduction: Clinical Practice." In Joan Berzoff and Phyllis R. Silverman, eds., *Living with Dying: A Handbook for End-of-Life Healthcare Practitioners*, pp. 265 – 272. New York: Columbia University Press.

Bride, B. E. 2004. "The Impact of Providing Psychosocial Services to Traumatized Populations." *Stress, Trauma, and Crisis* 7, no. 1: 29 – 46.

Browning, D. 2003. "Pathos, Paradox, and Poetics: Grounded Theory and the Experience of Bereavement." *Smith College Studies in Social Work* 73, no. 3: 325 – 336.

Callahan, A. M. 2009. "Spiritually-Sensitive Care in Hospice Social Work." *Journal of Social Work in End-of-Life and Palliative Care* 5, nos. 3 – 4: 169 – 185.

Canda, E., and L. Furman. 2010. *Spiritual Diversity in Social Work Practice: The Heart of Helping.* New York: Oxford University Press.

Christ, G., and M. Sormanti. 1999. "Advancing Social Work Practice in End-of-Life Care." *Social Work in Health Care* 30, no. 2: 81 – 99.

Clark, E. 2011. "Self-care as Best Practice in Palliative Care." In Terry Altilio and Shirley Otis-Green, eds., *Oxford Textbook of Palliative Social Work*, pp. 771 – 777. New York: Oxford University Press.

Davis, S. 2003. "Can Caregivers Care Too Much?" *DVM: The Newsmagazine of Veterinary Medicine* 34, no. 8: 58 – 59.

del Rio, N. 2004. "A Framework for Multicultural End-of-Life Care: Enhancing Social Work Practice." In Joan Berzoff and Phyllis R. Silverman, eds., *Living with Dying: A Handbook for End-of-Life Healthcare Practitioners*, pp. 439 – 461. New York: Columbia University Press.

Derezotes, D., and K. Evans. 1995. "Spirituality and Religiosity in Practice: In-depth Interviews of Social Work Practitioners." *Social Thought* 18, no. 1: 39 – 56.

Egan, K. A., and M. J. Labyak. 2001. "Hospice Care: A Model for Quality End-of-Life Care." In B. R. Ferrell and N. Coyle, eds., *Textbook of Palliative Nursing*, pp. 7 – 26. New York: Oxford University Press.

Erikson, E. H. 1950. *Childhood and Society.* Philadelphia: Norton.

Gallup International Institute. 1997. *Spiritual Beliefs and the Dying Process.* Princeton: Nathan Cummings Foundation.

Gentry, J. E. 2002. "Compassion Fatigue: A Crucible of Transformation." *Journal of Trauma Practice* 1, nos. 3/4: 37 – 61.

Gerbino, S., and M. Raymer. 2011. "Holding On and Letting Go: The Red Thread of Adult Bereavement." In Terry Altilio and Shirley Otis-Green, eds., *Oxford Textbook of Palliative Social Work*, pp. 319 – 327. New York: Oxford University Press.

Harper, B. C. 1977. *Death: The Coping Mechanism of the Health Professional.* Greenville, SC: Southeastern University Press.

Hodge, D. 2003. "Value Differences Between Social Workers and Members of the Working and Middle Classes." *Social Work* 48, no. 1: 107 – 119.

Hooyman, N. R. , and B. J. Kramer. 2006. *Living Through Loss: Interventions Across the Life Span.* New York: Columbia University Press.

Inbar, J. , and M. Ganor. 2003. "Trauma and Compassion Fatigue: Helping the Helpers." *Journal of Jewish Communal Service* 79, nos. 2/3: 109 – 111.

Jacobs, C. 2004. "Spirituality and End-of-Life Care Practice for Social Workers." In Joan Berzoff and Phyllis R. Silverman, eds. , *Living with Dying: A Handbook for End-of-Life Healthcare Practitioners*, pp. 188 – 205. New York: Columbia University Press.

Kovacs, P. , and L. Bronstein. 1999. "Preparation for Oncology Settings: What Hospice Workers Say They Need." *Health and Social Work* 24, no. 1: 57 – 64.

Kramer, B. 1998. "Preparing Social Workers for the Inevitable: A Preliminary Investigation of a Course on Grief, Death, and Loss." *Journal of Social Work Education* 34, no. 2: 1 – 17.

Kubler-Ross, E. 1970. On Death and Dying. New York: Macmillan.

Levenson, M. , P. Jennings, C. Aldwin, and R. Shiraishi. 2005. "Self-transcendence: Conceptualization and Measurement." *International Journal Aging and Human Development* 60, no. 2: 127 – 143.

Nally, J. 2006. "Spirituality in Social Work: Spiritual Self-Care and Its Effects on Compassion Fatigue." Unpublished master's thesis, University of Arkansas.

Noppe, I. C. 2004. "Gender and Death: Parallel and Intersecting Pathways." In Joan Berzoff and Phyllis R. Silverman, eds. , *Living with Dying: A Handbook for End-of-Life Healthcare Practitioners*, pp. 206 – 225. New York: Columbia University Press.

Peck, M. R. 2009. "Personal Death Anxiety and Communication About Advance Directives Among Oncology Social Workers." *Journal of Social Work in End-of-Life and Palliative Care* 4, no. 1 – 2: 49 – 60.

Radley, M. , and C. Figley. 2007. "The Social Psychology of Compassion." *Clinical Social Work Journal* 35: 207 – 214.

Reese, D. , R. Ahern, S. Nair, J. O'Faire, and C. Warren. 1999. "Hospice Access and Utilization by African Americans: Addressing Cultural and Institutional Barriers Through Participatory Action Research." *Social Work* 44, no. 6: 549 – 559.

Reese, D. , C. L. W. Chan, D. Perry, D. Wiersgalla, and J. Schlinger. 2005. "Beliefs, Death Anxiety, Denial, and Treatment Preferences in End-of-Life Care: A Comparison of Social Work Students, Community Residents, and Medical Students. " *Journal of Social Work in End-of-Life and Palliative Care*

1, no. 1: 23 – 47.

Reith, M. , and M. Payne. 2009. *Social Work in End-of-Life and Palliative Care.* Chicago: Lyceum.

Renzenbrink, I. 2004. "Relentless Self-Care." In J. Berzoff and P. Silverman, eds. , *Living with Dying: A Comprehensive Resource for End-of-Life Care*, pp. 848 – 867. New York: Columbia University Press.

Schriver, J. M. 2010. *Human Behavior and the Social Environment: Shifting Paradigms in Essential Knowledge for Social Work Practice.* 5th ed. Needham Heights, MA: Allyn and Bacon.

Simons, K. , and E. Park-Lee. 2009. "Social Work Students' Comfort with End-of-Life Care." *Journal of Social Work in End-of-Life and Palliative Care* 5, no. 1 – 2: 34 – 48.

Vachon, M. L. S. , and M. Muller. 2009. "Burnout and Symptoms of Stress in Staff Working in Palliative Care." In Harvey M. Chochinov and William Breitbart, eds. , *Handbook of Psychiatry in Palliative Medicine*, pp. 236 – 266. New York: Oxford University Press.

Wilber, K. 1993. 2d ed. *The Spectrum of Consciousness.* Wheaton, IL: Quest.

Zilberfein, F. , and E. Hurwitz. 2004. "Clinical Social Work Practice at the End of Life." In Joan Berzoff and Phyllis R. Silverman, eds. , *Living with Dying: A Handbook for End-of-Life Healthcare Practitioners*, pp. 297 – 317. New York: Columbia University Press.

第九章　安宁疗护社会工作未来的
挑战：展望未来

本书回顾了美国关于濒死照顾的历史：从在家中在家人的围绕下离世到在医院被技术包围而离世；以及关于病人在生命末期照护的权利与自主权的运动。新形成的方法包括被动安乐死或纾缓治疗。纾缓治疗的一种形式是安宁疗护，它承认终末期预后并帮助病人和家人做好死亡准备。近年来发展起来的另一种方法是主动安乐死或医生协助自杀。虽然大多数美国人仍然不认识安宁疗护，但在这一点上，大多数人更喜欢在罹患末期疾病时接受纾缓治疗。

安宁疗护理念倡导由包括社工在内的跨学科团队提供全人照顾。我们的专业在开发安宁疗护社会工作方面取得了令人瞩目的进步，包括制定护理标准，记录有效性的评估方法，提供培训和致力于认证，并开发新的专业机构提供信息、培训和宣传。

研究表明，这些努力产生了显著的效果：社工服务在团队中的作用已经大大扩展，安宁疗护社工自认为能够胜任的角色中，更多的已经被安宁疗护管理者所承认，认为社工是最有资格执行这些工作的（Reese，2011）。安宁疗护社会工作干预的模式已经具备，并应用于微观、中观和宏观层面，但还是有很多工作要做。本章将讨论安宁疗护未来的挑战，并共同致力解决挑战。

进一步的研究需求

长期缺乏对安宁疗护团队中社工重要性的认识的原因是缺乏研究证明社会工作干预的有效性。我们要采取循证的实践方法（通过评估研究，使用已被证实有效的干预模型）。安宁疗护社工需要对他们的实践进行评估（Ivanko，2011；Oliver and Washington，2011）。撰写文章及参与研究是维护专业本身及其在安宁疗护中的作用的一部分。

美国社工协会报道了社会工作者在会见服务对象之后，有时没有记录案例说明。有时造成这种情况的原因是电子表格上缺乏记录社会工作干预的版面。如果没有，社工需要向负责人提出社工案例记录的方法。

2005 年举行的第二次安宁疗护和纾缓治疗峰会，强调了使用标准结果测量来记录社会工作干预在纾缓治疗和临终关怀中的有效性的重要性（Palos，2011）。许多社工在全美国范围内使用社会工作评估工具（Reese et al.，2006）作为电子记录文件包的一部分。他们经常都要通过呼吁倡导才得以将其添加到文件包中。在每次会谈中都使用 SWAT 是最简单的方法，在预测和后测对比中显示服务对象接受社会工作干预之后分数的改善。社工也应该参与团队其他成员进行的研究。

临床人员—研究人员之间的脱节

我们面临的一个问题是缺乏对现有安宁疗护社工研究的认可。社工需要使用已经发展并被研究证明有帮助的技术。他们应该了解社工领域的最新资讯及问题，以及本专业领袖呼吁需要解决的困难。

临床人员—研究人员之间脱节的一个原因可能是研究本身往往不能解决实践中的问题：临床人员的参与可能会有助于推动研究。也许临床人员的参与会鼓励安宁疗护社工重视实践研究。

临床人员往往很少阅读期刊或参与会议。安宁疗护机构应该为自己的社工提供这些资源和机会，社工也可以向负责人提出这些要求。另外，作为"安宁疗护与纾缓治疗社会工作联盟"（Social Work in Hospice and Palliative Care Network）的成员，可以订阅《安宁疗护和纾缓治疗社会工作》（*Journal of Social Work in End-of-Life and Palliative Care*）期刊，这是安宁疗护社会工作领域的权威期刊，也是唯一专门致力于这个领域的期刊。该组织还提供在线信息和培训；他们有一个很好的"咨询专家系列"，免费对会员开放，且可以在线访问。该资源为安宁疗护社工提供本领域的最新资讯。

未来的研究目标

CMS 最新的规定是，参与安宁疗护的条件是需要评估其有效性。我们仍然需要明确的证据证明安宁疗护社工服务的有效性。虽然已经有一些研究（Reese and Raymer，2004），但我们需要一系列可以分析和总结的研究。我们需要记录现有干预措施的有效性，并测试新的干预措施（Csikai，2005，《安宁疗护和纾缓治疗社会工作》第一期）。

研究的另一个空白是儿科安宁疗护社会工作领域。研究还需要确定照顾方面的差距和挑战，以及推动社会工作实践模式成本效益和效率的战略。同时建议进行跨学科研究。

美国社工协会（2010）建议混合方法研究。定性方法提供更详细和深入的信息，而定量结果提供干预模型的有效性的统计证据。

研究基础设施

我们还需要开发研究基础设施。我们需要寻找发展安宁疗护社会工作的研究方法，包括教育和指导新研究人员，并致力于资助安宁疗护社会工作研究。我们应该通过学科内和学科之间的实践合作以及在国家研究咨询委员会设立代表来推进我们的研究议程（Palos，2011）。

研究的传播

将我们的研究结果传播给社工及其他安宁疗护专业人员还存在障碍。Clark（2004）建议我们在跨学科期刊上发表研究成果。我们需要让跨学科团队的其他专业人员了解安宁疗护社会工作的作用。

进一步澄清社会工作的角色

虽然研究显示在安宁疗护领导者眼中社会工作的重要性有显著改善（Reese，2011），但对安宁疗护管理人员、政策制定者和其他安宁疗护学科人员来说，仍然不完全清楚社会工作的作用。虽然在2004年已经有文案记录，但高强度的工作仍然成为一个问题，以及有限的培训和缺乏社工督导（Reese and Raymer，2004）。对电话服务的记录和认可也是一个问题。社工在安宁疗护专业人员中的工资最低。提升工资的一个途径可能是通过社工服务收费（Clark，2004；Goldberg and Scharlin，2011）。

当前的挑战是CMS规定的安宁疗护社工的资格。Reese和Raymer（2004）发现当社会工作服务由具有研究生学位的社工提供，社工的监督也为社工时，服务成效更佳。CMS在最近的关于参与安宁疗护的规定中，没有要求安宁疗护社工必须具备硕士学位。他们要求：或者从由社会工作教育委员会认可的社工院校获得硕士学位及一年的工作经验，或者从由社会工作教育委员会认可的社工院校获得本科学位及一年的工作经验，或者获得心理学、社会学或者相关专业的本科学位及一年的工作经验。学士学位的社工需要接受硕士学位社工的督导。督导并不一定要现场提供，也可以通过电话或电子邮件进行。但是拥有本科学位的社工在新规定出炉之前已经受雇则不受此监管；因此，所有安宁疗护机构都可以豁免这项新规定。

CMS 的理由是各州之间对社工执业证书的要求不一致，农村地区的安宁疗护机构声称很难找到具有硕士学位资格的社工。笔者向农村地区的安宁疗护领导者提出这样的观点，即他们不应该因其乡村地理位置而试图降低安宁疗护社工的资格。如果他们支付足够的待遇，安宁疗护社工就会来工作。因此，这仍然是一个有待解决的问题。

Clark（2004）建议我们要传达教育机构、专业协会、立法和监管机构已经具有的标准。此外，以下安宁疗护社工资质由美国社工协会的认可，可能有助于建立我们在该领域的专业知识。

高级认证安宁疗护和纾缓治疗社工（ACHP-SW-MSW 级别）

认证安宁疗护和纾缓治疗社工（CHP-SW-BSW 级别）

美国社工协会（2010 年）也倡导社工充分参与团队工作。他们建议社工提供有关团队协作的培训，并让团队成员了解社会工作的训练和观点（Reese and Sontag, 2001）。他们还建议提供一个框架，以解决有关服务对象评估和干预的分歧。

为了宣告我们在安宁疗护中的角色，社工需要在安宁疗护领域担任领袖（Chachkes and Foster, 2004）。我们必须在不同层面，包括教育、实践、研究、专业协会、行政和政策，开展社会工作活动来承担显而易见的领袖角色（Clark, 2004）。

但做到这一点仍然很困难，社工仍被视为医疗辅助专业人员（Clark, 2004），而一些被社工认为属于本专业的角色也被其他专业宣称为其专长（Chachkes and Foster, 2004；Reese, 2011）。其他时间，担任领袖角色的社工更多是由于其所属的机构而不是自身专业而得到认可（Chachkes and Foster, 2004）。在最近一项对安宁疗护管理者对于社会工作角色的看法的研究中可以看到这种观点（Reese，2011）。甚至专业背景为社工的管理者也不承认社工应该在机构中扮演的所有角色。在媒体发言人、公共场合发言人及政策发展论坛中，或者在那些不将自己认定为社工的心理治疗师或博士（PhDs）身上，均可以看到这一点（Chachkes and Foster，2004）。社工必须通过以下方式参与领袖角色：

> 在全美范围内提出创新方案；
> 鼓励专业组织与决策者和媒体一起推动这一专业；
> 认同社工身份的同时，担任社工领域之外的领袖职位；
> 参加关于安宁疗护领袖能力的研讨班（例如史密斯大学社工学院安宁疗护社会工作硕士后项目）；
> 确保社会工作研究人员参与负责审查和发放研究基金的全国评审小组。
（Clark，2004）

总而言之，我们需要成为决策的一员。我们要加强社会工作与政策制定者之间的联系，比如 CMS 和美国国立卫生研究所（NIH），我们需要将社会工作的声音纳入医疗改革工作中。

宏观倡导的责任

Raymer 和 Gardia 表示"倡导不是可要可不要的，而是我们专业的道德义务和社会工作实践的基石"（2011：683）。我们必须找出实现变革的机会。当前一些需要社工倡导的问题包括让服务对象获得优质照顾、安宁疗护服务的差距以及尊重生前预嘱。

让服务对象获得高质量的照护

虽然大多数人在罹患终末期疾病时偏爱选择纾缓治疗，但他们对于安宁疗护的了解却是有限的。能够在安宁疗护服务中离世的人数只有不到三分之一（Simmons，2004）。我们需要解决获得安宁疗护服务的障碍，其中包括医生的价值观，缺乏关于判断终末预后的训练，以及做出准确预后判断的困难或不可能性。此外，我们需要解决医生与病人就该话题进行对话时所存在的困难。这一点是法律要求的，因为病人必须签署一份放弃治愈性治疗的声明才有资格获得安宁疗护服务。由于这些障碍，被转诊至安宁疗护的病人大都濒临死亡，导致安宁疗护机构难以提供全面的照护（Simmons，2004）。我们应该倡导社工协助与病人和家人对话。社工还应该参与公众教育，实际上有关安宁疗护的公众教育应该从小学和中学就开始（Clark，2004）。

安宁疗护服务的差距

安宁疗护的文化能力以及多元化人群的照顾仍然是一个问题（Clark，2004）。安宁疗护中心几乎所有病人和工作人员都是欧洲裔美国白人（Reese and Raymer，2004）。我们需要与不同社区的领袖接触，邀请他们在安宁疗护委员会服务，参与社区外展活动，并探索机制来覆盖服务不足的人群（Raymer and Gardia，2011）。

我们需要培训医疗服务专业人员，并与大学接触以培训安宁疗护的多学科团队。我们需要聘用多元化的员工，并开发文化能力培训工具用于员工继续教育和培训（Clark，2004）。

尊重预先医疗指示

大部分人仍然没有设立预先医疗指示，证据显示，即使设立了预先医疗指示也得不到尊重（Arons，2004）。让病人了解自己制定预先医疗指示的权利，当中的重点是把重心转向一个"发展性的讨论过程"（Peres，2011：764）。社工在讨论中非常有帮助。

社会工作教育需求

正式的社会工作教育

随着婴儿潮一代年龄的增长，安宁疗护专业人员将严重短缺（Clark，2004）。目前社会工作教育项目中存在的问题是对安宁疗护的兴趣和培训不足；我们必须大大加强对社工教育的参与，为将来满足服务对象的需求做好准备。本科学位和研究生学位的社工教育必须提供专门的安宁疗护社会工作课程，并将课程与安宁疗护内容融合在一起（Clark，2004）。美国社工协会也推荐与社区项目合作进行实习安排。Browning 和 Gerbino（2011）断言教育应该与实践联系在一起，应该是基于老师和学生之间关系的一个成长过程。社会工作教育是继续推进安宁疗护社会工作进步的关键。以下将讨论为安宁疗护社会工作教育推荐的内容。

社会工作教育应采用包括生理、心理、社会和灵性各个层面的安宁疗护全人照顾模式，并处理微观、中观和宏观不同层面的实务。社工应该使用包含所有这些内容的理论框架，并与现有文献和现行安宁疗护实践标准相结合。

我们可以帮助社工学生做好准备，为安宁疗护领域社工改革的需求进行倡导。首先，要做好准备阐明社会工作的角色。其次，通过教授学生研究技巧和价值观，收集安宁疗护社会工作服务成效的证据，记录社会工作服务成果。

社会工作教育应包括社工对于安宁疗护的个人准备，解决他们由于长期接触临终关怀而产生的死亡焦虑，协助他们提高对自己临终照顾信念的认识，并考虑自己与服务对象的信念之间有何差异。

微观层面的内容应该包括对以下问题的干预：灵性，自杀和协助自杀，终末期否认及其与真诚的希望或期待宗教信仰带来奇迹之间的区别。此外还应该包括危机干预以及社会工作参与随时待命责任的重要性。还要包含预先医疗指示、干预模型以及现有的关于社工服务成效的证据。

中观层面的内容应该包括处理有关家庭的实践问题。社会工作评估工具的研究（Reese et al.，2006）表明，相对于病人而言，安宁疗护对于照顾者的干预不太成功。若家人的否认会影响病人或孩子的安全，社工需要处理这个问题。哀伤的问题也需要得到解决：作为丧亲服务协调者，社工在安宁疗护领域发挥着重要作用。

需要考虑的一个重要方面是跨学科团队合作。如果课程本身可以是跨学科的，那么它可以非常有效地展现出团队负面的问题并进行解决。一个需要持续关注的问题是如何向其他团队成员清晰地介绍社会工作的角色。相关内容应包括如何促进高效的跨学科团队，如何提供员工支持，以及如何在团队倡导病人自主权。

宏观层面内容应包括对机构的干预，重点关注机构管理，机构文化和语言能力的发展，社区外展，增加员工的多样性，提供文化能力培训，以及对安宁疗护进行需求评估。这些内容大部分可以在安宁疗护实习中进行教育。宏观层面内容还应包括社区干预、与医疗服务提供者的合作、关于安宁疗护的公共教育（Clark，2004）以及多元化社区的外展服务。

继续教育

此外，执业社工应该提供并参与继续教育机会（Clark，2004；Csikai and Jones，2011）。此类机会有很多，包括社会工作学院提供的安宁疗护课程和安宁疗护证书项目，纽约大学社工学院塞尔达·福斯特（Zelda Foster Studies）纾缓治疗及安宁疗护研究项目，以及史密斯学院（Smith College）和马萨诸塞州医疗中心的安宁疗护认证项目（Bay State Medical Center End-of-Life Certificate Program）。在贝斯以色列医学中心，疼痛医学和纾缓治疗系（Beth Israel Medical Center，Department of Pain Medicine and Palliative Care）设有纾缓治疗和安宁疗护社会工作奖学金。还有由美国国家机构赞助的会议，包括 NHPCO，美国安宁疗护和纾缓医学学会（American Academy of Hospice and Palliative Medicine），儿科肿瘤学社会工作协会（Association of Pediatric Oncology Social Work）和肿瘤学社会工作协会（Association of Oncology Social Work）。在 NHPCO 年度临床团队研讨会（NHPCO Clinical Team Conference）之前，通常会提供一个两天的安安宁疗护社会工作教育项目工作坊，由 Mary Raymer 和 Theresa Altilio 主讲。

此外，英国兰开斯特大学卫生与医学学院开设了第一个纾缓治疗博士课程。继续教育也可通过专业机构的在线课程进行，包括美国社工协会、社会工作安宁疗护和纾缓治疗网络以及死亡教育和咨询协会（Association for Death Education and Counseling）（Clark，2004）。

Csikai（2011）强调了社工加入专业组织的重要性，以便能够取得社工领域的最新资讯。美国社工协会制定了美国纾缓治疗与安宁疗护社会工作标准，并建议使用其作为实践指南（www. socialworkers. org/practice/bereavement/standards/default. asp. ）。

纾缓治疗中安宁疗护角色的未来愿景

"很明显，延长生命的治疗结束和纾缓治疗开始之间没有界限，两者可以同时提供"（Peres，2011：756），Simmons（2004）认为在治愈性医疗和纾缓治疗之间人为地划下一条为期 6 个月的界限显得突兀。要进入安宁疗护医疗，必须放弃传统的医疗保险福利，才能得到医疗保险的安宁疗护福利，它很大的优势就在于能够支付所有费用。但病人必须放弃现有的照顾提供者，在备受压力的状况下开始一个新的计划，他们可能会在情感上、在灵性上毫无准备。

对此的一个回应是在医院设立纾缓治疗科室。它们不像安宁疗护那样被贴上临终照顾的标签，所以它们可能对没有遇到过这些问题并缺乏经济资助的病人的威胁较小。相同情况的病人，其治疗目标可能差异很大；为罹患末期疾病病人提高纾缓治疗服务备受批判的一个方面是：与病人对事实的否认互相冲突，从而不能像安宁疗护机构一样，为其提供所需要的生理、心理、社会和灵性层面的全面临终关怀服务。笔者在家居健康护理机构中进行的一项研究中，证明情况确实如此。在这项研究中，笔者访问了一些声称她们的病人罹患末期疾病的护士，但其医生却说他们并非已经到了末期。在这组病人中，大多数在加入研究的几个月内被转介到安宁疗护服务或者死亡，因此被剥夺了末期病人本可以享有的权益和家庭照顾（Reese，1998）。

十多年来，为了解决这些问题，安宁疗护专业人士一直倡导当病人首次被诊断出危及生命的疾病时，就要在各种不同形式的服务之间进行连续性照顾的协调（Clark，2004）。医院和安宁疗护项目之间应该合作起来改善末期疾病照顾。安宁疗护机构应参与制订医院的纾缓治疗发展计划。病人和家属需要更广泛地获得这种照顾和高质量服务。这些项目的医疗保险报销需要成为重点。项目的所有方面应该包括针对安宁疗护和安宁疗护住院服务的专业教育，鼓励参与安宁疗护服务，在医院设立安宁疗护联络护士的职位，以及设立安宁疗护团队和纾缓治疗协调委员会，方便推进服务。将安宁疗护视为更广泛的纾缓治疗连续性服务中的一部分，从做出诊断那一刻开始对病人需求做出应对，这对病人和家庭以及安宁疗护项目都是有益处的。我们要鼓励尽早开展关于临终照顾选择的对话，让服务对象和专业人士熟悉和了解安宁疗护。通过这些努力，当适合转介安宁疗护的时候，病人和家属可能会具有更开放的态度。

本章总结了当前进一步发展安宁疗护的需求，包括：研究重点，继续倡导社会工作角色，在宏观层面进行倡导的需求，进一步发展安宁疗护社会工作教育，并继续倡导为罹患危及生命疾病的病人提供持续性的照顾。这个相对较新的专业领域已经产生了巨大发展，是安宁疗护社会工作倡导者共同努力的结果，他们的最终目标是所服务的病人和家庭的福祉。

我想以作为安宁疗护社工经常听到的一句话来结束本章和本书："我从病人那里学到的东西比他们从我这里得到的多。"服务于安宁疗护是改变生命的经历。这些页面试图传达这一点：拥有这种特权参与服务对象的生命旅程的人是不一样的。我们必须尽最大努力提供最好的照顾并通过不懈努力使我们的工作进一步改善。同时知道，病人最大的受益，有时也是唯一的受益，来自"只要与你同在"。谢谢你陪我一起开启本书的历奇之旅，我希望它为你在安宁疗护社会工作这份神圣的领域提供一些有用的见解。

（林卫珊　译）

参考文献

Arons, S. 2004. "Current Legal Issues in End-of-Life Care." In J. Berzoff and P. Silverman, eds., *Living with Dying: A Handbook for End-of-Life Practitioners*, pp. 730 – 760. New York: Columbia University Press.

Browning, D. M., and S. Gerbino. 2011. "Navigating in Swampy Lowlands: A Relational Approach to Practice-Based Learning in Palliative Care." In Terry Altilio and Shirley Otis-Green, eds., *Oxford Textbook of Palliative Social Work*, pp. 673 – 681. New York: Oxford University Press.

Centers for Medicare and Medicaid Services. 2008. *Conditions of Participations*. Retrieved from https://www. cms. gov/CFCsAndCoPs/05_Hospice. asp#TopOfPage.

Chachkes, E., and Z. Foster. 2004. In Joan Berzoff and Phyllis R. Silverman, eds., *Living with Dying: A Handbook for End-of-Life Healthcare Practitioners*, pp. 823 – 837. New York: Columbia University Press.

Clark, E. J. 2004. "The Future of Social Work in End-of-Life Care." In Joan Berzoff and Phyllis R. Silverman, eds., *Living with Dying: A Handbook for End-of-Life Healthcare Practitioners*, pp. 838 – 847. New York: Columbia University Press.

Csikai, E. L. 2005. "In this Issue." *Journal of Social Work in End-of-Life and Palliative Care* 1, no. 1: 1 – 2.

——. 2011. "Professional Connections for Palliative Social Workers." In Terry Altilio and Shirley Otis-Green, eds., *Oxford Textbook of Palliative Social Work*, pp. 703 – 707. New York: Oxford University Press.

Csikai, E. L., and B. L. Jones. 2011. "Professional Development: Educational Opportunities and Resources." In Terry Altilio and Shirley Otis-Green, eds., *Oxford Textbook of Palliative Social Work*, pp. 695 – 701. New York: Oxford University Press.

Goldberg, J., and M. Scharlin. 2011. "Financial Considerations for the Palliative Social Worker." In Terry Altilio and Shirley Otis-Green, eds., *Oxford Textbook of Palliative Social Work*, pp. 709 – 718. New York: Oxford University Press.

Ivanko, B. 2011. "Quality Improvement and Organizational Change." In Terry Altilio and Shirley Otis-Green, eds., *Oxford Textbook of Palliative Social Work*, pp. 745 – 752. New York: Oxford University Press.

National Association of Social Workers, Social Work Policy Institute. 2010. *Hospice Social Work*, *Linking Policy*, *Practice*, *and Research*: *A Report from the March* 25, 2010 *Symposium*. Washington, DC: NASW.

National Hospice and Palliative Care Organization. 2001. *Hospital-Hospice Partnerships in Palliative Care*: *Creating a Continuum of Service*. Alexandria, VA: NHPCO.

Oliver, D. P., and K. T. Washington. 2011. "Merging Research and Clinical Practice." In Terry Altilio and Shirley Otis-Green, eds., *Oxford Textbook of Palliative Social Work*, pp. 735 – 743. New York: Oxford University Press.

Palos, G. R. 2011. "Social Work Research Agenda in Palliative and End-of-Life Care." In Terry Altilio and Shirley Otis-Green, eds., *Oxford Textbook of Palliative Social Work*, pp. 719 – 733. New York: Oxford University Press.

Peres, J. R. 2011. "Public Policy in Palliative and End-of-life Care." In Terry Altilio and Shirley Otis-Green, eds., *Oxford Textbook of Palliative Social Work*, pp. 753 – 769. New York: Oxford University Press.

Raymer, M., and G. Gardia. 2011. "Enhancing Professionalism, Leadership, and Advocacy: A Call to Arms." In Terry Altilio and Shirley Otis-Green, eds., *Oxford Textbook of Palliative Social Work*, pp. 683 – 687. New York: Oxford University Press.

Reese, D. 1998. "Patient Self-Determination Study." Unpublished data.

Reese, D. 2011. "Interdisciplinary Perceptions of the Social Work Role in Hospice: A Replication of the Classic Kulys and Davis Study." *Journal of Social Work in End-of-Life and Palliative Care* 7, no. 4: 383 – 406.

Reese, D., and M. Raymer. 2004. "Relationships Between Social Work Services and Hospice Outcomes: Results of the National Hospice Social Work Survey." *Social Work* 49, no. 3: 415 – 422.

Reese, D., M. Raymer, S. Orloff, S. Gerbino, R. Valade, S. Dawson, C. Butler, M. Wise-Wright, and R. Huber. 2006. "The Social Work Assessment Tool (SWAT): Developed by the Social Worker Section of the National Council of Hospice and Palliative Professionals, National Hospice and Palliative Care Organization." *Journal of Social Work in End-of-Life and Palliative Care* 2, no. 2: 65 – 95.

Reese, D., and M-A. Sontag. 2001. "Barriers and Solutions for Successful Inter-professional Collaboration on the Hospice Team." *Health and Social Work* 26, no. 3: 167 – 175.

Simmons, J. 2004. "Financing End-of-Life Care." In J. Berzoff and P. Silverman, eds., *Living with Dying*: *A Comprehensive Resource for End-of-Life Care*, pp. 813 – 824. New York: Columbia University Press.

附录A 社会工作评估工具手册

社会工作评估工具（SWAT）由美国纾缓治疗和安宁疗护专业委员会（National Council of Hospice and Palliative Professionals）美国安宁疗护与纾缓治疗协会（National Hospice and Palliative Care Organization）社工部社会工作成果工作组（Social Work Outcomes Task Force of the Social Worker Section）制定。工作组的成员包括 Mary Raymer（注册社工协会），Ruth Huber（博士、社会工作硕士），Dona Reese（博士、社会工作硕士），Stacy Orloff（教育博士、执业临床社工）和 Susan Gerbino（博士、社会工作硕士）。编写该手册的主要负责人是 Charlotte Butler 博士。

介绍

本手册的目的是介绍社会工作评估工具的制定及使用的实用信息。小册子内容丰富，希望成为你使用 SWAT 时的宝贵指南。如果你有任何其他问题或需要更多帮助请联系：

美国弗吉尼亚州亚历山大市
对角路 1700 号 625 室
美国安宁疗护与纾缓治疗协会
美国纾缓治疗和安宁疗护专业委员会
社工部
邮编：22314
电话：（703）837 - 1500

临终关怀和纾缓治疗的社会工作服务：治疗过程的重要性和影响

毫无疑问，社会工作服务对于有效的临终关怀非常重要。研究表明，增加社会工作的参与度与下列内容有显著联系：

- 降低临终关怀费用

- 降低疼痛成本

- 工作人员的随叫随到的访问量减少

- 减少患者住院时间

- 更少的持续护理夜晚

- 更好的团队运作

- 家庭健康助理，护士和代理的访问次数减少

- 减少员工流动率

- 提高医生，护士和社工的工作满意度

- 提高患者的满意度和生活质量

- 降低个案问题的严重程度

（结果来自：Cherin，1997；Mahar，Eickman and Bushfield，1997；Paquette，1997；Reese and Raymer，2004）

我们也知道某些社会心理和灵性问题与服务对象的服务成果相关（见表A1）。我们知道社工正针对这些问题进行处理，但没有记录就没有办法在常规的质量保证工作中证明社会工作的有效性。

制定 SWAT

响应全国各地要求提供记录社会工作效果的工具，美国安宁疗护与纾缓治疗协会、美国纾缓治疗和安宁疗护专业委员会社工部门制定了 SWAT。我们希望 SWAT 可以被用于全美的临终关怀和纾缓治疗项目的质量保证活动常规工作的一部分，并为临终关怀和纾缓治疗社会工作结果的美国国家数据库做出贡献。计算全国平均数将有助于制定社会工作成果的基准。检验得分较高的项目服务方式可以确定最佳实践方法。国家传播这一信息最终将有助于改善末期生命照护的社会工作实践。

SWAT 内容

SWAT 由 11 项个人心理社会和灵性方面的问题组成。这些问题是根据研究结果和实践智慧选择出来的，涉及对临终关怀结果具有重大影响的领域。表 A1 列出了这些问题，对每个问题做出描述以及每个问题需要完成的相关任务。下表是 SWAT 的样本，及关于如何使用表格的简要说明。

问题	描述	需要完成的任务
1. 与他们的宗教和文化规范一致的终末期生命决策	患者的自决是临终关怀理念的一个重要方面，也是重要的社会工作价值。能够做出自我选择的能力促进了自决。可能涉及法律和道德问题，以及文化和宗教信仰，以及有关终末期生命照护的偏好。	社工与服务对象讨论终末期生命的偏好，与团队一起倡导患者的自决。帮助阐明价值观，评估是否尚有问题。把特点的宗教问题转介给宗教领袖。必要时提供资源。制定实践方法和政策，为不同的信仰和偏好留出空间，引领发展文化能力的道路。
2. 患者自杀或想加速死亡的想法	实践智慧表明，自杀意念、协助自杀请求或自杀企图可能是患者面临的问题。通常，未满足的需要、死亡焦虑、控制死亡环境的需要，或其他情感上的痛苦都会产生加速死亡的愿望。	满足导致自杀意念的需要可以解决这个问题：咨询复杂的预期哀伤、疼痛和症状控制，获得支持家庭的资源，支持照顾、解决财务需要、倡导患者自决。
3. 对死亡的焦虑	死亡焦虑的要素是对孤独的恐惧、对个人灭绝的恐惧、对痛苦的恐惧和对未知事物的恐惧。这其中很多都涉及关于来世的问题；因此死亡焦虑可能与灵性问题重叠。死亡焦虑导致对预后或否认缺乏认识。	让患者公开讨论灵性问题，澄清自己的信仰。灵性和社会支持可以减少死亡焦虑。意识到自己的生命是有价值的，与所有人合一的感觉可能会减少死亡焦虑。
4. 关于环境的选择（例如，宠物、自己的床等）	患者对环境偏好的自我决定是临终关怀理念的重要组成部分。偏好可能包括床的位置、希望房间里有宠物、对拜访对象和时间的偏好、身边珍藏物品、音乐、书籍等。	应引出并探讨偏好。社工在家人和临终关怀和纾缓治疗团队中充当患者偏好的倡导者。
5. 社会支持	非正式和正式的支持，病人的环境，家庭，亲人，朋友和资源。更好的社会支持预示家庭临终关怀的偏好。灵性增加社会支持。	有助于促进公开讨论，消除亲密关系的障碍，并有助于保持亲密关系。洞察家庭的力量、需求以及对末期疾病的调整。
6. 经济资源	一个主要的问题是医疗保险是否足以覆盖终末期生命护理费用、药物、医疗设备。其他问题可能是家里需要照顾者，并且由于生病而失去收入。	评估服务对象的经济资源是否满足其需求的程度；需要时转介正式支持。
7. 安全问题	当日常生活活动越来越多艰难，服务对象的安全就成为一个问题。独居或家人否认患者病情可能在家里有受伤的危险。	社工评估服务对象安全，获得非正式和正式的支持的需要。如果否认引致不安全的情况，提供家庭咨询。
8. 舒适问题	患者的身体舒适度受到心理社会和灵性层面的影响。增加社会工作服务与减少疼痛控制成本相关。	社工逐渐了解非物质疼痛控制的干预，包括放松和冥想技巧。
9. 复杂的预期哀伤（例如，内疚、抑郁等）	解决预期哀伤的干扰因素。包括对过往行为感到内疚，对终末期疾病感到愤怒、抑郁、灵性问题。患者不能平安离世。	评估患者的信仰和担忧，提供咨询、解决冲突或请求宽恕的机会，向宗教领袖咨询具体的宗教问题。

问题	描述	需要完成的任务
10. 意识到预后	尽管医生已经告知终末期的预后，仍意识不到情况。否认是死亡焦虑的应对方式，但否认令濒死的任务无法完成。否认令患者自决妥协。主要照顾者否认患者病情会引致不安全的家居情况，或令患者终末期生命决策缺乏支持。	避免与患者对抗，剥夺他们的否认。一点点否认被认为是积极的。有害情况发生时进行干预。患者在否认之间反复不定，会在他们准备好的时候提出终末期的问题。死亡焦虑导致否认；通过处理灵性来减少死亡焦虑将减少否认。
11. 灵性（例如，生活中更高的目标，与所有人的联系感）	不同于宗教的概念。宗教与一定的信仰体系有关，与有组织的宗教相联系。灵性适用于所有人，无论是宗教或非宗教。在生活中寻找意义和目的，与一切（自然、他人、上帝、终极现实）（根据自己的信仰体系）的联系感。在一项对中西部一家临终关怀机构的研究中，灵性是探访服务对象时最常提到的问题。由所有团队成员共同解决；具体宗教问题请咨询适当的牧师。	帮助患者发现生活中更高的目标和与所有人的联系或一体感。鼓励患者解决灵性上的问题，包括生活的意义，遭受的苦难、未完成之事、阐明其信仰体系、与终极的关系、孤立和超个人体验。可能包括与某人和解，祈祷原谅，或者原谅自己，请求他人原谅。

运用 SWAT

本节提供临终关怀患者和家属的案例情景，并详细说明在这种情况下，社工用于提供照护的临床干预措施。案例研究之后是使用 SWAT 记录服务结果的说明。然后提供完整的 SWAT，以及我们对这些服务对象的评分。最后，另一案例提供了 SWAT 的练习机会，目的是培训运用该评估工具。

案例

玛丽，七十岁的绝症患者

大卫，五十岁的儿子，和母亲住在一起，频繁出门

迈克尔，四十五岁，大部分时间和母亲住在一起

苏珊，四十岁的女儿，住在佛罗里达州

三十五岁的女儿多萝西住在当地，被指定为主要照顾者

该患者是一名白种人新教教徒寡妇，被诊断患有终末期慢性阻塞性肺病并且有哮喘病史。她稍微运动就会引起呼吸急促，大部分时间需要使用氧气。1994 年因呼吸停止而需要使用呼吸机，但现在立有生前预嘱表明她希望得到舒适护理——她不想接受任何延迟死亡的措施。她还立了不要进

行心肺复苏的指令，并指定她的儿子大卫作为医疗照护及经济决策的代理人。根据为确定预后而制定的具体的指引，她的医生预测她有六个月或更短的时间。

玛丽和她的儿子大卫住在一起，大卫经常出差不在家。她的另一个儿子迈克尔大部分时间都和她住在一起。病人觉得她所住的社区不安全，因此在房子里放了一把枪。老龄部已经提供了每周两小时做家务的助手。她有两个女儿；一个是佛罗里达州的苏珊，没有经常见面。另一个女儿，多萝西，住在附近，但需要工作，只在周一探访。多萝西是主要照顾者，并逐渐接管了她母亲的照顾和责任。多年前，玛丽的丈夫在二十多岁时去世了，她似乎对这个失落做出了很好的应对。她因酗酒而离婚。她独自抚养四个孩子，现在很享受与孙子们的相处。她是注册临床护士，但在六十二岁时因残疾而退休，享有社会残疾保障。她有医疗保险和医疗报销临终关怀福利。

她的孩子说，由于酗酒，玛丽并没能照顾好她的孩子。患者抱怨她的儿子大卫侮辱她，但多萝西报告说患者一直侮辱大卫。多萝西对她母亲对孩子及他们父亲的虐待感到不满。多萝西也抱怨缺乏兄弟姐妹的支持，把照顾母亲的事情让她一个人做。不过，她很高兴她姐姐苏珊在寻找佛罗里达州的临终关怀机构。

玛丽表示想留在家里，在自己的床上离世，但害怕当她呼吸急促时，她会感到恐慌。她不同意发生呼吸急促时寻求临终关怀帮助而不是拨打"911"急救电话。她原以为在呼吸停止期间，她想去医院，害怕独自在家。她的家人也不习惯在家中离世的临终关怀理念。然而，多萝西与临终关怀的工作人员达成了协议，在打电话给"911"之前，先致电给临终关怀护士。如果护士不能立即给予支持，并且她真的害怕她的母亲将会窒息死亡，那她就拨打"911"。

玛丽有便携式氧气罐、轮椅、床旁马桶和家居警报系统。她说她的家按照她想要的方式安排。她偏肥胖且有糖尿病。她服用治疗呼吸急促和焦虑的药物。她表示最近双脚有震颤现象，感觉因为药物导致"过度兴奋"，并且有呼吸困难。工作人员担心她抽烟。她担心的是经济的问题。她有许多尚未支付的医疗账单，她希望能够把房子保留住，以便她的孩子们将来可以卖掉，用以支付她的葬礼费用。

玛丽洗澡，穿衣，进食，从床上转移到轮椅，和走到马桶时都需要帮助。她抱怨说她的孩子不会对她负责。她希望能够离开家到外面走走。她在 1996 年 2 月去养老院暂住，按照工作人员的说法她过得很好，但玛丽认为没有生活质量，不想留下来。她不想回到养老院。玛丽害怕想到死亡，但可以公开讨论其想法及感受。她讨论过想在床上平和地离世。讨论了葬礼计划，患者了解殡仪馆，想要火化，仅想要追悼会，仅限私人服务。

她通过专注于积极因素并与孩子的生活保持联系来进行应对。她确实担心离世后遗留下孩子们。虽然她需要服用抗焦虑药物，但她已经应对得相当好，否认任何结束生命的想法。

她上一次生病时感受到接近上帝。虽然她说她不信教，并且不相信死后的生命。她的人生理念就是一生过得有趣。她说，她的生活一直无所挂虑，她参加各种排队，喝酒，她基本上已经做了她一生中想做的事。她的遗憾是没能成为一位更好的母亲。但承认她已经尽其所能，可以原谅自己。

当多萝西被问及她的信仰时，她表示她不再相信上帝。如果上帝存在，他就不会让她受到虐待，让她的父亲那么年轻就死去，让她的母亲以这种痛苦的方式死去。

说明

社会工作评估工具旨在供社工使用，记录患者和/或护理人员达到的结果。案例介绍了在任何临终关怀环境中常见的患者的病史。本节中提供的说明将详细解释如何有效记录和评估患者的结果。

按照这些说明，以玛丽为个案的 SWAT 示例已经完成如下。

一般说明

1. 在对每位患者和/或主要照顾者进行访问之后立即完成 SWAT。请勿在打电话或其他类型的干预措施之后才进行填写。根据 SWAT 列出的问题，为患者和主要照顾者在每个问题上的表现逐一进行评级。这些问题中的每一个都是临终关怀结果的重要因素，每次访问都需评估。每次访问的评估将记录个案的进展，并确保服务对象在这些方面没有困难。

2. 不一定要向客户宣读问题，因为可能服务对象还没有准备好公开面对这些问题。社工应该运用评估技能，与患者和/或家人一起了解服务对象在这些问题上取得的进展，然后在每次干预结束后，根据社工自己的判断来完成 SWAT。

3. 填写接触的日期，包括日、月、年份。

4. 评估患者对每个问题相关内容的表现，以及主要照顾者自身对每个问题相关内容的表现（或他/她如何应对患者对该问题的关注，两者可任选一个适用的进行评估）。根据您的经验，与大多数情况相比较，如果服务对象比大多数人有着更大的困难，请圈 1。如果服务对象有一些困难，但还不是很严重，请圈 2。如果服务对象在某个问题上没有困难，但也不是很好，请圈 3。如果与大多数人相比，服务对象做得相对较好，但不如部分人好，请圈 4。如果对问题完全没有担心，请圈 5，表示"极好"。应该没有"不适用"的回应结果。对于无反应的患者，不可能用 SWAT。在这种情况下，社工仍然可以将 SWAT 运用于主要照顾者。

5. 个案不存在一个正确的评级。每个社工的评级会有所不同，但整体上会有一个大致统一的趋势。

6. 对服务对象进行评级后，把患者一列中单个项目分数加起来，计算出总分。把主要照顾者一列中的单个项目分数加起来，计算出总分。

7. 如果每个个案有多个社工进行了访问，将在第一次访问（前测）时完成 SWAT，在最后一次访问（后测）完成一次。个案结束后，将前测分数与后测分数进行比较，确定服务对象是否在 SWAT 中列出的问题上取得了进展。临终关怀或纾缓治疗计划可能希望把这些分数单独记录在一个文件中，作为其质量保证工作的一部分。在社会工作成果的总体概述中可以把总分进行比较。单个项目分数也可以进行比较。通常，总分会显示服务对象总体上的改善，即使服务对象在某些个别问题上得不到解决。

8. 可以比较前测和后测之间的分数差异，无须进行数据分析。如果愿意，可以把所有患者的分数输入一个 Excel 电子文档中（或任何其他数据分析程序），然后进行 t 检验，将所有前测分数与后测分数进行比较。t 检验将显示出前测与后测分数之间的差异是否具有统计学意义。

我们基于案例的 SWAT 评级

1. 与他们的宗教和文化规范一致的终末期生命决策

临终关怀决策的问题一直困扰着玛丽和她的主要照顾者。玛丽不想被安置在呼吸机上，并希望在她自己的床上安静地死去。另外，她害怕呼吸窘迫的死亡过程，更习惯于在医院死亡的想法。主要照顾者多萝西与临终关怀护士达成协议。在打"911"急救电话之前，她会先打电话给护士，但如果多萝西对玛丽的症状感到害怕，觉得她需要即刻的帮助，她将拨打"911"。这个决策的道德规范似乎没有文化或宗教方面的担忧。由于玛丽已经就该问题进行解决，并在做出决定方面有进展，我们没有给她一个等级 1。但是，她还没有做出决定，仍然对这些问题感到非常焦虑和困惑。因此，我们给她的等级评为 2。

尽管多萝西表达出对于不拨打"911"感到不安，但仍能做出一个决定，所以我们没有给她 1 或 2 的负面评价。另外，玛丽没有参与这个决定，因此不清楚该计划将维护玛丽的愿望。因此，我们不认为这个问题得到了解决，不能给多萝西一个正面的评级。我们把她的等级评为 3，这是中立的评分，既不是负面也不是正面。

2. 患者自杀或想加速死亡的想法

虽然患者在家中持枪，但她否认有任何自杀意念。由于在此个案中没有留意到任何关于这方面的问题，我们给多萝西的评级为 5。但玛丽的酒精滥用史是一个风险因素。因此我们给了她 4 分的评分。

3. 对死亡的焦虑

玛丽害怕当呼吸急促时她会惊慌失措。她很害怕想到死亡，并为此服用抗焦虑药物，但能够公开讨论其想法和感受，并通过专注于积极的一面，以及积极参与孩子的生活，应对得较好。为死亡焦虑评级较难；服务对象可能看起来很平静，而实际上他/她太焦虑，而难以承认他/她的感受，通过否认来应对。由于玛丽经历着显著的焦虑，且需要药物治疗，我们不会给她 4 或 5 的正面评级。然而，她正在很好地处理她的焦虑，能够公开讨论问题，而没有明显的否认。因此，对于这个问题我们给了她 3 分。

多萝西没有表现出任何死亡焦虑或对她母亲的焦虑表现出明显的担忧。不过，她有点担心终末期的生命决策，所以我们给了她 4 分。

4. 关于环境的选择（例如，宠物、自己的床等）

玛丽说她的家是按照她想要的方式安排。但是，她对其环境有些担忧，因为她觉得她的邻居是不安全的，她害怕单独死亡。因此，我们既没有给予积极评级也没有负面评价。我们将其评为 3。

多萝西似乎对她母亲的环境没有任何担忧，也没有担心她母亲对此问题的应对。因此，我们给了她一个 5。

5. 社会支持

患者和主要照顾者都有某种形式的支持，但都缺乏其他形式。玛丽的资源来自老年部的支持及家居警报系统。她觉得她参与了孩子们的生活，表示享受和孙子们在一起。她的女儿多萝西表示支持，且同意作为主要照顾者，一直提供一些照顾并接管责任。她的儿子大卫一直支持玛丽，同意让她住在一起，并同意担任被委托人。另外，大卫经常不在家，玛丽害怕在呼吸停止期间独自在家。她觉得她的社区不安全。她与孩子的关系看起来很紧张，她觉得她的孩子不对她负责。她已经多年没有丈夫的支持。目前还不清楚她是否有朋辈的支持。由于玛丽有一些正式和非正式的支持，我们没有给她 1 或 2 的评级。因为她的身体需求很好，而且她大部分时间都是独自一人。但是，我们也没有给她正面的评级 4 或 5。由于玛丽的利弊分析看起来是均等的，我们给她的评分为 3。

由于多萝西得到她姐姐苏珊的支持，她正在寻找佛罗里达州的临终关怀机构，我们没有给她一个等级 1。但她觉得，照顾母亲的大部分责任都留给了她，感到由于酗酒和被虐待的原因得不到来自母亲支持。我们给她打了 2 分，因为她似乎缺乏她需要的支持。

6. 经济资源

玛丽的资源来自社会保障管理局和她所需要的医疗设备和药物。由于她已将大卫指定为财务决策的委托人，因此她的财务状况有序。因此我们没有将她评级为 1 或 2。但是，她担心未付账单，并担心保留她的房子以便支付日后的葬礼的问题。因此我们没有给她正面评分 4 或 5。我们给了她一个 3。多萝西没有表示经济上的担忧，因此我们给了她 5 分的评分。

7. 安全问题

此个案似乎存在一些安全问题。玛丽说邻里是不安全的。虽然她需要很多日常生活活动的帮助，但是她的主要照顾者需要工作。玛丽需要使用氧气，但她吸烟。安全问题上我们给她的评级为 2。多萝西没有充分解决这些问题，因此我们将她评级为 2。我们看到过更多不安全的情况，例如，卫生条件极差，虐待或缺乏主要照顾者的患者。因此我们没有将他们评分为 1。

8. 舒适问题

玛丽似乎对她的症状感到相当不适，非常焦虑——她稍微用力就会导致呼吸急促，她担心这会引致她惊慌失措，害怕在呼吸停止期间独自在家。近期她的双脚有振颤的症状，感觉"过度兴奋"。我们看到过有更严重的不适的患者，因此我们不会将她评为 1 分，但她有这方面的问题需要解决，因此我们给了她一个 2。

多萝西也对她母亲的症状感到焦虑，表示害怕她妈妈会窒息致死。因此，她对母亲的濒死过程感觉不平和也不安心。虽然如此，但我们看到过其他主要的主要照顾者对亲人的症状更加焦虑。基于这个理由，我们给她的评级为 2。

9. 复杂的预期哀伤（例如，内疚、抑郁等）

玛丽和多萝西都表达了复杂的预期哀伤。玛丽有一个遗憾，她希望自己是一个更好的母亲，她担心把她的孩子留下。但是她表示她已经尽力而为，并且已经原谅自己。由于她在此问题的态度已达平静，我们给了她 4 分的评级。我们没有给她 5 分，因为她没有直接与她的孩子解决这个问题。

多萝西表达了对她母亲的不满，因为他们年幼时得不到母亲的支持，虐待他们和他们的父亲。对这些问题，她没有提出解决方案。因此，我们给了她一个 2 的评级。我们没有给她 1 分，因为我们见过更糟糕的情况。

10. 意识到预后

玛丽和多萝西都对玛丽的预后有现实的认识，能够公开讨论它。玛丽制定了葬礼计划，指定了委托人，公开讨论了终末期生命决策。多萝西也公开讨论过她母亲的绝症和终末期生命治疗决策计划。对这个问题，我们给他们的评级是 5。

11. 灵性（例如，生活中更高的目标，与所有人的联系感）

玛丽的人生理念就是享乐、喝酒、做自己想做的事。她没有宗教信仰，并不相信死后的生命。她后悔不是一个好母亲，但她已经原谅自己。基于此，我们会说玛丽生活中的目标更多地集中于自己的快乐，而不是更高的目的，包括他人的福利。她现在感到遗憾，暗示她现在担心更高的目的；然而，她对此感到平静。在联系感方面，玛丽与她的孩子感觉不亲近，说他们不会对她负责，大卫还侮辱她，但她感觉到与上帝的亲近。我们见过生活中更有意义感和有更高目标的患者，或者他们能够在生命的尽头采取行动，提升生命或死亡过程的目标感。同样的，我们也见过与他人、整个人类及宇宙具有深度联系的患者，或者主动与被他们伤害过的人达成谅解和联系。因此，关于这个问题我们不会给玛丽 5 分。然而，因为她在这两个灵性的方面上都有一些积极的解决方案，我们会给她一个 4 分的评级。

当问及多萝西的信仰时，她表示她不再相信上帝，如果上帝存在，他就不会让她受到虐待，让她的父亲在年轻的时候就离世，让她的母亲以这种痛苦的方式死去。多萝西失去了她的信仰体系，我们看不到她形成一种代表着更高目标的新生活理念的迹象。她并没有表达与他人或与灵性层面有密切联系的迹象。她表达了有待解决的灵性问题。因此，对于这个问题，我们会给她 2 分。我们不会给她 1 分，因为我们已经看到她对这些担忧的情绪变得强烈。

填写案例的 SWAT

每次社会工作探访后填写。根据每个问题对患者的表现进行评分。根据每个问题对主要照顾者的表现进行评分，或者根据他/她应对患者的问题的表现进行评分。如果某个区域没有问题，请圈 5（"极好"）。每个问题应在每次探访服务对象时进行评估。

社会工作探访日期_____

患者及主要照顾者的表现如何？

问题：	患者					主要照顾者				
	1 极差	2 差	3 一般	4 好	5 极好	1 极差	2 差	3 一般	4 好	5 极好
1. 与他们的宗教和文化规范一致的终末期生命决策	1	②	3	4	5	1	2	③	4	5
2. 患者自杀或想加速死亡的想法	1	2	3	④	5	1	2	3	4	⑤
3. 对死亡的焦虑	1	2	③	4	5	1	2	3	④	5
4. 关于环境的选择（例如，宠物、自己的床等）	1	2	③	4	5	1	2	3	4	⑤
5. 社会支持	1	2	③	4	5	1	②	3	4	5
6. 经济资源	1	2	③	4	5	1	2	3	4	⑤
7. 安全问题	1	②	3	4	5	1	②	3	4	5
8. 舒适问题	1	②	3	4	5	1	②	3	4	5
9. 复杂的预期哀伤（例如，内疚、抑郁等）	1	2	3	④	5	1	②	3	4	5
10. 意识到预后	1	2	3	4	⑤	1	2	3	4	⑤

续表

问题：	患者					主要照顾者				
	1 极差	2 差	3 一般	4 好	5 极好	1 极差	2 差	3 一般	4 好	5 极好
11. 灵性（例如，生活中更高的 目标、与所有人的联系感）	1	2	3	④	5	1	②	3	4	5

患者总得分：_____　　　主要照顾者总得分：_____

注意：要计算总分数：把患者一列中每个项目的分数加起来，得到患者总得分。把主要照顾者一列中每个项目的分数加起来，得出主要照顾者总得分。

社会工作评估工具由美国纾缓治疗和安宁疗护专业委员会（National Council of Hospice and Palliative Professionals）美国安宁疗护与纾缓治疗协会（National Hospice and Palliative Care Organization）社工部社会工作成果工作组（Social Work Outcomes Task Force of the Social Worker Section）制定。工作组的成员包括 Mary Raymer（注册社工协会），Ruth Huber（博士、社会工作硕士），Dona Reese（博士、社会工作硕士），Stacy Orloff（教育博士、执业临床社工）和 Susan Gerbino（博士、社会工作硕士）。更多信息可以从美国临终关怀和纾缓治疗委员会，临终关怀和缓和专业人员委员会，社工部获得。电话：（703）837 – 1500。

练习范例

说明：根据此个案练习使用 SWAT。

弗朗西斯的个案

弗朗西斯是一位五十岁的非洲裔美国女性，患有乳腺癌。与三十岁的儿子大卫住在一起，儿子是她的主要照顾者。她是个寡妇，丈夫三年前在临终关怀服务期间死亡。大卫与他的母亲关系密切，是他们教会的执事。他已经结婚并有两个孩子，是家庭的主要照顾者。弗朗西斯表示她更喜欢住在家里在自己的床上离世，如果能够避免，就不去医院。基于患者的治疗偏好以及该患者的预后（预后生命最多剩下六个月），弗朗西斯的主治医生将其转介至临终关怀。

弗朗西斯的妹妹安妮已经跟工作单位请假，能够在白天照顾弗朗西斯；护士信任安妮能够关注到患者的需求。弗朗西斯喜欢待在其个人卧室，床旁摆放着她最喜欢的私人财物，而不喜欢与家人待在客厅里。安妮遂了弗兰西斯的意愿，让她的小狗进入卧室陪伴。护士建议志愿者偶尔和弗朗西斯一起坐坐，让安妮歇一歇。安妮对这个想法表示欢迎，尽管她说过教会成员经常到来陪弗朗西斯坐，她也只偶尔需要这个。

弗朗西斯说虽然她不想戴上呼吸机，想要在家里离世，但她对不执行心肺复苏（DNR）的指令感到不安，也不想设立生前预嘱。患者和家属表示在他们所在的南浸信会教会的帮助下，他们的财务需求得到了照顾。

开始的时候，弗兰西斯和大卫表示不需要临终关怀提供灵性照护；他们更喜欢与自己的牧师交谈。然而，在了解临终关怀理念和团队运作方式，并知道他们的牧师的角色会得到尊重之后，家人同意临终关怀服务者加入牧师探访。

在家人同意接受牧师的服务之后，牧师私下评估了大卫的灵性层面。大卫说他的母亲已经放弃生命，希望死亡之后可以和她的丈夫在来世在一起。他认为他母亲接受死亡是缺乏信仰的标志。他相信如果她有足够的信仰，上帝会创造奇迹治愈她。他曾叮嘱他的姨妈如果他的母亲呼吸停止，要拨打"911"急救电话。牧师随后与弗朗西斯私下交谈，发现她对自己缺乏信仰感到内疚，她的儿子因此非常不开心。尽管有大卫所担心的问题，但牧师没有看到弗朗西斯有任何自杀意念的迹象。他的观点是弗朗西斯与临终关怀理念一致；毕竟当她的丈夫在接受临终关怀服务时，她是主要的照顾者。她对加速死亡不感兴趣，但她接受了它自然而然地发生。

第二天，家庭健康助理，一名非洲裔美国女性访问了患者。她能够评估更多的社会层面的问题，因为弗朗西斯向她吐露了对医疗卫生系统总体上的不信任。她听说过医生虐待非洲裔美国人的故事。然而，尽管有这种恐惧，她更害怕她可能会惊慌失措，并要求她的妹妹拨打911。她说她没有签不采取心肺复苏急救的指令，她是因为害怕白人医生想要她死。

社会工作评估工具（SWAT）

每次社会工作探访后填写。根据每个问题对患者的表现进行评分。根据每个问题对主要照顾者的表现进行评分，或者根据他/她应对患者的问题的表现进行评分。如果某个区域没有问题，请圈5（"极好"）。每个问题应在每次探访服务对象时进行评估。

注意：要计算总分数：把患者一列中每个项目的分数加起来，得到患者总得分。把主要照顾者一列中每个项目的分数加起来，得出主要照顾者总得分。

社会工作评估工具由美国纾缓治疗和安宁疗护专业委员会（National Council of Hospice and Palliative Professionals）美国安宁疗护与纾缓治疗协会（National Hospice and Palliative Care Organization）社工部社会工作成果工作组（Social Work Outcomes Task Force of the Social Worker Section）制定。工作组的成员包括 Mary Raymer（注册社工协会），Ruth Huber（博士、社会工作硕士），Dona Reese（博士、社会工作硕士），Stacy Orloff（教育博士、执业临床社工）和 Susan Gerbino（博士、社会工作硕士）。更多信息可以从美国临终关怀和纾缓治疗委员会，临终关怀和缓和专业人员委员会，社工部获得。电话：（703）837 – 1500。

患者身份证号码：＿＿＿＿＿＿＿＿＿＿＿＿＿＿＿＿＿＿＿＿

社会工作探访日期：＿＿＿＿＿＿＿＿＿＿＿＿＿＿＿＿＿＿＿

患者及主要照顾者的表现如何？

问题：	患者					主要照顾者				
	1 极差	2 差	3 一般	4 好	5 极好	1 极差	2 差	3 一般	4 好	5 极好
1. 与他们的宗教和文化规范一致的终末期生命决策	1	2	3	4	5	1	2	3	4	5
2. 患者自杀或想加速死亡的想法	1	2	3	4	5	1	2	3	4	5
3. 对死亡的焦虑	1	2	3	4	5	1	2	3	4	5
4. 关于环境的选择（例如，宠物、自己的床等）	1	2	3	4	5	1	2	3	4	5
5. 社会支持	1	2	3	4	5	1	2	3	4	5
6. 经济资源	1	2	3	4	5	1	2	3	4	5
7. 安全问题	1	2	3	4	5	1	2	3	4	5
8. 舒适问题	1	2	3	4	5	1	2	3	4	5
9. 复杂的预期哀伤（例如，内疚、抑郁等）	1	2	3	4	5	1	2	3	4	5
10. 意识到预后	1	2	3	4	5	1	2	3	4	5
11. 灵性（例如，生活中更高的目标，与所有人的联系感）	1	2	3	4	5	1	2	3	4	5

患者总得分：＿＿＿＿＿＿＿＿＿＿＿＿＿　主要照顾者总得分：＿＿＿＿＿＿＿＿＿＿＿＿＿

附录 B 纾缓治疗和临终照护准则

美国社工协会 （National Association of Social Workers）

准则 1. 道德和价值观

职业和当代生物伦理学的价值观、伦理和标准应指导社会工作者在姑息和临终关怀中的实践。美国社工协会道德准则（NASW 2000）是道德决策和实践的重要指南之一。

准则 2. 知识

服务于纾缓治疗和临终关怀的社工应具备与服务对象和专业人员有效实践所必需的理论和生理、心理、社会因素的工作知识。

准则 3. 评估

社工应评估服务对象，并纳入全面的信息，以制定干预措施和治疗计划。

准则 4. 干预、治疗方案

社工应在制定和实施干预计划时纳入评估，以提高服务对象在纾缓治疗和临终关怀方面的能力和决策。

准则 5. 态度/自我意识

服务于纾缓治疗和临终关怀的社工应表现出对服务对象的同情和敏感态度，尊重服务对象的自决权和尊严。社工应了解自己的信仰、价值观和感受，以及个人的自我如何影响他们的工作。

准则 6. 授权与维护

社工应维护服务对象在纾缓治疗和临终关怀方面的需求、决定和权利。社工应采取社会和政治行动，以确保人们获得平等的资源，以满足他们在纾缓治疗和临终关怀方面的生理、心理、社会需要。

准则 7. 记录

社工应把服务的内容全部记录下来，可以记录在病历中或医疗表格中。这些记录可以是手写的或电子的。

准则 8. 跨专业团队工作

社工应该是跨学科的一部分，提供全面的纾缓治疗和临终服务。社工应努力与团队成员合作，客观地维护服务对象的需求，尊重加强与在疾病期间照顾患者的照顾提供者之间的关系。

准则 9. 文化能力

社工应具有并应继续发展有关历史、传统、价值观和家庭制度的专门知识和理解，因为它们关系到为不同群体提供纾缓治疗和临终关怀的服务。社工应了解并按照"美国社工协会社会工作实践文化能力标准"（NASW Standards for Cultural Competence in Social Work Practice）（NASW 2001）行事。

准则 10. 继续教育

社工应根据美国社工协会《继续职业教育标准》（NASW 2002）和各州的要求，对其继续职业发展承担个人责任。

准则 11. 督导、领导，和培训

具有姑息和临终关怀专业知识的社工应领导个人、团体和组织的教育、监督、行政和研究工作。

本文件来自美国社工协会网站。有关这些标准的深入讨论，请参阅 http://www.socialworkers.org/practice/bereavement/standards/standards0504New.pdf.

附录 C　团队运作规模

Mary-Ann Sontag 博士

1997 年

说明：根据你的临终关怀团队，回答以下问题。请说明您是否强烈同意、同意、同意多于不同意、不同意多于同意、不同意或强烈不同意关于本案的下列陈述：

SA = 强烈同意

A = 同意

AM = 同意多于不同意

DM = 不同意多于同意

D = 不同意

SD = 强烈反对

	SA	A	AM	DM	D	SD
1. 我所在临终关怀机构的员工道德良好	6	5	4	3	2	1
2. 我们临终关怀团队成员之间能够进行有效的沟通	6	5	4	3	2	1
3. 我们临终关怀团队成员彼此互相支持	6	5	4	3	2	1
4. 临终关怀团队的所有学科都得到重视	6	5	4	3	2	1
5. 我们临终关怀小组的成员之间存在着信任	6	5	4	3	2	1
6. 所有临终关怀团队成员的专业知识都能够用于照顾患者及其家人	6	5	4	3	2	1
7. 所有临终关怀团队成员都参与了患者和家庭的护理	6	5	4	3	2	1
8. 我们的临终关怀团队有有效的冲突解决策略	6	5	4	3	2	1

（林卫珊　译）

图书在版编目（CIP）数据

安宁疗护社会工作／（美）多娜·J.瑞思
（Dona J. Reese）著；刘晓芳，方洁，林卫珊译. -- 北
京：社会科学文献出版社，2020.12
（"人间有情"宁养疗护系列丛书）
书名原文：Hospice Social Work
ISBN 978 - 7 - 5201 - 6509 - 9

Ⅰ.①安…　Ⅱ.①多…②刘…③方…④林…　Ⅲ.
①临终关怀 -社会工作　Ⅳ.①C913.9

中国版本图书馆 CIP 数据核字（2020）第 224151 号

"人间有情"宁养疗护系列丛书

安宁疗护社会工作

著　者／〔美〕多娜·J.瑞思（Dona J. Reese）
译　者／刘晓芳　方　洁　林卫珊

出 版 人／王利民
责任编辑／隋嘉滨

出　　版／社会科学文献出版社·群学出版分社（010）59366453
　　　　　地址：北京市北三环中路甲 29 号院华龙大厦　邮编：100029
　　　　　网址：www.ssap.com.cn
发　　行／市场营销中心（010）59367081　59367083
印　　装／三河市龙林印务有限公司

规　　格／开　本：787mm×1092mm　1/16
　　　　　印　张：18　字　数：308 千字
版　　次／2020 年 12 月第 1 版　2020 年 12 月第 1 次印刷
书　　号／ISBN 978 - 7 - 5201 - 6509 - 9
著作权合同
登 记 号／图字 01 - 2017 - 4126 号
定　　价／99.00 元